作者简介

赵 江 男，1969 年生，2002 年毕业于中国政法大学，北京政法职业学院讲师，兼职律师，研究方向民商法。

王雨静 女，1978 年生，2001 年毕业于中国政法大学，现任北京政法职业学院经贸法律系副主任，讲师，兼职律师，研究方向民商法、经济法。

刘远景 女，1961 年生，1983 年毕业于中国政法大学，现任北京政法职业学院经贸法律系主任，法学教授，兼职律师，研究方向民商法、经济法。

胡俊华 女，1976 年生，2006 年毕业于河北大学，现任北京政法职业学院讲师，兼职律师，研究方向诉讼法、经济法。

胡建生 男，1954 年生，1983 年毕业于郑州大学，现任北京政法职业学院副教授，兼职律师，仲裁员，研究方向民商法、金融法。

李 峣 男，1971 年生，2007 年毕业于中国社会科学院，博士在读，现任北京政法职业学院讲师，研究方向民商法、经济法、诉讼法。

郭 雷 男，1980 年生，2005 年毕业于中国政法大学，现任北京政法职业学院讲师，兼职律师，研究方向经济法、金融法。

刘继兰 女，1963 年生，1987 年毕业于北京联合大学，现任北京政法职业学院讲师，研究方向经济法。

李 健 女，1964 年生，1987 年毕业于中国政法大学，现任北京政法职业学院讲师，研究方向经济法、金融法。

张 雯 女，1968 年生，2013 年毕业于中国人民大学，博士学位，现任北京市朝阳区人民法院副院长，研究方向民商法。

徐 强 男，1973 年出生，2009 年毕业于中国人民大学，现任北京国际展览中心有限公司董事、总经理，研究方向会展经济管理。

司法部立项高职高专精品课程专用教材

公司法基础与实务

主编 ◆ 赵江 王雨静

副主编 ◆◆ 刘远景 胡俊华

撰稿人 ◆ （按姓氏笔画为序）

王雨静 刘远景 刘继兰

李峣 李健 张雯

赵江 胡俊华 胡建生

徐强 郭雷

中国政法大学出版社

2013·北京

前　言

为了适应从职业出发，以学习者为中心，在行动中学习的职业教育教学改革、课程改革的需求，北京政法职业学院特别邀请司法机关、工商管理机关、公司企业等行业专家与学院专业教师共同组成课题组，遵循职业教育的开放性、职业性的特征，对人才培养方案进行了颠覆性地修正。通过基于工作过程的课程项目化改造、校内仿真实训、校外顶岗实习、就业性岗位实习，使工学交替式的教学模式逐步形成。

由此对教材提出了一个全新的要求。

课题组从教学实际出发，针对当前教学改革、课程改革中出现的新问题进行了深入、系统的研讨与研究，在取得了一定的应用成果基础上，获准2012年度司法部部级精品课程建设立项。《公司法基础与实务》课程教材，以提高学生处理公司法律事务能力为目的，遵循"法理够用、技能全面、以线串点、学做轮动"的原则，使学生能够掌握一定的公司法基础，同时更加注重对学生实际操作技能的培养，凸显职业教育特征。

在体例编排上，教材遵循宏观、微观两条线。宏观上以公司法律事务顺序为主线；微观上以公司主要工作流程为主线，将公司法实务分解为公司设立实务、公司股权实务、组织运行实务、公司变更实务、公司终止实务、公司诉讼实务等六大综合项目模块。教学模式设计上采用了项目导向、任务驱动、实境模拟、实训实战的全新体例。

在内容选取上，将公司法的基础知识、基本理论、法律依据、真实案例与公司法律事务融合为一体，形成整体公司法律实务。围绕公司法律实务设计教学与训练综合项目，分解工作过程，提炼教学与训练任务，力求"教、学、做、训、评"的有机结合。

在高等职业教育教学与课程改革中，课题组对于制约高等职业教育发展的瓶颈性问题之一的教材问题进行了有益探索，尚不成熟，还在不断研究之中。

　　本部教材由赵江、王雨静同志担任主编，刘远景、胡俊华同志担任副主编，胡建生、李峣、郭雷、刘继兰、李健、张雯、徐强等同志参加了编写工作。特别是课题组邀请的政法行业专家北京市朝阳区人民法院副院长张雯同志、工商企业专家北京国际展览中心有限公司董事、总经理徐强同志加入课题组参加编写。行业专家对教材体例及法律实务部分提出了中肯的建设性意见和建议。同时，教材编写工作受到了北京政法职业学院院领导的高度重视，学院党委书记、院长张景苏同志，党委副书记、副院长陈勇同志多次参加教材编写工作调研、研讨活动，亲自参加、指导和帮助教材的审订工作，在各个方面给予了课题组极大的支持。在此对于所有为本教材的编写和出版给予支持和帮助的领导、同志们一并表示诚挚的谢意！

北京政法职业学院课题组

2013 年 8 月

目 录

综合训练项目一： 公司设立实务

■ 学习目标

公司依法设立是公司法的主要内容，也是公司法实践中的重要内容。公司设立实务的学习与训练内容包括公司的含义、种类、与其他企业类型的区别、公司设立原则、方式、条件、程序以及各具体设立行为的效力等内容。为提高学生对公司设立法律规范和理论的掌握和理解，训练学生的动手能力，本章的学习应当严格根据公司法的相关规定，结合公司法理论，紧紧贴近公司设立实务，将公司法、公司登记管理条例和公司法实践结合在一起逐一剖析训练，以提升公司设立的实际应用能力。

■训练项目一：公司设立前的准备工作

公司设立是一项专业性较强的公司法务技能。了解什么是公司、公司都有哪些类型以及公司的法律意义是培养公司设立技能的基础知识。

■教学与训练任务一：为什么要选择公司创业

一、我国的企业组织形式

企业法所确定的企业组织的存在形式，简称企业组织形式。

改革开放以来，我国经历了计划经济体制向市场经济体制的转变，企业组织形式也经历了由计划经济体制下的企业组织形式向市场经济体制下企业组织形式的演变过程。

在计划经济体制下，企业是按所有制进行分类，将企业分为五种类型，包括国有企业、集体企业、私营企业、外商投资企业和混合所有制企业。

在市场经济体制下，企业按照成员构成、责任形式、法律人格的不同分为独资企业、合伙企业和公司企业三大类。其中，公司又可分为有限责任公司和股份有限公司。

目前，我国企业组织形式形成了以市场经济体制下的企业组织形式为主，计划经济体制下企业组织形式为辅的企业组织体系并存的状况。

二、了解公司的含义和法律地位

（一）公司的含义

《中华人民共和国公司法》[1] 第 2 条规定："本法所称公司是指依照本法在中国境内设立的有限责任公司和股份有限公司。"第 3 条规定："公司是企业法人，有独立的法人财产，享有法人财产权。公司以其全部财产对公司的债务承担责任。有限责任公司的股东以其认缴的出资额为限对公司承担责任；股份有

---

〔1〕　以下简称《公司法》，其他法律法规同此用法，一般用简称。

限公司的股东以其认购的股份为限对公司承担责任。"

综上可见，公司在我国是指股东依照《公司法》的规定在中国境内设立，股东以其出资为限对公司承担责任，公司以其全部财产对公司债务承担责任的企业法人。

（二）公司是与股东相独立的法人

1. 公司是法人。公司拥有独立的财产。我国《公司法》规定，公司成立时必须具备法律规定的最低的资本额，公司不能清偿到期债务，并且资产不足以清偿全部债务或者明显缺乏清偿能力的，依照破产法的规定要清理债务，进行破产清算，最终丧失法人人格。可见，独立财产是公司进行业务经营的物质条件，也是承担财产责任的物质保证。公司成立之初的财产主要由股东出资构成。虽然这些财产是由股东出资构成，但一旦出资给公司，所有权即归公司享有，而股东只享有股权，亦即股东权或股份权。

公司有独立的组织机构。公司内部组织机构包括管理机构和公司的业务活动机构。公司法所规定的组织机构，主要是公司的管理机构，包括股东会、董事会、监事会，分别承担公司的决策、执行和监督职能，以实现权责分明、管理科学、激励和约束相结合的内部管理体制。这种组织体系和内部管理机制不同于个人独资企业、合伙企业和传统的国有企业内部组织机构。除了管理机构之外，公司还有自己的业务机构，业务活动机构包括公司的科室、会计、审计、供应、销售机构等。业务机构是隶属于公司经理的机构。

公司独立承担财产责任。公司的独立责任是以自己的名义独立承担民事责任。它是公司财产是否真正独立、组织机构是否独立的最终体现，是公司是否具有独立的权利能力和行为能力的最终体现，是其独立人格的标志，是具有法人地位的必然结果、集中表现。

2. 公司与股东是相互并列的两个主体。投资者因向公司出资成为公司股东。公司和股东在法律上是两个不同的主体，分别享有公司法人财产权和股权，对公司债务分别承担无限责任和有限责任。在公司与股东并存的结构中，公司对股东投资形成的公司财产独立享有公司法人财产权，这种法人财产权主要表现为所有权，即对公司财产的占有、使用、收益和处分权利，公司以此为基础进行营利活动，并用自己的独立财产及经营活动中形成的全部资产为自己经营活动产生的债务的履行提供担保。股东基于投资行为，丧失了对出资物的所有权，不再对其出资物享有占有、使用、收益和处分权利，而享有股权，并基于股权对公司进行监督管理和获取收益。

在股权与公司法人权利并存的公司经济组织模式中，它们既相互依存、相互独立，又相互制衡。公司因此成为以股东投资为基础设立的股权式企业而区别于其他企业形态。

三、了解非公司制企业的含义

非公司制企业一般是指没有采用公司组织形式的企业。

非公司制企业有广义和狭义之分。广义的非公司制企业既包括合伙企业和个人独资企业，也包括以所有权为标准所划分的全民所有制企业、集体企业、私营企业、混合所有制企业等企业类型。狭义的非公司制企业指合伙企业和个人独资企业。本书此处的非公司制企业特指狭义的非公司制企业，其具体含义如下：

（一）个人独资企业的含义

个人独资企业，是指依照《中华人民共和国个人独资企业法》在中国境内设立，由一个自然人投资，财产为投资人个人所有，投资人以其个人财产对企业债务承担无限责任的经营实体。

个人独资企业的法律地位集中表现在其不具有独立的法律人格，不具有法人地位，是典型的非法人企业。其实质上是自然人从事商业经营的一种组织形式。

（二）合伙企业的含义

合伙企业，是指由自然人、法人和其他组织依照《中华人民共和国合伙企业法》在中国境内设立的普通合伙企业和有限合伙企业。

普通合伙企业由普通合伙人组成，除法律有特别规定外，合伙人对合伙企业债务承担无限连带责任。有限合伙企业由普通合伙人和有限合伙人组成，普通合伙人对合伙企业债务承担无限连带责任，有限合伙人以其认缴的出资额为限对合伙企业债务承担责任。

四、公司和非公司制企业的不同

（一）公司与个人独资企业的区别

1. 设立主体不同。个人独资企业的设立人是自然人，法人组织不能设立独资企业。公司的设立人可以是自然人，也可以是法人。

2. 设立人数不同。个人独资企业由一个设立人或投资者设立，一切利益和风险也由该投资者承担。除"一人公司"、"国有独资公司"的特殊情况外，公司一般由二人以上共同出资设立。

3. 法律地位不同。个人独资企业没有独立法律人格和法人地位。而公司有独立的法律人格和法人地位，是典型的法人组织。

4. 财产关系不同。个人独资企业没有独立的财产，其财产由独资企业主所有，个人独资企业对企业财产不享有所有权。而公司是企业法人，有独立的法人财产，享有法人财产权。

5. 经营管理不同。个人独资企业的投资者对企业享有所有权、控制权和经营权。即使个人独资企业聘有经理负责企业的经营管理，该经理也只是个人独资企业投资者的代理人，而不是独资企业的代理人。个人独资企业的投资者可依法随时变更代理人的代理权限，直至直接控制企业。公司的经营管理是由公司内部机构负责，而不是由某个股东负责。如果股东要行使公司的经营管理权，必须依法定程序以公司机关的身份实施。

6. 责任承担不同。个人独资企业法对投资人的出资额和出资方式没有明确限定，也没有最低出资额的限制，个人独资企业主对企业债务负无限责任。即个人独资企业主不仅以其企业的全部财产对企业债务承担责任，还包括其个人的全部财产。而公司成立时应当具有符合公司法规定的最低注册资本额，股东对公司债务以其出资额为限负有限责任，公司以其全部财产对公司债务承担责任。公司的债务并不等于股东的债务。

（二）公司与合伙企业的区别

1. 成立基础不同。合伙企业成立的基础是基于合同，而公司企业的成立基础是章程。

2. 法律地位不同。与独资企业一样，合伙企业财产不是完全属于自己所有，合伙企业无独立法律人格，不具有法人地位。而公司拥有经法定程序核定的出资额，且该出资额，是由货币、实物、知识产权、土地使用权等可以用货币估价并可以依法转让的非货币财产构成，能够形成公司的独立财产，所以公司具有独立的法律人格和法人地位，是典型的法人组织。

3. 财产关系不同。《合伙企业法》规定合伙企业存续期间，合伙人的出资和所有以合伙企业名义取得的收益均为合伙企业的财产。合伙企业财产由全体合伙人依照《合伙企业法》的规定共同管理和使用，其实质是属合伙人共有。而公司企业财产属公司享有。

4. 人身关系不同。合伙企业出资人之间人身关系密切。公司出资人之间人身关系较为疏松。

5. 管理权利不同。合伙企业由普通合伙人共同管理。公司企业管理权由公司机构行使。

6. 盈亏分配不同。对合伙企业盈亏的分配和分担比例，有约定的依约定；没有约定的，由各合伙人平均分配和分担。公司的盈亏分配和分担的基本原则是按出资比例或所持股份进行，同时亏损的承担以出资额为限。

7. 责任承担不同。合伙企业要求有各合伙人实际缴付的出资，但并没有最低出资额的法定限制，所以普通合伙人对合伙企业债务承担无限连带责任，有限合伙人对合伙企业债务承担有限连带责任。公司成立时应当具有符合公司法规定的最低注册资本额，所以股东对公司债务以其出资额或所持股份承担有限责任。

8. 出资形式不同。股东可以以货币和非货币财产出资，但都应当符合可以依法评估和依法转让的基本标准。所以，劳务不可以作为股东的出资形式，但合伙企业的合伙人可以以自己的劳务出资。

综上所述，公司是市场经济体制中的一种最基本的企业法律形式，是一种与个人独资企业、合伙企业完全不相同的企业类型，是一种具有独立主体地位，可以不依赖于某一个或某几个投资者的生死而存在的企业，是一种可以多人参与投资的企业，是一种限制投资者投资风险的企业法律形式。因为公司制企业的存在，促进了企业规模的无限扩大可能，促进了股东不惧投资风险敢于投资，促进了市场经济主体的发展。

五、选择公司和其他形式企业从事经营活动的价值优势

从上述可知，市场经济条件下企业最常见的组织形式包括个人独资企业、合伙制、公司制企业三种企业类型。在这三种企业类型中，选择公司制企业有什么优势呢？

（一）选择个人独资企业的利弊

个人独资企业属于最简单的企业组织形式，这种组织形式通常仅由一位投资者拥有并经营该企业。如果创业者希望独自负责企业运营，可选择这种形式。这种企业形式有其固有的优缺点。

个人独资企业的优势在于：①个人投资，且没有最低投资额的设立要求，设立简易。一个人投资，法律也不限制投资金额，个人决策即可设立，无须与他人协商一致，申请、登记也比较简便。②个人经营灵活，效率较高。个人独资企业往往是所有者与经营者集于一体，业主自行决定经营事项，效率高、行动快，且一般规模较小，适应产品、服务创新的需要，这种运营方式使个人独资企业更易于贴近市场，更富于竞争力。

个人独资企业也有明显的局限性：①在经营管理知识和能力上的局限性。个人独资企业的所有权及经营管理权都集中在投资者一人身上，企业的发展当然会受到投资者个人知识、能力、精力和经验的限制。②经营规模上的限制。个人独资企业的资金只能来源于投资者个人，阻碍了企业发展壮大的资金来源。③投资者承担无限责任，投资风险没有法律限制。这导致投资者个人财产都与企业的风险完全联系在一起，承担过大的投资风险。

（二）选择普通合伙企业的利弊

普通合伙企业是人合性企业，企业存在的基础在于合伙合同。从法律上讲凡是合伙人都有代表合伙企业执行业务的机会，事事参与企业的机会。因此，希望共同平等地参与企业管理的人可以选择普通合伙企业。

合伙企业的优势在于：①由于合伙企业有两个以上的投资者，在企业资金来源上和经营规模上都优于个人独资企业；②全体合伙人对企业盈亏负有无限连带责任，和个人独资企业相比，减少了债权人的风险，有助于提高企业的信誉；③基本保持了个人独资企业经营灵活、高效运转的机制。

合伙企业也有明显的局限性：①与个人独资企业投资者的责任风险一样，合伙企业的出资者对合伙企业债务承担无限责任，具有较大的投资风险；②尽管企业融资渠道有所拓宽，但依然明显不足，不能与公司的融资能力相提并论；③合伙企业的合伙人之间必须保持符合预期的良好合伙关系，否则将会出现经营管理困难。

（三）选择公司制企业从事经营活动的价值优势

选择公司从事经营活动，是现代市场经济活动的多数选择，也是市场经济主体在从事一定经营活动之后的必然选择。这是由其内在的价值优势所决定的。

首先，从投资者承担的法律风险上看，公司的法人资格，决定了股东对公司债务的有限责任，完全割断了股东资产与公司债务的风险联系，股东可以根据自己的资产状况从容进行投资。

其次，从公司经营成本考量上看，公司设立的投资者可以根据自身的需要，既可以设立内部机构简化的公司，降低公司经营成本，也可以依法建立健全明确的组织机构，以提高公司管理水平，降低对投资者个人素质的依赖。

再次，从投资者对公司经营参与的程度上看，公司制企业具有多种类型，可为投资者提供不同的投资路径。比如，如果投资者想直接掌控公司，可以设立一人有限责任公司；如果投资者想与少数互信之人合办公司，也可成立人数较少的有限责任公司；如果投资者希望仅凭自己的财产进行投资而不参与管理，也可选择有限责任公司、股份有限公司乃至上市公司。

最后，从公司融资方式途径上看，公司具有多渠道的合法融资路径，除了进行债权融资从银行获取贷款，也可依法发行公司债券，乃至公开发行股票，募集巨额资金，快速形成规模经营，形成竞争优势。

当然，公司制企业也不是没有一点不足。比如，公司制企业容易出现大股东违背诚信义务损害中小股东利益的情况，出现内部人控制损害股东利益的情况。又如，企业所有者须就企业利润缴纳双重税赋。公司不仅要缴纳企业所得税，而且以股息形式分配给股东的任何利润也要按照个人所得税法的规定缴纳个人所得税。这与个人独资企业和合伙企业不需缴纳企业所得税相比，在一定程度上负担有较多的税赋。但这并不妨碍公司已成为现代企业发展的方向和现代企业制度构成的核心主体。

六、实践中如何认识公司的法人地位

（一）公司财产不容任何人侵犯

【实训背景】

被告李双双，地广房地产有限责任公司副总经理兼销售部总监。

某年 2~4 月间，李双双在担任地广房地产有限责任公司副总经理期间，在与天达广告有限公司洽谈广告合同之时，在实际广告费为 200 万元的基础上，以公司提现金为由，将合同确定的广告费增加到 250 万元，多出部分在扣除 30 万元税款后，被告人李双双将余款 20 万元占为己有。

李双双否认其犯职务侵占罪，认为地广房地产有限责任公司是自己家的公司。其与公司法人代表杨辉是夫妻。年初时，因与杨辉感情不和，准备协议离婚。杨辉同意给其离婚费用 900 万元，但未兑现。李双双说杨辉告知其可通过与其他公司签合同时多加些数额，让对方返回现金的方法解决。其与天达广告公司洽谈的广告发布合同也是杨辉签的名字，让对方返还现金一事，杨辉知道；市场部工作人员万丽丽知道广告合同实际价格和合同书面标价之间的差价，故其通过合同提回扣是公开进行的。其行为不构成职务侵占罪。

本案在法院审理期间，对于本案的认定和处理分歧较大，主要形成以下三种不同意见：

第一种意见认为，被告李双双不构成职务侵占罪。理由是地广公司本质上更符合家族企业，杨辉为该公司总经理，杨辉的妻子李双双为该公司的副总经理，其公司的任免大权均由杨辉一人控制。多年以来杨辉家中的一切实际开销完全由公司支付，因而该公司实际是家族公司，是以有限公司之名行家族公司之实，至少是被家族控制的公司。公司的财产即是家庭共同财产，李双双提走的资金实际上应属于其与杨辉共同拥有的家庭共同财产。此外，被告李双双提走 20 万元现金是按照杨辉的授意，以一种变通方式提走杨辉应给予她的离婚财产，李双双在主观上将公司财产与家庭财产视为一体，其认为拿走的是自己家庭的财产，因而主观上不具有职务侵占的故意。被告李双双不构成职务侵占罪。

第二种意见认为，被告人李双双的行为构成犯罪，但社会危害不大，应定罪免罚。理由是地广公司系有限责任公司，杨辉以及家族确实占有绝大多数股份比例，但毕竟不是杨辉个人的公司，公司还有其他个人股份，公司的财产并非股东的个人财产，二者之间不能等同。证据表明公司多支出的 20 万元是地广公司的，李双双的行为侵犯了地广公司的财产利益。根据查明的事实，地广公司系有限责任公司性质，其财产属于各股东所有，故李双双行为实际侵犯了各股东的财产权利，构成职务侵占罪。但是，根据杨辉实际个人控制公司财产的事实，可以说明杨辉不可能不是大股东，杨辉与其家族占股份的绝大多数，杨

辉又系被告人李双双之夫，故被告人李双双的职务侵占犯罪行为，实际上在很大程度上侵占了杨辉以及杨辉家族的财产利益，社会危害性较小，且考虑到被告人李双双的父母又将其所侵占款项退还等事实，应认定被告人李双双的犯罪行为轻微，无须处以刑罚。

第三种意见认为，被告人李双双的行为构成职务侵占罪，且数额巨大，又不认罪，应依法定罪处罚。理由是被告人李双双的行为不但侵犯了公司股东利益，而且侵犯了公司管理秩序，不科以刑罚，就会放纵犯罪，使公司的大股东争相效尤，侵吞公司财产，故被告人李双双行为的社会危害性不可低估，不属于情节轻微，应当定罪处罚。

【实训任务】

1. 查找与本案相关的具体法律规定。

2. 从公司法的角度，分析讨论李双双的辩解理由是否成立。

3. 从刑法的角度，分析讨论法院是否会认定李双双的行为构成犯罪。

【考评标准】

1. 学生收集的法律条款和本案的关联度。

2. 学生分析讨论的过程及形成意见是否抓住重点、分析讨论是否能有效应用课堂知识、意见是否正确合法。

（二）公司和分公司的债务承担有何不同

【实训背景】

兴盛集团有限责任公司是一家大型棉毛制品公司，下属有两个公司：一是星海制衣有限责任公司，该公司为兴盛集团公司单独出资设立。二是兴盛集团有限公司宏利分公司。在某市经贸洽谈会上，兴盛集团董事长王某遇到万利棉纺厂厂长李某。李某称其厂有一批质地良好的棉布待销，价格优惠。王某想到下属两个公司正需棉布，遂给李某牵线介绍。同年 8 月，万利棉纺厂分别与星海公司、宏利公司各签订一份购销合同，约定万利棉纺厂分别提供各种棉布 200包，价款均为 100 万元，星海公司、宏利公司提货 2 个月后付款。

星海公司、宏利公司提货后 3 个月过去了，两公司没有按期支付货款，万利棉纺厂电话告示兴盛集团，要求还款，否则以兴盛集团为被告向法院起诉，要求其承担下属公司的经济责任。兴盛集团回电告知：自己不对两个公司的债务负责。且宏利公司已被张某承包，在承包协议中明确规定，承包期间，债权债务由张某负责。因此兴盛集团不承担责任，请万利棉纺厂直接起诉星海和宏利公司。

【实训内容】

如果你是本案万利棉纺厂的法务工作人员，你对该项法律事务应当如何处理?

【案例分析提示】

1. 结合本训练项目所学内容分析讨论该项法律事务中相关经济主体的法律地位,明确各经济主体是否具有法人身份,各经济主体能否各自独立承担民事法律责任。

2. 结合诉讼法律规定,分析讨论如果通过法律诉讼解决货款纠纷,应当以谁为被告?如果胜诉,又应当以谁为被执行人?

3. 结合本案涉及的公司内外部法律关系,分析讨论宏利公司内部关于承包法律关系的约定能否成为宏利公司或者兴盛集团有限责任公司对外不承担法律责任的有效抗辩?

■教学与训练任务二:创业可以选择的公司种类

我国《公司法》第 2 条规定,我国公司是指有限责任公司和股份有限公司。其中,有限责任公司除了包括普通意义上的有限责任公司外,还包括一人有限责任公司和国有独资公司;股份有限公司,除了没有上市的普通股份有限公司外,还包括上市公司。公司的这些具体种类都是投资者设立公司时可选择的公司种类。

一、有限责任公司

(一) 有限责任公司的含义

有限责任公司,简称有限公司,是指由一定数量的股东所组成,股东以其出资额为限对公司债务承担责任,公司以其全部财产对其债务承担责任的企业法人。

(二) 有限责任公司的特征

1. 股东人数有法定限制。为了维护有限责任公司股东之间的人合性,防止过多的股东会影响股东之间的交流沟通,损害股东之间的应有的人合性关系,我国《公司法》第 24 条规定,有限责任公司由 50 个以下股东出资设立。

2. 公司是具有人合性因素的资合性公司。首先,公司是资合性公司。有限责任公司是资本的聚合,没有资本,公司就不能存在,公司全部资产为公司的信用基础,公司以其全部资产独立对公司承担责任。股东相互之间不承担连带责任。其次,公司具有人合性。特指公司的股东具有人合性。有限责任公司股东人数少,股东相互之间联系较为紧密,有一定的互相信任关系,且股东群体稳定。因此,有限责任公司具有一定的人合因素。

3. 公司具有封闭性。所谓封闭性，指公司的股权与资本结构、管理与财务信息相对稳定封闭，不具有对外的开放性、公开性。股权与资本结构的封闭性表现为，股权的持有人不超过 50 人，公司股权不可自由转让，股东之外的其他人非经公司他股东过半数同意不得加入公司。由于股东数量、身份以及股权转让的限制，致使公司资本只来源于特定股东的出资缴纳，形成了股权和资本结构的封闭性。管理与财务信息的封闭性表现为公司在运作过程中，无须向外界披露经营财务信息，社会公众一般不了解公司的经营财务状况。

4. 公司规模可大可小、组织机构简单、设立程序简便、公司与股东关联度紧密。法律对有限责任公司的注册资本规模只有最低而没有最高限制，规模可大可小，适应性强。有限责任公司的机关设置也较股份有限公司简单、灵活。如根据我国公司法的规定，股东人数较少、规模较小的有限责任公司，可以不设董事会和监事会，只设 1 名执行董事和 1~2 名监事即可。有限责任公司与股份有限公司不同，只有发起设立，没有募集设立方式。公司的资本总额，由设立时的股东全部认足，不可向外招募，因而，有限责任公司的设立程序相对简单。正是由于上述股东人数的有限性、人合性、封闭性等特征的存在，保证了股东有过问公司事务，甚至直接担任公司职务掌控公司的经营可能性的存在。所以为了保护自己与公司之间的利益关系，股东与公司的关联程度较高。

二、一人有限责任公司

（一）一人有限责任公司的含义

一人有限责任公司，是指只有一个自然人股东或者一个法人股东的有限责任公司。

一人有限责任公司的股东仅为一个。但与个人独资企业不同，除一个自然人可以设立一人有限责任公司外，一个法人也能设立一人有限责任公司。但一个自然人只能设立一个一人有限责任公司，该一人有限责任公司不能投资设立新的一人有限责任公司。

一人有限责任公司的注册资本最低限额为人民币 10 万元；应当一次足额缴纳公司章程规定的出资额；并应当在公司登记中注明自然人独资或者法人独资，且在公司营业执照中载明。

一人有限责任公司应当在每一会计年度终了时编制财务会计报告，并经会计师事务所审计。一人有限责任公司的股东不能证明公司财产独立于股东自己的财产的，应当对公司债务承担连带责任。

一人有限责任公司章程由股东制定，一人有限责任公司不设股东会，股东作出《公司法》第 38 条第 1 款所列决定时，应当采用书面形式，并由股东签名后置备于公司。

（二）一人有限责任公司的特征

1. 股东的单一性。唯一的股东可以是自然人、法人或国家投资机构，唯一的股东持有公司全部资本。

2. 公司具有法人资格，股东承担有限责任。即从公司角度讲，一人有限责任公司具备法人的所有法律特征，包括独立的法律人格、独立的财产、独立的组织机构和独立的民事责任；从股东的角度讲，股东仅以其出资额为限对公司负责，承担有限责任。

可见，一人有限责任公司不同于个人独资企业。首先，一人有限责任公司可以依法取得法人资格，使股东与公司分别为不同的主体，而个人独资企业不具备独立法人身份，该企业主仍以自然人身份从事经济活动；其次，一人有限责任公司的股东仅以出资额为限，对公司负责，承担有限责任，而个人独资企业主对企业债务承担连带的无限责任；最后，一人有限责任公司应当按照公司法规定的组织机构进行运营，采用董事会、监事、经理的科学组织模式，并接受公司法的调整，而个人独资企业的组织机构完全听由企业主的自由安排，一般仅设以经理为首的经营管理机构。

三、国有独资公司

（一）国有独资公司的含义

国有独资公司，是指国家单独投资、由国务院或者地方人民政府授权本级人民政府国有资产监督管理机关履行出资人职责的有限责任公司。

国有独资公司一般是通过新建和老国企改制而设立。

（二）国有独资公司的特征

1. 特殊形态的有限责任公司。国有独资公司是有限责任公司的特殊形式，而不是新的公司形态。表现在法律适用上，虽然有限责任公司适用《公司法》的普通法律规则，国有独资公司适用《公司法》的特别规则，但在《公司法》对国有独资公司没有特别规定时，应当适用关于有限责任公司的一般规定。

2. 投资主体的单一性和特定性。国有独资公司的股东，只有一个，而且只能是国家，由各级政府的国有资产监督管理部门行使出资人职责。

3. 股权的国有性。国有独资公司是以国有资产投资而设立的有限责任公司。也就是说，全部公司资本由国有资产构成，公司的全部资产在最终归属上，都是国家所有的财产。在此种意义上，它与普通的国有企业在表现形式上有相似之处，但在法律适用上有显著的区别，前者适用《公司法》的有关规定，后者适用专门调整国有企业法人的《全民所有制工业企业法》等法律。随着国有企业公司化改造的继续进行，相信这些区别将会逐渐缩小乃至消失。

4. 治理结构的特殊性。国有独资公司的内部组织机构比较简单：①不须设立股东会，权力机构所享有的特别权限，由国家授权的机构或授权的部门行使。②董事会负责公司的经营管理，并行使股东会的部分决策权。国有独资公司的董事会，由国家授权的机构或部门予以委派和更换。③国有独资公司的职工直接参与公司的管理。按照《公司法》规定，国有独资公司的职工经股东代表大会选举产生董事，成为董事会的组成成员。

四、股份有限公司

（一）股份有限公司的含义

股份有限公司，又简称为股份公司，是指公司全部资本分为等额股份，股东以其所认购的股份为限对公司承担责任，公司以其全部资产对公司债务承担责任的企业法人。

（二）股份有限公司的概念和特征

股份有限公司具有如下显著特征：除了具有和有限责任公司同样的特点——股东责任的有限性、公司人格的独立性外，还具有自己的特点。

第一，股东人数的广泛性，即股份有限公司股东人数应有法定最低限额的要求，而没有最高人数的限制。这是由股份有限公司为适应社会化大生产对巨额资本的需求，向社会集资而决定的。所以各国公司法对股份有限公司股东数额均只规定最低限额。我国公司法规定，设立股份有限公司，应当有 2 人以上 200 人以下为发起人，也就是说，股份有限公司的股东为 2 人以上。

第二，公司股份的均等性，即公司资本划分为金额相等的股份。股份有限公司将公司的资本划分为金额相等的股份，成为公司资本的最小构成单位，有利于公司对外发行股份，并为公司有效构建内部经营管理机制奠定了基础。如股东按照其认购股份数额参与公司的重大事项的决议表决，并以其所持股份的数额参与公司的盈余分配。

第三，股份形式的法定性，即股份有限公司的股份形式应采用法定的股票形式。股票是公司签发的证明股东所持股份的凭证，作为一种有价证券，在法定条件具备时是可以上市流通的，从而使公司与资本市场有机联系，促进了公司内部治理机制的形成，也减少了股东投资难以变现的风险。

第四，股份有限公司是典型的资合性公司。换句话说，股份有限公司对外信用的基础完全是公司资本，公司资本不仅是公司赖以生存的基本条件，而且是公司债务的基本担保，同时作为公司资本构成的股份可以自由转让。正因为如此，公司从不考虑股东个人的身份、地位，任何承认公司章程、愿意出资的人，不需其他人的同意都可以成为公司股东。所以，股份有限公司的股东分散于中国各地乃至世界各地，股东与股东之间，股东与公司之间的联系极为松散，公司的存续与股东的变化、股东人数的增减无关。这使股份有限公司成为典型的资合公司。

第五，所有权与经营权分离。股份有限公司的组织机构中，董事会占中心地位，众多的股东人数表明，股东不可能都对公司的经营管理感兴趣，由此导致公司股东会对公司的经营管理、经营决策的作用下降，而董事会在公司经营管理中的地位明显提高。现在各国公司立法，通常赋予董事会对公司经营管理具有广泛而重要的权力。

第六，公司经营的公开性，公司必须依法公开其会计表册。主要由于股份有限公司是向社会广泛集资且股份可以自由转让，产生了对公司股东、债权人及社会公众利益保护的问题。因此，公司法规定，股份有限公司不仅须依法制定其财务会计制度，而且还须按法律规定的时间、内容和方式向社会公开其会计表册，以使社会公众了解公司的经营状况。这一特征是股份有限公司与有限责任公司的重要区别之一。

五、上市公司

（一）上市公司的含义

股份有限公司，依其发行的股票是否公开上市交易，分为上市公司和非上市公司。上市公司，是指所发行的股票经在证券交易所上市交易的股份有限公司。

（二）上市公司的特征

1. 上市公司是股份有限公司。上市公司属于股份有限公司，但并非所有股份有限公司发行的股票都上市交易，股票能够上市交易的只能是上市公司的股票。可见，上市公司一定是股份有限公司，但股份有限公司并不一定都是上市公司。

2. 公司上市必须由证券监管机构审核才能公开发行股票。股票上市涉及公众利益和公开市场秩序，为保证公共利益和市场秩序，政府通常对此进行严格监管。我国公司法规定股票上市和交易必须符合有关法律、行政法规及证券交易所交易规则。

我国《证券法》第50条对证券上市的条件和程序作了具体要求，证券交易所可以规定高于法律规定的上市条件，并报国务院证券监督管理机构批准。在符合法定条件的同时，应当向证券交易所提出申请，由证券交易所依法审核同意，并由双方签订上市协议等。

3. 上市公司的股票在证券交易所上市交易。上市交易，是指在证券交易所进行交易。证券交易所是实行证券集中交易的特殊市场，在证券交易所进行的交易又称为挂牌交易，只有股票在证券交易所上市交易的公司才属于上市公司。

应注意，上市交易只是公开交易的一种。股票的公开交易不等于股票的上市。公开交易包括证券市场的一级市场交易、二级市场交易、场外交易等，在这些市场上交易的股票都是股份有限公司发行的股票，都属公开交易。证券交易所是公开市场中的二级市场。

六、外商投资公司

（一）外商投资企业

中国的外商投资企业，是指依照《中外合资经营企业法》、《中外合作经营企业法》、《外资企业法》在中国境内设立的、部分或全部资金来自境外、外国投资者有相应的支配和控制权的企业。

（二）外商投资企业与外商投资公司

外商投资企业分为以下三种法定类型：

1. 中外合资经营企业，简称合营企业，是指中国合营者与外国合营者依照《中外合资经营企业法》等有关法律的规定，在中国境内设立的共同投资、共同经营、按出资比例分享利润、承担风险与亏损的企业。

根据《中外合资经营企业法》第 4 条规定，合营企业的形式为有限责任公司。

2. 中外合作经营企业，简称合作企业，是中国合作者和外国合作者依照《中外合作经营企业法》，在中国境内设立的、由合同确立双方权利和义务、并根据合同从事生产经营的企业。

合作企业的法律性质则是较为模糊的，合作企业既可以是依法取得中国法人资格的法人企业，也可以是不具有法人资格的其他企业。但根据《中外合作经营企业法实施细则》第 14 条规定，合作企业依法取得中国法人资格的，也只能为有限责任公司。实践中，已经成立的合作企业，大都是具有法人资格的有限责任公司，不具有法人资格的合作企业为数很少。

3. 外资企业，是外国个人、企业、公司或其他经济组织依照《外资企业法》，在中国境内单独投资、单独经营、单独承担风险而设立的企业。

《外资企业法》规定外资企业符合中国法律关于法人条件的规定的，依法取得中国法人资格。《外资企业法实施细则》规定，外资企业的组织形式为有限责任公司，经批准也可以为其他责任形式。可见，外资企业的法律性质更为复杂。具有法人资格的外资企业既可以是有限责任公司，也可以是股份有限公司。而不具有法人资格的外资企业既可能采取合伙企业，也可能采取独资企业的形式。

综上可见，外商投资企业，一般采取公司的组织形式，且多属于有限责任公司。所以，通常又称其为外商投资公司。外商投资的有限责任公司和股份有限公司适用中国公司法；有关外商投资的法律另有规定的，可优先适用其规定。

七、分公司

分公司，是受总公司管辖且分布于各地的相对独立的公司内部分支机构。

在法律上，分公司没有法人资格；没有独立财产；分公司活动的后果也由总公司承受。

我国《公司法》第14条第1款规定，公司可以设立分公司，分公司不具有法人资格，其民事责任由公司承担。根据我国有关法律、法规的规定，分公司可以以自己的名义签订合同；也可以以自己的名义独立参加诉讼。但是，分公司不能独立承担财产责任。当它的财产不足以抵偿债务时，应由总公司来清偿。

八、根据所学的法律知识，看图解释

【实训背景】

各国公司的企业法律形式是法律直接规定的，在我国也是如此。某公司法培训教师根据我国法律的规定，以公司类型及其关系为主要内容制作了下列示意图。

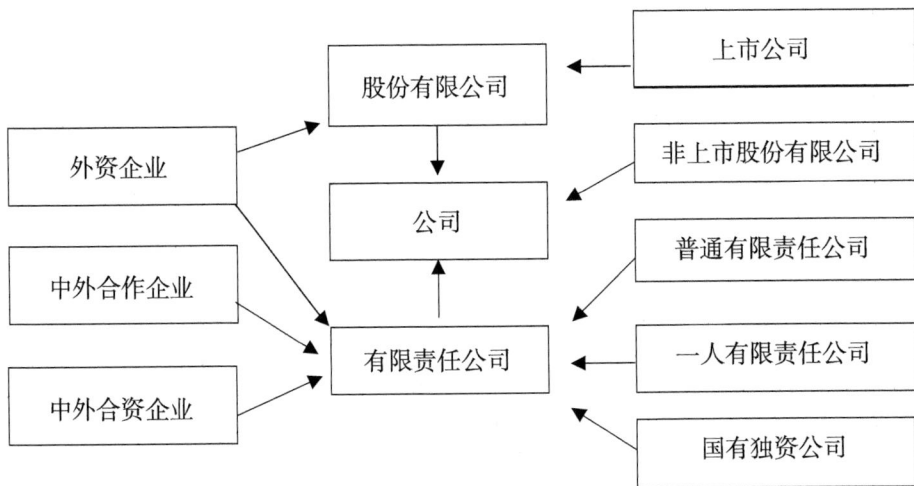

【实训内容】

请根据我国法律规定和上述图标表示，向小组同学讲解各类公司之间的区别和联系，并可联系实际举例说明。或者自制一空白图表请其他同学填写。

【考评标准】

1. 在解析图标的过程中，主要考查学生对各类型公司含义及特点的把握程度及其相互关系。

2. 在语言表述过程中应当注重对学生熟练程度的考查，以熟练表达为学生应有能力的主要考查标准之一。同时，考查学生在分小组训练时的准备过程及语言表达是否抓住重点、联系实际的举例是否能有效应用课堂知识、意见是否准确合理。

■教学与训练任务三：讨论投资者采用不同类型企业投资的法律效果

【实训背景】

企业组织形式比较表

项　目	有限责任公司	普通合伙企业	个人独资企业
法律基础	公司章程	合伙协议	无章程或协议
法律地位	营利性法人	非法人营利性组织	非法人经营主体
投资者责任形式	有限责任	无限连带责任	无限责任
注册资本	最低注册资本 3 万元	协议约定	投资者申报
出资形式	货币、实物、知识产权、土地使用权等可以用货币估价可以依法转让的非货币财产	货币、实物、土地使用权、知识产权或者其他财产权利、劳务	投资者申报
出资评估	必须委托评估机构	可协商确定或评估	投资者申报
企业财产关系	法人财产权	合伙人共同共有	投资者个人所有
财产经营管理权归属	公司	全体合伙人	投资者
出资转让	其他股东过半数同意	合伙人一致同意	可自由转让
盈亏分担	投资比例，但有约定依约定	有约定依约定，未约定则均分	投资者个人
解散后投资者义务	有限责任，不再承担义务	承担无限连带责任	债务承担期限为 5 年

【实训任务】

　　创业者面临的第一个决策是选择企业采取什么样的法律形式，各种法律形式没有绝对的好坏之分，但对创业者来讲各有利弊，各有取舍。根据我国相关法律的规定，创业者可以选择有限责任公司、股份有限公司、合伙和个人独资等企业形式。对这些企业形式的法律价值有所了解是本部分的技能训练内容。请依据上文的表格，试着谈下你对这些企业形式的知识了解程度。如果你是创业者，并决定投资一家有限责任公司，说出你的理由。

【考评标准】

1. 学生分组，结合实际情况对有限责任公司、合伙企业、个人独资企业法律价值分析讨论掌握程度。

2. 学生结合本节教学任务分析说明上述表格的熟练程度。

■训练项目二：公司设立过程中的法律实务

公司设立技能是实务性很强的公司法务技能之一。不仅可以服务于公司法务岗位职责，根据公司决定实施子公司的设立行为，也可以作为公司设立服务中介机构的常规业务技能独立应用，还可以作为法律咨询的一般业务技能在工商、律师等多种行业应用。

在实践中，公司设立过程中的法律实务多以流程的形式出现，整个过程可称之为公司设立流程。

什么是公司设立流程？公司设立流程，是指发起人为组建公司，依照法律规定的条件和程序所实施的一系列行为的总和。设立流程有广义和狭义的理解。

狭义的理解一般是根据公司法和公司登记管理条例的规定，认为公司设立流程开始于发起人的发起行为，经过制定公司章程、出资验资等设立行为直至获取经营执照整个过程的行为。狭义的理解认为公司设立是在公司成立之前的程序性行为。公司设立行为完毕后，经公司登记机构核准登记，公司获取营业执照，公司有了独立财产，有了自己的组织机构，有了法律认可的经营范围，具有了法人人格，公司宣告成立，公司设立完毕。营业执照的签发日期为公司的成立日期。自成立之日起公司取得法人资格，可以以公司名义对外从事经营活动。这种观点常见于以前的公司法教材中。

广义的理解是基于实践活动和对广义公司法的认识，认为根据法律法规规定开办公司还应当依法申办刻章、企业组织代码证、税务登记、银行开户。从实践的角度讲，如果公司没有依法申办刻章、企业组织代码证、税务登记、银行开户，也无法从事正常的经营活动，公司设立者一般在开展经营活动之前都会办理这些必要的法律手续。广义理解的公司设立行为完成后，一个完整的公司设立流程实施结束，公司即可顺利展开正常的经营活动。

本书所指的公司设立流程含义是广义的理解。

■教学与训练任务一：有限责任公司设立过程中的法律实务

　　根据公司设立流程狭义的理解，有限责任公司设立过程中的法律实务流程主要包括以下环节：公司设立的发起、取得拟设立公司的名称预先核批文、依法须审批才能成立的公司需获得有关主管机关许可设立的行政许可批文、股东共同制定公司章程、股东缴纳出资、验资、组建公司机构、制作公司设立申请书、向工商机关申请设立登记、经工商局核准登记、领取营业执照。

　　根据公司设立流程广义的理解，有限责任公司设立过程中的法律实务流程还包括根据《企业事业单位和社会团体代码管理办法》、《税收征收管理法》、《人民币银行结算账户管理办法》和《国务院关于国家行政机关和企业事业单位社会团体印章管理的规定》等法律法规的规定，为公司经营管理之需要还必须完成刻制公司印章、办理企业组织机构代码证、申领税务登记证、办理银行开户等事项。

　　完成上述事项之后，公司方可正常开展日常经营活动。实践中，有限责任公司设立的广义流程可如下图所示：

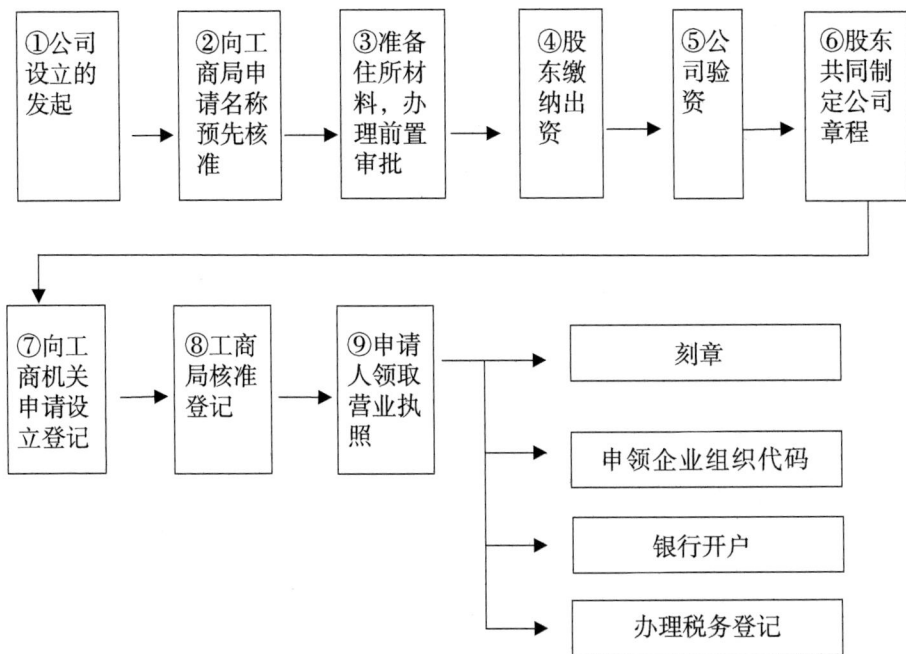

有限责任公司设立过程中的法律实务流程具体包括以下十个方面程序：

一、公司设立的发起程序

有限责任公司的发起事项，依法可注意以下几个问题：

1. 参与公司发起的股东人数。法律对于有限责任公司这方面的规定，没有区分发起人和股东在语义适用上的差异。在法律用词中，一律使用了股东这一概念。这是因为有限责任公司都是采用发起设立的方式设立，发起人在公司成立后往往都是公司的股东。

对于有限责任公司的股东人数，公司法明确规定有限责任公司的股东为50人以下。如果发起设立的股东仅为一人，则可以设立特殊的有限责任公司，即一人有限责任公司或者国有独资公司。

2. 有限责任公司发起人或股东的身份的要求。

（1）设立有限责任公司的发起人资格。自然人和法人既可以设立普通有限责任公司，也可以设立一人有限责任公司。但对于一人有限责任公司来讲，虽然自然人或法人都可以成为其股东。但一个自然人只能投资设立一个一人有限责任公司，该一人有限责任公司不能投资设立新的一人有限责任公司。而一个法人则可以投资设立多个一人有限责任公司。当然，不具有完全民事行为能力的人，从理论上讲，由于其不具有完全民事行为能力，无法实施公司设立行为，因而不能成为有限责任公司的发起人。

国家可以设立国有独资公司。对于国有独资公司来讲，可由国家单独出资、由国务院或者地方人民政府授权本级人民政府国有资产监督管理机构履行出资人职责。

（2）特殊公职人员的身份限制。公职人员，这个概念的关键在于"公职"二字。现在社会普遍认知的"公职"主要是指各级党政机关、国有的企事业单位、人民团体等。因此，普遍意义的公职人员一般是指在上述单位供职的人员。但特殊的公职人员，如国家公务员、检察官、法官、警官等，由于法律规定警察、法官、检察官不得从事经营性活动，公务员不得从事或者参与营利性活动，在企业或者其他营利性组织中兼任职务，因而认为这类人员也不能成为有限责任公司的公司股东。如果该类人员投资有限公司，从事经营活动，可依法责令其辞职或退出公司经营活动。

除此之外，还有一些限制性的规定散见于一些法律或行政法规之中。如禁止党政机关、军队等机关法人投资公司，兴办经济实体。又如公司不能自为股东、不能章程限制某人或某类人为本公司股东等。

3. 形成发起人合意。公司设立的发起是指股东的设立合意。股东的设立合意往往包括公司设立的一致认识、公司设立的可行性分析以及设立行为初步安排等。除一人有限责任公司外，公司设立都有股东设立合意的形成。

公司设立合意可以表现为公司设立协议。有时设立协议的内容也会以股东会议决议的形式表现出来。法律虽没有明确规定设立内资有限责任公司时发起人必须签署设立协议，但实践中较为慎重的公司设立一般都签署有设立协议书。书面协议一般包括公司经营的宗旨、项目、范围和生产规模、注册资本、投资总额及各方出资额、出资方式、经营管理、盈余的分配和风险分担的原则以及其他设立筹备工作等，以明确公司设立过程中各发起人的权利义务。它对以后的公司设立行为有重要的意义。设立协议在法律性质上被视为合伙协议。

按照《中外合资经营企业法》的规定，中外合资经营的有限责任公司发起人依法应当签署发起人协议。

二、申请公司名称预先核准的程序

设立公司应当申请公司名称预先核准。名称预先核准是设立人为拟设立的公司预先取得受法律保护的名称的行为。名称预先核准是每一个公司设立都必须经过的环节，是股东决定实施公司设立后的首个环节。

法律、行政法规规定设立企业必须报经审批或者企业经营范围中有法律、行政法规规定必须报经审批项目的，应当在报送审批前办理企业名称预先核准，并以工商行政管理机关核准的企业名称报送审批。

申请公司名称预先核准时应注意以下三个方面的问题：

1. 确定拟设立公司的企业名称登记主管机构。我国公司登记实行分级管理制度。国家工商行政管理总局负责下列公司的登记：①国务院国有资产监督管理机构履行出资人职责的公司以及该公司投资设立并持有50%以上股份的公司；②外商投资的公司；③依照法律、行政法规或者国务院决定的规定，应当由国家工商行政管理总局登记的公司；④国家工商行政管理总局规定应当由其登记的其他公司。

省、自治区、直辖市工商行政管理局负责本辖区内下列公司的登记：①省、自治区、直辖市人民政府国有资产监督管理机构履行出资人职责的公司以及该公司投资设立并持有50%以上股份的公司；②省、自治区、直辖市工商行政管理局规定由其登记的自然人投资设立的公司；③依照法律、行政法规或者国务院决定的规定，应当由省、自治区、直辖市工商行政管理局登记的公司；④国家工商行政管理总局授权登记的其他公司。

设区的市（地区）工商行政管理局、县工商行政管理局，以及直辖市的工商行政管理分局、设区的市工商行政管理局的区分局，负责本辖区内下列公司的登记：①国家和省、自治区、直辖市工商行政管理局负责登记的公司以外的其他公司；②国家工商行政管理总局和省、自治区、直辖市工商行政管理局授权登记的公司。前款规定的具体登记管辖由省、自治区、直辖市工商行政管理局规定。但是，其中的股份有限公司由设区的市（地区）工商行政管理局负责登记。

地方各级工商局的具体登记管辖职责范围由省、自治区、直辖市工商行政管理局规定。以北京内资企业的登记管辖为例，北京市工商局负责登记下列内资企业：

（1）省、自治区、直辖市人民政府国有资产监督管理机构履行出资人职责的公司以及该公司投资设立的控股50%以上的公司。

（2）注册资本5000万元（不含）人民币以上的有限公司（含国有独资公司、市局注册企业的改制登记）；已在市局登记的有限公司注册资本减少到5000万元人民币以下的。

（3）股份有限公司。

（4）企业集团。

（5）从事因私出入境中介、登记注册代理、旧机动车经纪、期货经纪、投资基金、人才中介服务、征信、煤矿、小额贷款业务的企业。

（6）汽车交易市场专营企业以及注册资本（金）在5000万元人民币（不含）以上的其他类市场专营企业。

（7）西客站地区、天安门地区、机动车交易市场、古玩城市场、潘家园旧货市场内设立的企业。

（8）国家工商行政管理总局授权登记的企业。

（9）依照法律、行政法规规定或者国务院的决定，应当由省、自治区、直辖市工商行政管理局登记的企业。

（10）市局认为应当由其登记的其他企业。

但下列企业由北京市工商局海淀分局负责登记：

（1）海淀区内省、自治区、直辖市人民政府国有资产监督管理机构履行出资人职责的公司以及该公司投资设立的控股50%以上的公司；

（2）海淀区内注册资本5000万元人民币（不含）以上的公司；

（3）海淀区内非上市股份有限公司；

（4）海淀区内除母公司为上市股份有限公司以外的企业集团；

（5）海淀区内汽车交易市场专营企业以及注册资本（金）在5000万元人民币（不含）以上的其他类市场专营企业。

北京市工商局区（县）分局负责登记下列内资企业：

（1）本辖区内国家工商总局及市局登记的企业以外的其他企业；

（2）原由分局登记的有限公司增加注册资本超过5000万元人民币的；

（3）原由分局登记的企业改制后注册资本在 5000 万元人民币以上的；

（4）本辖区内国家工商总局及市局授权登记的企业；

（5）内资企业分支机构及个体工商户。

2. 拟定拟设立公司的名称。公司名称一般由行政区划、字号、行业特点、组织形式四部分依次组成。

企业名称中的行政区划是本企业所在地县级以上行政区划的名称或地名。市辖区的名称不能单独用作企业名称中的行政区划。市辖区名称与市行政区划连用的企业名称，由市工商行政管理局核准。省、市、县行政区划连用的企业名称，由最高级别行政区的工商行政管理局核准。

经国家工商行政管理总局核准，符合下列条件之一的企业法人，可以使用不含行政区划的企业名称：①国务院批准的；②国家工商行政管理总局登记注册的；③注册资本（或注册资金）不少于 5000 万元人民币的；④国家工商行政管理总局另有规定的。

公司的字号应当由两个以上的字组成。企业有正当理由可以使用本地或者异地地名作字号，但不得使用县以上行政区划名称作字号。私营企业可以使用投资人姓名作字号。

公司名称中的行业表述应当是反映企业经济活动性质所属国民经济行业或者企业经营特点的用语。名称中行业用语表述的内容应当与企业经营范围一致。

公司经济活动性质分别属于国民经济行业不同大类的，应当选择主要经济活动性质所属国民经济行业类别用语表述企业名称中的行业。企业名称中不使用国民经济行业类别用语表述企业所从事行业的，应当符合以下条件：①企业经济活动性质分别属于国民经济行业 5 个以上大类；②企业注册资本（或注册资金）1 亿元以上或者是企业集团的母公司；③与同一工商行政管理机关核准或者登记注册的企业名称中字号不相同。

3. 准备好名称预先核准所需的法律文件。设立有限责任公司，应当由全体股东指定的代表或者共同委托的代理人向公司登记机关申请名称预先核准；设立股份有限公司，应当由全体发起人指定的代表或者共同委托的代理人向公司登记机关申请名称预先核准。

申请名称预先核准，应当提交下列文件：①有限责任公司的全体股东签署的公司名称预先核准申请书；②全体股东或者发起人指定代表或者共同委托代理人的证明；③国家工商行政管理总局规定要求提交的其他文件。

企业名称预先核准申请书应当载明企业的名称（可以载明备选名称）、住所、注册资本、经营范围、投资人名称或者姓名、投资额和投资比例、授权委托意见（指定的代表或者委托的代理人姓名、权限和期限），并由全体投资人签名盖章。企业名称预先核准申请书上应当粘贴指定的代表或者委托的代理人身份证复印件。

4. 名称的预先核准。公司登记机关作出准予公司名称预先核准决定的，应当出具《企业名称预先核准通知书》；预先核准的公司名称保留期为 6 个月。预先核准的名称有效期届满前 30 日内，申请人可以持《企业名称预先核准通知书》或《企业名称变更预先核准通知书》向名称登记机关提出名称延期申请。申请名称延期应由全体投资人签署《预先核准名称信息调整申请表》，有效期延长 6 个月，期满后不再延长。预先核准的公司名称在保留期内，不得用于从事经营活动，不得转让。

公司登记机关作出不予名称预先核准决定的，应当出具《企业名称驳回通知书》，说明不予核准的理由，并告知申请人享有依法申请行政复议或者提起行政诉讼的权利。

三、准备公司住所材料、依法申请公司设立审批的程序

1. 准备公司住所材料。公司住所是其主要办事机构所在地。公司住所的大小等情况一般由公司根据自己的经营需要选定，法律并不加以特别规定。因此，只要住所为拟设立的公司办公所需，能实现公司经营需要即可。但并不是所有的房屋都可以作为公司住所，因此，该操作程序主要是在办理住所登记之前，审查股东拟作为公司住所的自有、租赁或无偿使用的房屋是否符合法律规定，并准备提交相关证明资料，以免产生不必要的损失。可用做营业执照办理的住所应当符合以下规定：

（1）用于住所的房屋不属于违法建设。违法建设包括城镇违法建设和乡村违法建设。城镇违法建设是指未取得建设工程规划许可证、临时建设工程规划许可证或者未按照许可内容进行建设的城镇建设工程，以及逾期未拆除的城镇临时建设工程。乡村违法建设是指应当取得而未取得乡村建设规划许可证、临时乡村建设规划许可证或者未按照许可内容进行建设的乡村建设工程。

（2）申请登记为企业住所（经营场所）的房屋应是取得权属登记的合法建筑，应当与房屋所有权证记载的用途一致。登记时应向登记机关提交《房屋所有权证》复印件。

（3）使用未取得房屋所有权证或特殊的房产、住宅等，应当根据不同情况提交相应的证明文件。如，将住宅改变为经营性用房作为住所（经营场所）的，应当符合国家法律、法规、管理规约的规定，除填写申请书中《住所（经营场所）登记表》及《关于同意将住宅改变为经营性用房的证明》外，还应到有关部门办理改变房屋使用性质的相关手续，并向登记机关提交变更后的证明文件。将住宅改变为经营性用房的，应当符合国家和本市法律、法规、管理规约的规定。住宅及住宅楼底层规划为商业用途的房屋不得从事餐饮服务、歌舞娱乐、提供互联网上网服务、生产加工和制造、经营危险化学品等涉及国家安全、存在严重安全隐患、影响人民身体健康、污染环境的生产经营活动，以及法律、法规、规章规定的不得从事的其他行业。住所（经营场所）位于农村地区且暂未取得房屋所有权证的，可提交《乡村规划建设许可证》或《临时乡村规划建设许可证》复印件并加盖单位公章，也可由乡镇政府出具证明。属于宗教系统的，应出具落实宗教房产《确权通知书》，或由该宗教团体业务主管部门出具证明。使用军队房产作为住所（经营场所）的，提交《军队房地产租赁许可证》副本原件。使用宾馆、饭店（酒店）作为住所（经营场所）的，提交加盖公章的宾馆、饭店（酒店）的营业执照复印件作为住所（经营场所）使用证明。

2. 依法申请公司设立审批。

（1）公司设立审批及其项目范围。根据《公司登记管理条例》的规定，依法须经设立审批才能登记的公司，应当先办理公司名称预先核准，而后以公司登记机关核准的公司名称报送主管机关进行行政审批。有限公司报经审批后，依《公司登记管理条例》规定，应当自批准之日起 90 日内向公司登记机关申请设立登记；逾期申请设立登记的，申请人应当报审批机关确认原批准文件的效力或者另行报批。

依我国《公司法》第 6 条第 2 款的规定，对于法律、行政法规规定设立公司必须报经批准的，应当在公司登记前依法办理批准手续。依法必须经政府主管机关进行设立审批的公司包括两类：一类是法律、法规规定必须经审批才能成立的公司。一般指特许行业中公司的设立。如设立经营保险业务的有限公司，必须在设立登记前，得到保险会的批准；设立外商投资的有限公司，就必须事先报商务部或者受托机构批准。还如，直销企业。另一类是经营范围中具有必须经批准才能登记的经营项目之公司。

由此可见，并非所有的公司设立都需要经过主管机关的行政审批。但具体哪些公司的设立需要政府机关的设立审批，应以法律和行政法规的规定为准。国务院 2004 年颁布并于 2009 年 1 月 29 日修订的《国务院对确需保留的行政审批项目设定行政许可的决定》，明确指出国务院对所属各部门的行政审批项目进行了全面清理。由法律、行政法规设定的行政许可项目，依法继续实施；对法律、行政法规以外的规范性文件设定，但确需保留且符合《行政许可法》第 12 条规定事项的行政审批项目，根据《行政许可法》第 14 条第 2 款的规定，现决定予以保留并设定行政许可，共 500 项。各省市工商行政管理局根据该决定和各省的相关规定制定了企业登记许可项目目录，具体地列明了公司设立审批的详细项目，并在各地的工商局网站上给予公布。如在北京，截止到 2013 年 4 月，北京市工商行政管理局在其网站上发布的《北京市企业登记前置许可项目目录》列明115项需要前置审批、《北京市企业登记后置许可项目目录》列明62项需要后置审批、《不予登记注册项目》12项。其中，需要前置审批的公司有的是涉及企业主体资格类企业的设立审批，如宗教活动场所内设立商业服务网点、在国有文物保护单位内设立企业不论从事何种经营活动，均应当审批，但大部分需要前置审批的公司是和公司的行业经营有密切关系的，这些行业概括而言包括医疗、医药、食品卫生、旅游公司、农林牧副渔、矿产资源及电力建设、市政及建设、交通、运输、化工、公共安全、劳动、银行、保险、证券、期货、邮政、电信、广播、电影、电视、新闻出版、文化、文物、娱乐、旅游、环境保护、民政、中介服务、贸易、制造、加工以及烟草、旅馆等其他行业。

这些行政许可项目目录，较详细地列明了每一项目的设定依据、许可机关及许可方式。设立公司时，应当查阅上述资料，确认拟设立的公司是否需要设立审批，尤其是是否需要前置审批，需要哪一主管机关审批。

（2）公司设立审批的一般流程。在设立公司的过程中，考虑到我国《行政许可法》的规定，凡具体的审批程序都应当按照行政许可程序进行，大致包括申请与受理程序、审核、决定颁发许可证三个步骤。

第一，申请与受理。公民、法人或者其他组织申请公司设立审批，首先应当向有关行政主管机构提出申请。按照行政许可法的规定，行政许可机关应当依据法律、行政法规、规章的规定，将许可的事项项目、依据、条件、数量、程序、期限及需要提交的全部资料及申请书示范文本在办公场所进行公示。申请人对于不清楚的事项，可以要求行政机关对公示内容予以说明、解释，行政机关应当说明、解释，提供准确、可靠的信息。

依法需要取得行政许可的，应当向行政机关提出申请。申请书需要采用格式文本的，行政机关应当向申请人提供行政许可申请书格式文本。

申请人申请行政许可，应当如实向行政机关提交有关材料和反映真实情况，并对其申请材料实质内容的真实性负责。行政机关不得要求申请人提交与其申请的行政许可事项无关的技术资料和其他材料。

行政机关对申请人提出的行政许可申请应当根据不同情况分别作出受理或不受理的处理，并出具加盖本行政机关专用印章和注明日期的书面凭证。依照行政许可法的规定，申请事项属于本行政机关职权范围，申请材料齐全、符合法定形式，或者申请人按照本行政机关的要求提交全部补正申请材料的，应当受理行政许可申请。

第二，审查。行政机关应当对申请人提交的申请材料进行审查。申请人提交的申请材料齐全、符合法定形式，行政机关能够当场作出决定的，应当当场作出书面的行政许可决定；不能当场作出行政许可决定的，应当在法定期限内按照规定程序作出行政许可决定。根据法定条件和程序，需要对申请材料的实质内容进行核实的，行政机关应当指派两名以上工作人员进行核查。行政机关对行政许可申请进行审查时，发现行政许可事项直接关系他人重大利益的，应当告知该利害关系人。申请人、利害关系人有权进行陈述和申辩。行政机关应当听取申请人、利害关系人的意见。

对申请人的行政许可申请进行审查后，行政机关应当依法作出准予行政许可或不予行政许可的书面决定。准予行政许可，需要颁发行政许可证件的，应当向申请人颁发相应的加盖本行政机关印章的行政许可证件。不予行政许可的，应当说明理由，并告知申请人享有依法申请行政复议或者提起行政诉讼的权利。准予行政许可的决定应当公开，公众有权查阅。

除当场作出行政许可决定的外，行政机关应当自受理行政许可申请之日起20日内作出行政许可决定。20日内不能作出决定的，经本行政机关负责人批准，可以延长10日，并将延长期限的理由告知申请人。法律、法规另有规定的，依照其规定。行政许可采取统一办理或者联合办理、集中办理的，办理的时间不得超过45日。45日内不能办结的，经本级人民政府负责人批准，可以延长15日，并将延长期限的理由告知申请人。

行政机关作出准予行政许可的决定，应当自作出决定之日起10日内向申请人颁发、送达行政许可证件。

四、股东缴纳出资的程序

依公司法的规定，股东出资操作中应注意以下几点事项：

1. 全体股东出资总额不低于公司法定最低资本数额。有限责任公司股东出资的总额形成的最低资本额不低于人民币3万元。法律、行政法规对有限责任公司注册资本的最低限额有较高规定的，从其规定。如一人有限责任公司的最低注册资本额不得低于人民币10万元。又如，保险法规定设立保险公司应当采取股份公司或国有独资公司的组织形式。设立保险公司，其注册资本最低限额为人民币2亿元。

2. 股东可以根据本公司的实际情况选择在公司成立时一次性缴纳，还是分批缴纳股东认缴的资本额。公司全体股东的出资可以分批缴纳，但首次出资额不得低于注册资本的20%，也不得低于法定的注册资本最低限额，其余部分由股东自公司成立之日起两年内缴足。

3. 股东出资形式包括货币出资和非货币出资两类。《公司法》第27条第1款规定，股东可以用货币出资，也可以用实物、知识产权、土地使用权等可以用货币估价并可以依法转让的非货币财产作价出资；但是，法律、行政法规规定不得作为出资的财产除外。

可见，我国公司法对公司出资采用了列举与抽象性标准相结合的方式。一边明确列举货币、实物、知识产权、土地使用权等作为股东出资的形式，另一方面又采用抽象性形式描述了股东作为出资的非货币财产必须符合"可以用货币估价并可以依法转让"的标准。

根据上述标准，可以看出股权、债权、收费权、非专利技术、整体资产等财产权益虽不是公司法明文列举的出资形式，但由于符合出资的抽象标准，可以作为出资，而劳务、信用、自然人姓名、商誉、特许经营权、设定担保的财产、黄金等则不符合公司法关于股东出资形式的规定，不能作为股东对公司的出资。

4. 股东出资结构的比例。出资的比例结构，也称为出资的构成，是指股东出资总额中各种出资所占的比例情况。这主要是为保证公司资产结构的合理性、正常经营活动的需要、公司资产应有的流通性和变现性、公司对外负债的有效清偿能力。《公司法》规定，全体股东的货币出资金额不得低于公司注册资本的30%。由此可以推出，非货币出资（无形财产出资）最高比例实际上不能超过注册资本的70%。

5. 股东出资的评估。《公司法》第 27 条第 2 款规定，对作为出资的非货币财产应当评估作价，核实财产，不得高估或者低估作价。法律、行政法规对评估作价有规定的，从其规定。根据这一规定投资人以非货币财产出资的应当进行资产评估。同时，在验资或申请工商登记时，验资机构或投资人发现用作出资的非货币财产与评估基准日时的资产状态、使用方式、市场环境等方面发生显著变化，或者由于评估假设已发生重大变化，可能导致资产价值发生重大变化的，也应当重新进行评估。

如果其他法律、行政法规规定的需要进行资产评估的事项，应根据该法律法规的规定进行评估。如，《国有资产评估管理办法》第 18 条规定，国有资产评估，必须"报同级国有资产管理行政主管部门确认资产评估结果"。《中外合资经营企业法实施细则》第 27 条规定，作为外国合营者出资的机器设备或其他物料，作价不得高于同类设备或物料的当时国际市场价格。

评估应当由资产评估机构负责评估。实践中，资产评估机构有专营资产评估机构和兼营资产评估的机构两种。专营资产评估的机构，指资产评估（估价）事务所（公司）；兼营资产评估机构，指兼营资产评估业务的会计师事务所、审计事务所、财务咨询公司等。

出资人以符合法定条件的非货币财产出资后，因市场变化或者其他客观因素导致出资财产贬值，公司、其他股东或者公司债权人请求该出资人承担补足出资责任的，不会受到人民法院的支持。但是，当事人另有约定的除外。

6. 股东出资的缴纳。依照公司法的规定，股东应当按期足额缴纳公司章程中规定的各自所认缴的出资额或者所认购的股份。

股东以货币出资的只需货币的实际交付即可，即应当将货币出资足额存入公司在银行开设的账户。

股东以实物出资的，由股东直接将动产向公司交付。股东以非专利技术出资的，其出资方式与动产出资类似，也只需实际、有效的技术交付即可。通常采取移交图纸、数据、模型、程序等技术资料和技术人员培训等方式使公司能有效掌握和利用该项技术。

股东以不动产、准不动产、专利权、商标权、土地使用权等财产出资的，应当依法办理其财产权的转移手续。由于国家对该类财产实行登记管理制度，该类出资的履行方式包括权属变更和实际缴付两个方面。权属变更属法律上的权利交付，需到国家登记管理机构办理权利主体的变更登记；实际缴付，是事实上的权利交付，表现为标的物占有主体的实际变更。权属变更和实际缴付共同构成权利完整移转不可分割的两个方面，两个方面缺一不可。权属变更的价值在于法律对权利的认定和法律风险的防范，实际缴付的价值则在于公司对股东出资财产的实际利用和其他权益的实现。如，房屋、汽车、专利技术、土地使用权的交付不仅实际交付占有，还需分别到房产登记管理部门、机动车辆登记管理部门、国家知识产权局、国土资源管理局变更权利主体，重新登记。

7. 关于股东违反出资义务之法律责任的说明。股东应当如实缴纳出资义务，违反法律规定没有如实缴纳出资的，应当承担资本充实保证义务。

公司法明文规定了有限责任公司设立时的股东，应当对成立后的公司的非货币财产承担资本充实的差额填补责任。《公司法》第31条规定，有限责任公司成立后，发现作为设立公司出资的非货币财产的实际价额显著低于公司章程所定价额的，应当由交付该出资的股东补足其差额；公司设立时的其他股东承担连带责任。显然这并不包括对股东货币出资义务违反的资本充实责任。

在2011年2月，最高人民法院《关于适用〈中华人民共和国公司法〉若干问题的规定（三）》，对股东承担的资本充实保证责任进一步作了规定，扩大了公司发起人对公司资本充实的担保责任，不仅要对其他发起人的非货币财产承担资本充实的担保责任，也要对其他发起人的货币出资承担资本充实的担保责任。该解释明文规定，对股东未履行或者未全面履行出资义务，公司或者其他股东请求其向公司依法全面履行出资义务的，人民法院应予支持。公司债权人请求未履行或者未全面履行出资义务的股东在未出资本息范围内对公司债务不能清偿的部分承担补充赔偿责任的，人民法院应予支持；未履行或者未全面履行出资义务的股东已经承担上述责任，其他债权人提出相同请求的，人民法院不予支持。股东在公司设立时未履行或者未全面履行出资义务，依照前述规定提起诉讼的原告，请求公司的发起人与被告股东承担连带责任的，人民法院应予支持；公司的发起人承担责任后，可以向被告股东追偿。

五、公司验资的程序

验资是指法定机构依法对股东出资情况进行验证并出具相应证明的行为。依据《公司法》规定，有限公司在股东缴纳出资后必须经依法设立的验资机构验资并出具证明。如果是非货币出资，应当由具有评估资格的资产评估机构评估作价后，由法定的验资机构会计师事务所进行验资。验资结束，验资机构应出具验资证明，验资证明必须真实、客观，验资机构或验资人员不得提供虚假证明文件，否则，将要承担相应的法律责任。

根据《公司注册资本登记管理规定》第13条规定，验资主要是对以下内容进行验证：①公司名称、类型。②股东或者发起人的名称或者姓名。③公司注册资本额、股东或者发起人的认缴或者认购额、出资时间、出资方式；以募集方式设立的股份有限公司应当载明发起人认购的股份和该股份占公司股份总数的比例。④公司实收资本额、实收资本占注册资本的比例、股东或者发起人实际缴纳出资额、出资时间、出资方式。以货币出资的说明股东或者发起人出资时间、出资额、公司的开户银行、户名及账本；以非货币出资的须说明其评估情况和评估结果，以及非货币出资权属转移情况。⑤全部货币出资所占注册资本的比例。⑥其他事项。简单地讲，就是检验股东出资是否合法、合规和符合公司章程，是否存在弄虚作假的行为，非货币出资的评估作价是否公平、合理，货币出资是否已足额存入公司临时账户，非货币出资是否已办理权利移转登记手续等。

验资证明必须客观真实，验资机构或验资人员不得提供虚假证明文件，否则，将要承担相应的法律责任。《公司法》第208条规定，承担资产评估、验资或者验证的机构提供虚假材料的，由公司登记机关没收违法所得，处以违法所得1倍以上5倍以下的罚款，并可以由有关主管部门依法责令该机构停业、吊销直接责任人员的资格证书，吊销营业执照。承担资产评估、验资或者验证的机构因过失提供有重大遗漏的报告的，由公司登记机关责令改正，情节较重的，处以所得收入1倍以上5倍以下的罚款，并可以由有关主管部门依法责令该机构停业，吊销直接责任人员的资格证书，吊销营业执照。承担资产评估、验资或者验证的机构因其出具的评估结果、验资或者验证证明不实，给公司债权人造成损失的，除能够证明自己没有过错的外，在其评估或者证明不实的金额范围内承担赔偿责任。

六、股东共同制定公司章程的程序

1. 公司章程的基本记载内容。章程是指公司必须具备的由发起设立公司的投资者制定的，并对公司、股东、董事、监事、公司高级管理人员具有约束力的调整公司内部组织关系和经营行为的自治规则。

根据《公司法》的规定，有限责任公司章程一般要包括以下内容：①公司名称和住所；②公司经营范围；③公司注册资本；④股东的姓名或者名称；⑤股东的出资方式、出资额和出资时间；⑥公司的机构及其产生办法、职权、议事规则；⑦公司法定代表人；⑧股东会会议认为需要规定的其他事项。

依上述公司法对章程记载事项规定的效力不同，我们可将章程内容分为绝对必要记载事项、任意记载事项两类。其中，绝对必要记载事项，是指公司法规定的公司章程必须记载的事项。若不记载或者记载违法，则章程不生效或无效。因此，缺乏绝对必要记载事项的公司章程，应当补齐；记载违法应当修改。《公司法》第25条第1~7项，为绝对必要记载事项。任意记载事项，是指必要记载事项之外的，在不违反法律、行政法规强行性规定和社会公共利益的前提下，经章程制定者共同同意自愿记载于公司章程中的事项。对于任意记载事项，公司法只是赋予股东具有制定权，并不具体提及其内容。是否记入、如何记入完全由股东决定，即使违法也仅仅是该条款无效，不会导致章程无效。《公司法》第25条第8项为任意记载事项。

2. 制定公司章程应注意的事项。

第一，公司章程的制定要体现全体股东的意志。公司章程是公司设立、存续、发展、变更、消灭的基本规则，也是公司登记成立的必备条件。由于公司章程涉及全体股东的权利和义务，需要全体股东进行协商，达成一致，故法律规定由全体股东共同制定，并签名确认。法律所规定的"共同制定"之本意是股东共同签字确认，意思表示达成一致。

尤其是在股东出资和公司机构设置方面，更是涉及股东的权利义务问题。其中，出资问题必须达成一致意见，形成契约性质的条款，由各股东严格遵守；在公司机构人员组建方面，涉及对公司的管理权，也涉及公司的正常运行，必须依法设置股东会。首次股东会会议由出资最多的股东召集和主持，依照本法规定行使职权，选出公司经营决策机构和公司监督机构，并由公司经营决策机构选聘出公司经理。

第二，依照公司法对章程的规定，参照公司登记机构的章程范本制定。

对于章程中的绝对必要记载事项不能有遗漏，对于公司章程中的任意记载事项要根据公司治理运行需要进行补充，要充分利用有限责任公司人合性特点有针对性地制定符合本公司需要的公司章程。由于有限责任公司是人合性较强的公司，所以法律赋予有限责任公司较大的自治空间，即使是公司的绝对必要记载条款部分也没有对其内容进行过细地规范，因此根据公司的实际情况，充分征求和体现股东意志是有限责任公司章程制定的一个要点。比如，公司是否要设董事会、是否要专设经理、是否要设监事会，就应该考虑到《公司法》第51条的规定，"股东人数较少或者规模较小的有限责任公司，可以设1名执行董事，不设董事会。执行董事可以兼任公司经理。执行董事的职权由公司章程规定。"第52条规定，"有限责任公司设立监事会，其成员不得少于3人。股东人数较少或者规模较小的有限责任公司，可以设1至2名监事，不设监事会"。像这些规定，以及公司法没有明确规定的有限责任公司的会议程序等问题，都可以在公司章程中给予细化、落实以利于公司成立后公司机构的正常运行。还如，有限责任公司中关于股权转让的规定，虽然《公司法》第72条规定了股权转让的原则性规定，但该条款同时授予章程针对公司具体情况有权规定不同于法律的股权转让规则。由于有限责任公司的正常运转往往依赖于公司人合性的维护，所以对公司运行中的问题有预见性地充分协商并记载于公司章程之中，可以维护有限责任公司的股东人合性和稳定运行。

第三，正确处理公司章程和公司发起人协议之间的关系。有的公司在设立过程中，先后存在着公司发起人协议和公司章程两个法律文件。如何区分它们之间的关系具有重要意义。

首先，从内容上看，二者之间具有密切联系，有较高的相似性。二者均是为设立公司而签署的，在内容上有许多相同之处。例如，二者均记载有公司名称、住所、注册资本、经营范围、股东构成、出资形式等事项调整各发起人在设立过程中的权利义务、协调各发起人的设立行为。有的发起人为了保障长期合作的继续甚至在发起人协议中还约定未来公司的组织机构、股份转让、增资、减资、合并、分立、终止等事项。实务中，各发起人如无新的约定，往往是以设立协议为基础制定公司章程，将设立协议主要内容吸收为公司章程内容给予确认。

其次，从性质、形式、效力等法律规定看，二者存在差异。

（1）二者在法律属性上不同。发起人协议本质上是契约，属于合伙协议，仅仅对发起人有约束力；而公司章程本质上属于自治性规范，不仅对具有发起人身份的股东有约束力，还对公司、董事、监事、高级管理人员和公司的其他股东有约束力。但公司章程的自治性属性并不否认章程对制定章程的发起人的契约属性。

（2）是否为公司必备的法律文件，法律规定不同。依据公司法的规定，章程是设立一切公司的必备法律文件，不可缺少；而发起人协议则不是设立一切公司的必备法律文件。如法律并没有规定内资有限责任公司设立时必须要提交发起人协议，仅仅规定设立外商投资的有限责任公司时应当提交合营或合作双方的协议、合同。

（3）是否为要式性法律文件，法律规定不同。法律明文规定公司章程是要式性法律文件。公司章程内容法定，必须合法；公司章程形式法定，必须采用书面形式。而发起人协议一般是不要式性法律文件，法律不干预其内容，其内容主要由当事人的意思表示决定，设立过程中，发起人如何确认各方权利和义务，一般依照合同法的规则进行，既可以对设立过程中的事项作出约定，也可以对设立后的事项作出约定。

（4）公司发起人协议与公司章程的效力也不同。发起人协议除附有生效条件外，效力自协议签订之日起生效，其调整的对象是基于发起行为而产生的发起人之间的关系。公司章程的生效时间和适用对象范围较为复杂。从时间上看，公司章程制定于公司成立之前。在公司成立之前，章程中仅涉及发起人之间关系的那一部分条款，相当于契约条款，如出资问题。其效力应当在全体发起人签字之日起生效，对各发起人产生约束力。因此，章程中的这部分条款实质上是对发起人协议中相应条款的重新确认或修改。至于涉及发起人以外主体的条款，如对其他股东、公司、董事、监事、高级管理人员等问题的条款由于公司尚没有登记，也就不能享有法律和章程所规定的职权，因此尽管发起人或全部股东已经签字，由于公司尚没有登记而不能生效。这部分条款只能在公司获取营业执照之日起才能产生法律效力。换句话讲，公司章程全部条款的整体生效是在公司成立时。

正是通过以上区别，我们可以看出发起人协议和公司章程在公司设立的不同阶段有不同的作用，理解二者的区别和联系，有助于正确处理公司设立过程中的法律问题。

七、向工商机关申请设立登记的程序

公司登记是依申请而实施的行政行为。在公司申请登记时，主要涉及受理机关、申请人、申请时间、申请所需提交的文件等四大要素。

1. 登记受理机关。公司登记的受理机关和公司名称预先核准机关是一致的，这里不再重述。

2. 申请人。设立有限责任公司，一般应当由全体股东指定的代表或者共同委托的代理人向公司登记机关申请设立登记。设立国有独资公司，应当由国务院或者地方人民政府授权的本级人民政府国有资产监督管理机构作为申请人，申请设立登记。

3. 申请登记的时间。申请设立登记一般是应在名称预先核准的保留期内进行，但对法律、行政法规或者国务院决定规定设立有限责任公司必须报经批准的，应当自批准之日起 90 日内向公司登记机关申请设立登记；逾期申请设立登记的，申请人应当报批准机关确认原批准文件的效力或者另行报批。

4. 申请登记文件。申请设立有限责任公司，应当向公司登记机关提交下列文件：

（1）公司法定代表人签署的设立登记申请书；

（2）全体股东指定代表或者共同委托代理人的证明；

（3）公司章程；

（4）依法设立的验资机构出具的验资证明，法律、行政法规另有规定的除外；

（5）股东首次出资是非货币财产的，应当在公司设立登记时提交已办理其财产权转移手续的证明文件；

（6）股东的主体资格证明或者自然人身份证明；

（7）载明公司董事、监事、经理的姓名、住所的文件以及有关委派、选举或者聘用的证明；

（8）公司法定代表人任职文件和身份证明；

（9）企业名称预先核准通知书；

（10）公司住所证明以及国家工商行政管理总局规定要求提交的其他文件；

（11）法律、行政法规和国务院决定规定设立有限责任公司必须报经批准的，提交有关的批准文件或者许可证书复印件；

（12）公司申请登记的经营范围中有法律、行政法规和国务院决定规定必须在登记前报经批准的项目，提交有关的批准文件或者许可证书复印件或许可证明。

需要指出，上列文件的第 2 项应标明指定代表或者共同委托代理人的办理事项、权限、授权期限。第 6 项股东为企业的，提交营业执照副本复印件；股东为事业法人的，提交事业法人登记证书复印件；股东为社团法人的，提交社团法人登记证复印件；股东为民办非企业单位的，提交民办非企业单位证书复印件；股东为自然人的，提交身份证件复印件；其他股东提交有关法律法规规定的资格证明。第 7 项应依据《公司法》和公司章程的有关规定，提交股东会决议、董事会决议或其他相关材料。股东会决议由股东签署，董事会决议由董事签字。第 8 项应根据《公司法》和公司章程的有关规定，提交股东会决议、董事会决议或其他相关材料。股东会决议由股东签署，董事会决议由董事签字。

5. 对申请文件的要求。递交设立申请后，由公司登记机关依法对公司设立申请进行审查，决定是否受理。根据《公司登记管理条例》规定，符合"申请文件、材料齐全，符合法定形式的，或者申请人按照公司登记机关的要求提交全部补正申请文件、材料"条件的，应当决定予以受理。否则，依照该条例的规定作其他处理，或进行核实。

八、工商局核准登记的程序

工商登记管理部门对申请公司登记的审核，主要包括两种情形：

1. 符合《公司登记管理条例》规定的，依法准予登记，核发营业执照。如果申请文件、材料齐全，符合法定形式，且认为不需要复核的，工商行政管理部门应当决定予以受理。对申请人到公司登记机关提出的申请予以受理的，应当当场作出准予登记的决定。作出准予公司设立登记决定的，应当出具《准予设立登记通知书》，告知申请人自决定之日起 10 日内，领取营业执照。对于其他情形，可以按照《公司登记管理条例》规定的程序处理。

实践中，申请人到公司登记机关提出的申请予以受理的，工商行政管理机关当场作出登记决定，有的工商行政管理机关告知核发营业执照的期限会少于10 天。

2. 不符合《公司登记管理条例》规定的，不予登记。公司登记机关作出不予登记决定的，应当出具《登记驳回通知书》，说明不予核准、登记的理由，并告知申请人享有依法申请行政复议或者提起行政诉讼的权利。申请人可以对公司登记机关作出的《登记驳回通知书》依法申请行政复议或者提起行政诉讼。

九、申请人领取营业执照的程序

登记申请材料被受理后，申请人可取得《受理通知书》或《准予登记通知书》。并根据《公司登记管理条例》第 56 条的规定，在工商行政管理机关指定的交费处缴纳公司登记费用。缴费成功后，凭《受理通知书》或《准予登记通知书》以及已缴费单据，在指定的时间到工商登记窗口领取营业执照以及相关票据。

根据《公司登记管理条例》第 56 条的规定，公司办理设立登记、变更登记，应当按照规定向公司登记机关缴纳登记费。领取《企业法人营业执照》的，设立登记费按注册资本总额的 0.8‰缴纳；注册资本超过 1000 万元的，超过部分按 0.4‰缴纳；注册资本超过 1 亿元的，超过部分不再缴纳。领取《营业执照》的，设立登记费为 300 元。

十、刻章、开户和其他办证事项的程序

公司刻制印章、办理企业组织机构代码证、银行开户、申领税务登记证应携带相关的资料或法律文件方可申办，具体如下：

1. 印章刻制。1999 年，国务院依法颁布了《关于国家行政机关和企业事业单位社会团体印章管理的规定》。各省市政府根据该规定颁发了《刻字业治安管理办法》。根据上述规定，经营刻章业务的单位须经当地公安局批准。公司办理

刻章事项时需要持有上级主管单位的批准文件、出具营业执照正本和复印件。其中，属市、区（市）直属企业的同时出具上级单位刻章证明。在获得住所地公安机关审核登记后，持公安机关的证明刻制公司印章。

2. 办理企业统一代码证书。根据《组织机构代码管理办法》的规定，组织机构是指依法设立的机关、企业、事业单位、社会团体以及其他组织机构。组织机构代码，是指根据代码编制规则编制，赋予在中华人民共和国境内依法注册、依法登记的机关、企业、事业单位、社会团体和民办非企业单位等机构在全国范围内唯一的、始终不变的代码标识，其作用相当于单位的身份证号。组织机构代码证书，是组织机构代码识别标识的载体和法定凭证，分为正本和副本；正本为纸质证书，副本包括纸质证书和电子证书。

国家质量监督检验检疫总局（以下简称国家质检总局）依法负责统一组织协调全国组织机构代码管理工作。全国组织机构代码管理中心（以下简称全国代码中心）在职责范围内负责全国组织机构代码管理的具体实施工作。省级及市、县级质量技术监督部门在各自职责范围内负责组织协调本行政区域内组织机构代码管理工作。

组织机构办理组织机构代码登记，应当自依法设立之日起30日内，到批准设立或者核准登记部门同级的质量技术监督部门申请。申请时，应当提交以下材料：①公司营业执照副本原件及原件的双面复印件各一份（外企还需批准证书副本原件及复印件一份）。②公司公章。③公司法定代表人及经办人身份证原件及正反面复印件各一份；公司法定代表人如果是外籍人士需提供护照；港澳人士需提供港澳通行证；台湾人士需提供台胞证。

质量技术监督部门收到申请文件后，应当即时做出是否受理的决定；申请材料不全或者不符合法定要求的，应当当场告知申请人需要补正的全部内容。质量技术监督部门应当在受理申请之日起3日内完成审核，对符合规定要求的予以登记，颁发组织机构代码证书；对不符合规定要求的，不予登记并书面说明理由。

3. 开办税务登记证。根据国家税务总局《税务登记管理办法》之规定，公司（即纳税人）开立银行账户、领购发票时，必须提供税务登记证件。税务登记证件包括税务登记证及其副本、临时税务登记证及其副本。

县以上（含本级，下同）国家税务局（分局）、地方税务局（分局）是税务登记的主管税务机关，负责税务登记的设立登记、变更登记、注销登记和税务登记证验证、换证以及非正常户处理、报验登记等有关事项。一般来讲，从事生产、经营的公司领取工商营业执照（含临时工商营业执照）的，应当自领取工商营业执照之日起30日内申报办理税务登记，税务机关核发税务登记证及副本（纳税人领取临时工商营业执照的，税务机关核发临时税务登记证及副本）。

在申报办理税务登记时，应当根据不同情况向税务机关如实提供以下证件和资料：①工商营业执照或其他核准执业证件；②有关合同、章程、协议书；③组织机构统一代码证书；④法定代表人或负责人或业主的居民身份证、护照或者其他合法证件；⑤其他需要提供的有关证件、资料，由省、自治区、直辖市税务机关确定。

公司提交的证件和资料齐全且税务登记表的填写内容符合规定的，税务机关应及时发放税务登记证件。纳税人提交的证件和资料不齐全或税务登记表的填写内容不符合规定的，税务机关应当场通知其补正或重新填报。纳税人提交的证件和资料明显有疑点的，税务机关应进行实地调查，核实后予以发放税务登记证件。

4. 银行开户。开立银行账户的法律依据主要是自 2003 年 9 月 1 日起施行、中国人民银行制定的《人民币银行结算账户管理办法》以及 2005 年中国人民银行通过的《人民币银行结算账户管理办法实施细则》。根据上述规定，公司开设银行账户一般应当在注册地开立银行结算账户，同时提交以下法律文件：①企业营业执照正本原件及复印件；②组织机构代码证正本原件及复印件、IC 卡；③国税登记证正本原件及复印件；④地税登记证正本原件及复印件；⑤法人代表身份证原件及复印件；⑥经办人身份证原件及复印件；⑦公章、财务章、人名章；⑧如果不是法定代表人本人去办理的，委托他人办理开户时应另附委托书。

十一、讨论有限责任公司设立的主要工作任务

【实训背景】

1. 甲、乙、丙三人是国企改制时提前退休的职工，又是多年的老朋友。经过多次的沟通协商，他们决定筹建一个从事副食零售的公司。

三人决定总共出资 150 万，各出资占 1/3。其中，甲现金出资 50 万元，乙提供价值 10 万元的货架器具、电子设备及 40 万现金，丙的出资 50 万包括一辆价值 10 万的汽车、价值 10 万元的商品、现金 20 万以及销售渠道和劳务。经过慎重选址，发现甲所在的新建小区南方家园，人口密度大，小区居民有较好的消费能力，且小区由于刚刚建成尚没有副食商店。于是，三人决定租赁南方家园某居民楼的一层 101 房间，创建副食公司。但具体怎么设立，三人一时摸不着头脑。为此，甲、乙、丙找到公司注册代理机构进行公司注册咨询。请问，如果请你为他们提供法律服务，应该指导他们做哪些工作？并准备哪些法律材料？注意哪些问题？

【实训任务】

针对本项训练内容，根据法律规定，结合课堂教学内容，参考当地工商行政登记部门的网站关于公司设立的介绍，拟定一份工作方案。工作方案要求内容包括公司设立的主要流程、每个流程应当注意的相关问题、应当准备的法律材料以及当事人需要提供的证明资料。

【实训要求】

1. 实训过程中，学生可分为两组，分别模拟甲、乙、丙等公司设立方和公司注册代理机构一方。

2. 模拟中，公司注册代理一方针对甲、乙、丙的咨询，快速查阅公司设立的工作流程及其应注意的相关问题，并向甲、乙、丙询问和协商公司注册代理事宜，并根据询问和协商情况简要、清晰地介绍公司设立的主要工作流程及工作量。在获得甲、乙、丙同意代为公司设立后，告知甲、乙、丙应当提供的与公司设立相关的法律资料。甲、乙、丙一方应当结合公司设立中的实际情况，咨询相关法律规定，可酌情充实实训背景内容。

■教学与训练任务二：股份有限公司设立过程中的法律实务

依我国公司法的有关规定，股份有限公司的设立程序因设立方式不同而有所不同，它可分为发起设立程序和募集设立程序两类。

采取发起设立的股份有限公司的设立程序与有限责任公司的设立程序相比较，基本相似。与采取募集设立的股份有限公司的设立程序相比较，除了公司资本的形成有较大的差异外，其他方面也基本相似。本书将以股份有限公司的募集设立程序为主对股份有限公司的设立程序进行阐述。

一、股份有限公司的募集设立事务操作实务

尽管股份有限公司的募集设立程序和有限责任公司的发起设立程序有较大的不同，但有限责任公司和股份有限公司的发起人发起行为、公司名称预先核准、申请公司设立审批、核准公司登记颁发营业执照等方面在公司法规定上具有相同性，故不再详细阐述，而重点介绍股份有限公司募集设立程序的特殊环节和特殊规定。

实践中股份有限公司募集设立的主要操作流程如下图所示：

```
┌─────────┐   ┌─────────┐   ┌─────────┐   ┌─────────┐   ┌─────────┐
│ 公司设立 │──▶│ 向工商局 │──▶│准备住所材│──▶│ 股份的认 │──▶│ 发起人认 │
│ 的发起   │   │申请名称  │   │料，办理前│   │购和募集  │   │购股份并  │
│         │   │预先核准  │   │置审批    │   │         │   │缴纳股款  │
└─────────┘   └─────────┘   └─────────┘   └─────────┘   └─────────┘
     │
     ▼
┌───────────────────┐   ┌─────┐   ┌─────┐   ┌───────┐   ┌───────────┐
│ 经核准公开募集股份 │   │公司 │   │依法召│   │向登记机│   │核准登记并发│
├───────────────────┤──▶│验资 │──▶│开创立│──▶│关申请公│──▶│给营业执照并│
│ 经过证监会审核核准 │   │     │   │大会  │   │司登记  │   │公告        │
├───────────────────┤   └─────┘   └─────┘   └───────┘   └───────────┘
│ 公告招股说明书     │                                          │
├───────────────────┤                                          ▼
│ 证券经营机构承销   │                                   ┌───────────────┐
├───────────────────┤                                   │ 申领企业组织代码│
│ 认购并缴纳股款     │                                   └───────────────┘
└───────────────────┘                                          │
                                                               ▼
                                                        ┌───────────┐
                                                        │   刻章     │
                                                        └───────────┘
                                                               │
                                                               ▼
                                                        ┌───────────┐
                                                        │ 银行开户   │
                                                        └───────────┘
                                                               │
                                                               ▼
                                                        ┌───────────┐
                                                        │ 办理税务登记│
                                                        └───────────┘
```

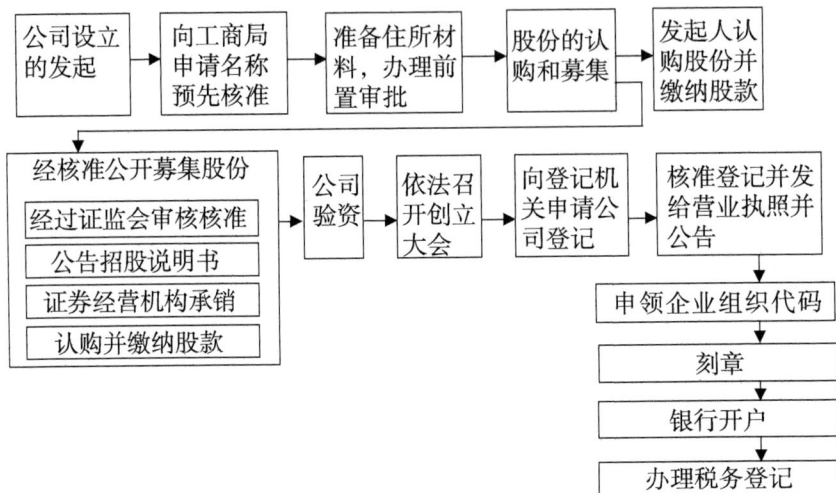

一般而言，股份有限公司的募集设立程序包括以下程序：

（一）公司设立的发起程序

发起人符合法定人数，应当有 2 个（含 2 个）以上 200 个（含 200 个）以下的发起人。2 个（含 2 个）以上 200 个（含 200 个）以下发起人中需有过半数在中国境内有住所。

股份有限公司发起人实施发起行为的内容基本与有限责任公司发起人的发起行为主要内容相同，但会因为股份有限公司募集设立的工作较为复杂而相对复杂。

（二）申请公司名称预先核准的程序

与法律对有限责任公司的规定相同，名称预先核准程序也是股份有限公司设立的必经程序，同样涉及申请时间、申请人、申请文件、名称核准及预先核准的公司名称的法律效力等问题，且这几个方面的法律规定相一致，具体可参见有限责任公司在公司名称预先核准的法律规定。但应当指出的是法律对公司设立申请人的描述有一定差异。根据公司法的规定，设立股份有限公司的申请人是由全体发起人指定的代表或者共同委托的代理人，由他们负责向公司登记机关申请名称预先核准。而不是像对有限责任公司要求的那样，由全体股东指定的代表或者共同委托的代理人负责向公司登记机关申请名称预先核准。

根据《公司登记管理条例》的规定，设立股份有限公司由设区的市（地区）工商行政管理局负责登记。申请者应依法律规定，填写《名称预先核准申请书》，同时准备相关材料，递交《名称（变更）预先核准申请书》，等待名称核准结果。

（三）准备公司住所材料、依法申请公司设立审批的程序

股份有限公司住所材料的准备同前述有限责任公司的相关规定。

股份有限公司的设立是否需要审批并不是一个必经程序。股份有限公司的设立是否需要审批程序，同有限责任公司一样，取决于法律、法规的规定。2005 年修正前的《公司法》规定，凡是设立股份有限公司，必须经过国务院授权的部门或者省级人民政府批准。现在依照 2005 年修正后的《公司法》的规定，取消了这一规定。

（四）公司股份的认购与募集程序

第一，发起人认购股份。根据《公司法》第 85 条的规定，"以募集设立方式设立股份有限公司的，发起人认购的股份不得少于公司股份总数的 35%；但是，法律、行政法规另有规定的，从其规定。"该条从另一方面限定股份有限公司对社会公开募集资金不得超过公司注册资本的 65%。同时，公司法有关条文规定发起人认购的股份应当按期足额缴纳，其目的是为了保证发起人对公司设立应有的谨慎，保证对公司经营管理的谨慎，以保护广大投资者的利益。

第二，公开募集股份。公开募集股份关系到社会公众利益和社会经济运行，影响较大，所以《公司法》第 85～89 条对公开募集股份程序作了严格规定。主要有以下步骤：

（1）聘请具有保荐资格的机构担任公司保荐人。根据证券法的规定，发行人申请公开发行股票，依法采取承销方式的，应当聘请具有保荐资格的机构担任保荐人。保荐人应当遵守业务规则和行业规范，诚实守信，勤勉尽责，对发行人的申请文件和信息披露资料进行审慎核查，督导发行人规范运作。

（2）需经国务院证券监管部门批准。设立股份有限公司公开发行股票，应当符合《公司法》规定的条件和经国务院批准的国务院证券监督管理机构规定的其他条件，向国务院证券监督管理机构报送募股申请和相关文件。由证券监管机构审核后作出批准或不予批准公开募集股份的决定。未经国家证券监管部门批准，发起人不得向社会公开募集股份。这是公开募集股份的必经程序。

在这一程序中涉及申请人的申请行为和证监会的核准行为。

首先，发起人的申请行为。发起人向证监会提出申请，必须递交募股申请和相关文件。一般来说，根据《证券法》的规定应当提交下列法律文件：①公司章程。②发起人协议。③发起人姓名或者名称，发起人认购的股份数、出资种类及验资证明。④招股说明书。⑤代收股款银行的名称及地址。⑥承销机构名称及有关的协议。依照本法规定聘请保荐人的，还应当报送保荐人出具的发行保荐书。⑦法律、行政法规规定设立公司必须报经批准的，还应当提交相应

的批准文件。如果国有控股或参股的股份有限公司（以下简称股份公司）申请发行股票时，还应向证券监督管理机构提供国有资产监督管理机构关于股份公司国有股权管理的批复文件，该文件是股份有限公司申请股票发行的必备文件。

招股说明书是为了让社会公众了解公司的实际情况，保护社会认股人的利益，防止发起人以欺骗手段招募股份的重要法律文件。招股说明书应附有公司章程，并按照公司法的规定载明以下事项：发起人认购的股份数、每股的票面金额和发行价格、无记名股票的发行总数、募集资金的用途、认股人的权利义务、本次募股的起止期限及逾期未募足时认股人可撤回所认股份的说明等事项。

股票承销协议，指公司为发起人向社会公众募集股份而与依法设立的证券承销机构（承销商）签订的代销或包销股票的协议书。

代收股款协议，即发起人依法与银行签订的代收股款协议。银行根据此协议负有代收和保存股款、向缴纳股款的认股人出具单据、向有关部门出具收款证明的义务。

其次，证券管理机关的核准。证监会接到发起人的申请和有关文件后，应进行审查。对符合公司法规定条件的募股申请，予以批准；对不符合公司法规定条件的募股申请，不予批准；对已作出的批准，如果发现不符合公司法规定的，则应予以撤销；对被撤销的批准，尚未募集股份的，停止募集，已经募集的，认股人可以按照所缴股款并加算银行同期存款利息，要求发起人返还。

（3）公告招股说明书。发起人在获得国家证券监管部门允许公开发行股票的核准决定后，应依法公告招股说明书，邀约公众认股。

（4）制作认股书。根据《公司法》第86条的规定，发起人还应制作认股书，在认股书上载明发起人认购的股份数、每股的票面金额和发行价格、无记名股票的发行总数、募集资金的用途、认股人的权利义务以及本次募股的起止期限及逾期未募足时认股人可以撤回所认股份的说明等内容。

认股人决定认股时，可依法在认股书上填写所认股数、金额以及认股人的住所，并在认股书上签名、盖章。从法律上看，认股人一旦填写了认股书，就应当按所认股份数承担缴纳股款的义务，否则将构成违约。

（5）证券经营机构承销。《公司法》第88条规定，发起人向社会公开募集股份，应当通过依法设立的证券经营机构承销。即发行人必须通过依法设立的证券经营机构公开募集股票，而不得自己销售或通过其他途径销售。证券经营机构承销的方式主要有两种：代销和包销。不管哪种方式，承销的最长期限，不得超过90天，并在承销期满后在规定的期限内，将证券承销情况向证券监管部门备案。

（6）缴纳股款。认股人认购股份后，就应当依法缴纳自己所认购股份的全部股款。认股款的缴纳应当依照公司法的规定缴纳，代收股款的银行应当按照协议代收和保存股款，向缴纳股款的认股人出具收款单据，并负有向有关部门出具收款证明的义务。所谓的有关部门，指公司登记管理机关、证券监管机构、税务、会计师事务所、律师事务所等。

（7）股东违法缴纳出资的法律责任。股东应当如实依照法律规定和公司章程规定缴纳出资。违反出资义务的，主要承担下列责任：①股份有限公司的认股人未按期缴纳所认股份的股款，经公司发起人催缴后在合理期间内仍未缴纳，公司发起人可以对该股份另行募集。认股人延期缴纳股款给公司造成损失，公司可以请求该认股人承担赔偿责任。②发起人、认股人缴纳股款或者交付抵作股款的出资后，除未按期募足股份、发起人未按期召开创立大会或者创立大会决议不设立公司的情形外，不得抽回其股本。如果抽逃出资，依法承担返还出资的民商事责任。情节严重的还可能承担行政或刑事责任。③股份有限公司成立后，发起人未按照公司章程的规定缴足出资的，应当补缴；其他发起人承担连带责任。股份有限公司成立后，发现作为设立公司出资的非货币财产的实际价额显著低于公司章程所定价额的，应当由交付该出资的发起人补足其差额；其他发起人承担连带责任。

关于出资的其他规定，可参见有限责任公司股东缴纳出资的相关规定。

（五）公司验资的程序

在发行股份的股款缴足之后，发起人应当聘请依法成立的验资机构进行验资，并出具验资证明。验资的内容参见前述有限责任公司股东的出资验资部分。

（六）依法召开创立大会的程序

1. 创立大会的准备工作。会议的召开首先应当确认会议的召开时间。根据公司法规定，发行股份的股款缴足后，必须经依法设立的验资机构验资并出具证明。发起人应当自股款缴足之日起30日内主持召开公司创立大会。

会议准备工作。每一项会议的召开毫无疑问需要进行会前的认真准备。创立大会召开依法应当在会议召开15日前，确定与会人员，将会议日期通知各认股人或者予以公告。创立大会由发起人、认股人组成。所有认购公司股份并缴足股款的人都有权参加创立大会。

会议准备的另一项重要工作是会议议题的审议工作。为确保创立大会在开会时顺利履行职权，需要根据公司创立的实际工作和创立大会的职权准备几个方面的材料：①发起人关于公司筹办情况的报告；②公司章程；③董事会成员候选人名单；④监事会成员候选人名单；⑤公司的设立费用报告；⑥发起人用于抵作股款的财产的作价报告及评估材料；⑦有无直接影响公司设立的不可抗力或者经营条件发生重大变化的说明。

2. 创立大会的职权。依法律规定，创立大会主要行使下列职权：①审议发起人关于公司筹办情况的报告；②通过公司章程；③选举董事会成员；④选举监事会成员；⑤对公司的设立费用进行审核；⑥对发起人用于抵作股款的财产的作价进行审核；⑦发生不可抗力或者经营条件发生重大变化直接影响公司设立的，可以作出不设立公司的决议。

3. 创立大会的表决及表决意义。创立大会股东出席的法定比率及会议决议规则。创立大会应有代表股份总数过半数的发起人、认股人出席，方可举行。创立大会对职责内的事项作出决议时必须经出席会议的认股人所持表决权过半数通过。可见，创立大会的召开和决议的作出均采用简单多数原则，这有利于公司设立效力的提高。

通过召开公司创立大会，股份有限公司选举产生组织机构、通过公司章程和对股份有限公司的设立实务进行审查。

（七）向工商机关申请设立登记的程序

有限责任公司的设立登记规则基本适用于股份有限公司。公司法和公司登记管理条例的相关规定仅在以下方面另外作了规定：

申请人为发起人指定的代表或者共同委托的代理人。

申请设立公司应提交的文件。《公司法》第93条规定："董事会应于创立大会结束后30日内，向公司登记机关报送下列文件，申请设立登记：①公司登记申请书；②创立大会的会议记录；③公司章程；④验资证明；⑤法定代表人、董事、监事的任职文件及其身份证明；⑥发起人的法人资格证明或者自然人身份证明；⑦公司住所证明。以募集设立方式设立股份有限公司公开发行股票的，还应当向公司登记机关报送国务院证券监督管理机构的核准文件。"

（八）工商局核准登记、发给营业执照并公告的程序

登记机关对于符合法律规定条件的设立申请，予以登记，发给营业执照。营业执照的签发日期，为公司成立日期。具体可参照有限责任公司的相关规定。

《上市公司国有股东标识管理暂行规定》明确规定，股份公司股票发行结束后，股票发行人向登记公司申请股份初始登记时，应当在申请材料中对持有限售股份的国有股东性质予以注明，并提供国有资产监督管理机构关于股份公司国有股权管理的批复文件。

（九）刻章、开户和其他办证事项的程序

详细内容参见前述有限责任公司的相关介绍。

二、发起设立的股份有限公司的设立实务操作规程

如上文所述，发起设立的股份有限公司的设立程序与有限责任公司的设立程序较为相似，与募集设立的股份有限公司的设立程序的差异主要表现在公司

股本的形成方面。

如果概括地阐述发起设立的股份有限公司的设立程序，我们认为这主要包括：发起人实施发起行为、申请名称预先核准、发起人共同制定公司章程、申请设立审批、缴纳出资并进行验资、组建公司机关、申请设立登记、核准登记颁发营业执照并公告等八个步骤。在这八个步骤中，只有公司章程和资本的形成两个方面与募集设立的股份有限公司设立程序不同（其他基本相同）。一是公司章程形成不同。在发起设立的股份有限公司中，公司成立后的公司初始股东一般都是发起人，除此之外没有其他认股人，所有公司的初始股东还是发起人，投资者并没有社会化。因此，发起人所制订的章程已经反映了公司设立时的所有投资者的意志。所有发起人制订的章程文本就是公司登记前的最后文本。全体发起人在公司章程上签字或者盖章，就标志着章程制定程序的结束。二是公司资本的形成仅来源于发起人，不需要公开募集资本，股东按照公司法的规定和章程的约定交纳所认购的资本即可。

三、讨论公司设立过程中的股东出资实务问题

【实训背景】

一则以《名人姓名权首次投资入股，"杂交水稻之父"袁隆平大名价值千万[1]》的新闻作如下报道：

以中国工程院院士袁隆平命名的袁隆平农业高科技股份公司，日前已公告发行5500万股新股，将募资5.48亿元~6.96亿元，发行完毕后向深交所申请上市。引人注目的是，袁隆平以他的姓名权，即获得了250万股股权，估计公众股发行结束后价值可达1800余万元。

今年69岁的袁隆平，号称"杂交水稻之父"。正在发行的"隆平高科"共有6家发起人，除了湖南省农科院、湖南杂交水稻研究中心、湖南东方农业产业公司等，分别以经营性资产、专有技术和土地投入折股外，袁隆平先生作为第四大发起人，以现金出资379.16万元，折股250万股，占发行前总股本5000万元的5%。老科学家袁隆平又何来300余万元现金呢？原来，袁隆平用他的姓名权折股。根据协议，袁隆平先生同意以他的姓名作为股份公司的名称和股票简称，为此公司向袁隆平支付姓名权使用费580万元，其中380万元为股份公司名称的使用费，200万元为股票简称的使用费。就这样去年6月袁隆平农业高科技股份公司成立后，袁氏即获得380万元使用费，随即以现金379.16万元投资入股。一俟5500万股公众股发行完毕，"隆平高科"总股本增至1.05亿元，袁

---

[1]　参见《人民网》2000年05月24日报道，载 http://www. people. com. cn/GB/channel3/24/200005
24/75233. html.

在上市公司的个人股将降至 2.38%，但是，按新股发行价 10.28 元 ~ 12.98 元计算，新公司每股净资产将升值至 6.05 元 ~ 7.46 元，届时以袁隆平姓名权折股的 250 万股股权，就将升值至 1512 万元 ~ 1865 万元。而在公司股票上市后，袁隆平还将按协议拿到 200 万元的股票简称使用费。当然，这里仅仅是袁隆平姓名权的两项使用费，袁隆平培育的杂交水稻，据有关评估机构评估，其品牌价值就达 1008.9 亿元。

在"隆平高科"之前，以个人名字命名的上市公司还有沪市"兰生股份"。从"兰生股份"对张兰生姓名权的无偿使用，到"隆平高科"按协议支付袁隆平姓名权 580 万元使用费，这是市场经济的一大进步。（贺宛男）

转载于《新闻报晨刊》2000 年 05 月 24 日。

【实训任务】

对于隆平高科股份有限公司的设立，你有哪些想法？

【实训要求】

1. 首先查阅《公司法》、《公司登记管理条例》关于股东出资的法律规定。

2. 结合法律法规关于出资的规定，谈谈你对袁隆平出资现象的法律理解。

■训练项目三：综合考评：公司设立 实例操作

【考评背景】

公司登记本质上属于行政许可的范围。根据《行政许可法》第 29 条规定，公民、法人或者其他组织从事特定活动，依法需要取得行政许可的，应当向行政机关提出申请。申请书需要采用格式文本的，行政机关应当向申请人提供行政许可申请书格式文本。根据《行政许可法》第 30 条规定，行政机关应当将法律、法规、规章规定的有关行政许可的事项、依据、条件、数量、程序、期限以及需要提交的全部材料的目录和申请书示范文本等在办公场所公示。申请人要求行政机关对公示内容予以说明、解释的，行政机关应当说明、解释，提供准确、可靠的信息。由此可见，股东申请设立公司时不需要自己费尽心思考虑如何撰写公司设立申请书等相关法律文书，只需要根据公司登记机关公示的申请书格式依法如实填写即可。

实践中，公司登记管理机关，即各级工商行政管理机关也依行政许可法的相关规定在自己的门户网站上履行了自己的职责，公示了公司登记申请书的示范文本。各工商行政管理机关公布的公司登记申请书示范文本各自略有差异，因此公司发起人在具体提出公司设立申请时应根据当地公司登记主管机关的具体规定，从其网站下载打印设立申请书或当场领取设立申请书。

【考评任务】

根据公司法和公司登记管理条例，结合公司登记管理机关关于公司设立的介绍及课堂所学知识技能，自己设定公司申请设立背景并填写制作一份完整的公司设立申请书。

【考评要求】

学生分组进行公司设立申请书的模拟填写。

1. 登录工商局网站，查阅公司设立登记的官方介绍，进一步理解课堂所学知识技能和法律规定。

2. 登录工商局网站，查阅工商行政管理机关就公司设立登记的所公示的申请书示范文本。结合自己所学和法律规定，了解公司设立登记申请书内容和格式。

3. 自己设定公司申请设立背景并填写制作一份完整的公司设立申请书。

【考评标准】

1. 由各小组互相检查，了解对方小组成员填写的基本情况，对比检查各自填写的公司设立登记申请书是否认真，是否按时完成所填内容。

2. 互查公司设立登记申请书中出现的问题并进行归纳和讨论，考查学生对问题的归纳和释义是否准确、清晰、客观和符合法律规定。

3. 各自根据讨论确定的结果和法律规定，修改公司设立登记申请书，并由老师进行最后检查和点评，考查学生是否已完全掌握公司设立的申请书的填写制作知识技能。

【参考样本】北京市工商行政管理局公布的企业申请申请书示范文本，详见附件。

企业设立登记申请书

企业名称： _____

敬告

1. 申请人在填表前，应认真阅读本表内容和有关注解事项。

2. 在申办登记过程中，申请人应认真阅读《一次性告知单》和本申请书后附的《一次性告知记录》。如有疑问，请登录 www. BAIC. gov. cn 网站，查询相关内容。

3. 申请人应了解相关的法律、法规，并确知其享有的权利和应承担的义务。

4. 申请人应如实向企业登记机关提交有关材料和反映真实情况，并对申请材料实质内容的真实性负责。

5. 提交的申请文件、证件应当是原件，确有特殊情况只能提交复印件的，应当在复印件注明与原件一致，并由申请人或被委托人签字。

6. 提交的申请文件、证件应当使用 A4 纸。

7. 填写申请书应字迹工整，不得涂改，应使用蓝黑或黑色墨水。

北京市工商行政管理
BEIJINGADMINISTRATIONFORINDUSTRYANDCOMMERCE

（2012 年第一版）

请认真阅读本页内容并填写申请书

根据有关法律、法规的规定，现向工商行政管理机关申请设立登记（以下企业类型供选择，将所选择企业的序号填在横线上，并按照标注的页码填写后面的申请表）。

序号	企业类型	需填写的页
1	有限责任公司	1、2、4、5、6、8、9、10、12、13、14、17、18、19
2	有限责任公司（国有独资）	1、2、4、6、8、9、10、12、13、14、17、18、19
3	有限责任公司（自然人独资）	1、2、5、6、8、9、10、12、13、14、17、18、19
4	有限责任公司（法人独资）	1、2、4、6、8、9、10、12、13、14、17、18、19
5	股份有限公司（非上市）	1、2、4、5、6、8、9、10、12、13、14、17、18、19
6	股份有限公司（上市）	1、2、4、5、6、8、9、10、12、13、14、17、18、19
7	有限责任公司分公司	1、2、8、9、13、14、17、18、19
8	股份有限公司分公司	1、2、13、14、17、18、19
9	集体所有制（股份合作）企业	1、2、4、5、6、8、9、10、12、13、14、17、18、19
10	集体所有制（股份合作）企业设立的非法人分支机构	1、2、4、6、8、9、13、14、17、18、19
11	集体所有制（股份合作）企业设立的法人分支机构	1、2、4、6、8、9、13、14、17、18、19
12	集体所有制（股份合作）企业设立的法人分支机构的营业登记单位	1、2、4、6、8、9、13、14、17、18、19
13	全民所有制企业	1、2、4、6、8、9、13、14、17、18、19
14	全民所有制企业的营业单位	1、2、4、6、8、9、13、14、17、18、19
15	集体所有制企业	1、2、4、6、8、9、13、14、17、18、19
16	集体所有制企业的营业单位	1、2、4、6、8、9、13、14、17、18、19
17	合伙企业（普通合伙、特殊普通合伙、有限合伙）	1、2、4、5、6、8、9、13、14、17、18、19
18	合伙企业的分支机构	1、2、4、8、9、13、14、17、18、19
19	个人独资企业	1、2、5、6、8、9、13、14、17、18、19
20	个人独资企业的分支机构	1、2、4、8、9、13、14、17、18、19

签字：^注

年　月　日

注：

1. 设立有限责任公司、股份有限公司、集体所有制（股份合作）、全民所有制或集体所有制企业，由拟任法定代表人签字。

2. 设立个人独资企业或个人独资企业分支机构的，由个人独资企业投资人签字。

3. 设立合伙企业或合伙企业分支机构的，由合伙企业的全体合伙人签字。

4. 设立营业单位、分支机构或分公司的，由隶属企业的法定代表人签字。

企业设立登记申请表

（1）企业名称			
（2）住所 （经营场所）	北京市区（县）（门牌号）		
（3）法定代表人姓名（负责人、投资人、执行事务合伙人）		（4）注册资本（注册资金、出资数额、资金数额）	万元
		（5）实收资本（金）实际缴付的出资数额	万元
（6）经营范围	许可经营项目		
	一般经营项目		
（7）营业期限 （合伙期限）	年	（8）副本数	份
（9）隶属企业名称			

注：填写说明见下页。

一、本表第（1）～（6）、（8）项各类企业均应填写，设立分公司、个人独资企业分支机构和合伙企业分支机构不填第（4）、（5）项。其他项目根据不同企业类型选择填写，具体项目如下：

1. 申请设立有限公司、股份有限公司、合伙企业约定合伙期限的还须填写第（7）项；

2. 申请设立各类企业的分支机构还须填写第（9）项。

二、本表第（2）项的填写说明：

填写住所（经营场所）时要具体表述所在位置，明确到门牌号或房间号。如无门牌号或房间号的，要明确参照物。

三、本表第（3）项的填写说明：

1. "法定代表人"指代表企业法人行使职权的主要负责人，公司为依据章程确定的董事长（执行董事或经理）；全民、集体企业的厂长（经理）；集体所有制（股份合作）企业的董（理）事长（执行董事）。

2. "负责人"指各类企业分支机构的负责人。

3. "投资人"指个人独资企业的投资人。

4. "执行事务合伙人"指合伙企业的执行事务合伙人。

四、本表第（4）项的填写说明：

1. "注册资本"有限责任公司为在公司登记机关登记的全体股东认缴的出资额；发起设立的股份有限公司为在公司登记机关登记的全体发起人认购的股本总额；募集设立的股份有限公司为在公司登记机关登记的实收股本总额。

2. "注册资金"指集体所有制（股份合作）企业的股东实际缴付的出资数额；全民所有制、集体所有制企业法人经营管理的财产或者全部财产的货币表现。

3. "出资数额"指合伙企业的合伙人认缴的出资或个人独资企业申报的出资。

4. "资金数额"指全民所有制、集体所有制、集体所有制（股份合作）企业为所设立的营业登记单位拨付的资金数量。

五、本表第（5）项"实收资本（金）、实际缴付的出资数额"的填写说明：

全民所有制、集体所有制、集体所有制（股份合作）、公司制企业法人、合伙企业应按照章程、合伙协议规定的内容填写设立时实际缴付的出资额。

六、本表第（8）项的填写说明：

按照规定，企业根据业务需要可以向登记机关申请核发若干执照副本，请将申领份数填写清楚。

单位投资者（股东、发起人、合伙人）名录

出资单位名称	住所	法定代表人姓名（负责人、投资人、执行事务合伙人）	营业执照注册号	备注			
				承担责任方式	执行事务合伙人	委派代表	是否为发起人

注：1. "出资单位名称"填写单位名称。
2. "住所"栏只需填写省、市（县）名。
3. "法定代表人姓名（负责人、投资人、执行事务合伙人）"栏，投资人、执行事务合伙人，填写法人姓名。公司制企业法人的，填写法定代表人；投资者为合伙企业的，填写执行事务合伙人；投资者为个人独资企业的，填写投资人。
4. "营业执照注册号"栏填写出资企业的注册号，其他法人组织不填。
5. 合伙企业应在"备注"栏内填写出资单位承担责任的方式以及是否是新设立企业的执行事务合伙人，并填写其委派代表的姓名。
6. 募集设立的股份有限公司应在"备注"栏内标注投资者是否为发起人。
7. 本表不够填的，可复印续填。

自然人股东（发起人）、个人独资企业投资人、自然人合伙人名录

姓 名	性 别	民 族	户籍登记住址	证件名称及号码	国 籍	备 注		
						承担责任方式	执行事务合伙人	是否为发起人

注：1. 合伙企业应在"备注"栏内注明出资的自然人承担责任的方式以及是否是执行事务合伙人。

2. 募集设立的股份有限公司应在"备注"栏内标注投资者是否为发起人。

3. 本表不够填的，可复印续填。

投资者注册资本（注册资金、出资额）缴付情况

名称（或姓名）	认缴情况			设立时实际缴付情况			分期缴付情况		
	出资额（万元）	出资方式		出资额（万元）	出资方式		出资额（万元）	出资时间（年月日）	出资方式
合　计 其中货币出资：									

注：填写说明见下页。

数额。

1. "认缴情况"填写投资者出资总额的情况，公司制企业应在合计的出资额中填写货币出资的数额，其他企业无需填写货币出资数额。

2. "分期缴付情况"栏，按照合伙协议约定的期次填写，个人独资企业不填。

3. "出资方式"栏，公司制企业、城镇集体所有制、农村集体所有制（股份合作）企业应依据章程以"货币"、"实物"、"土地使用权"、"工业产权"、"知识产权"、"股权"的表述方式填写；全民所有制企业应依据章程以"货币"、"实物"、"工业产权"、"非专利技术"、"土地使用权"的表述方式填写。合伙企业应依据合伙协议以"货币"、"实物"、"工业产权"、"非专利技术"、"土地使用权"、"劳动和积累"的表述方式并注明评估方式；个人独资企业投资人如以个人财产或以其家庭共有财产作为个人出资的，应在"出资方式"栏内注明。其中，以"知识产权"出资方式的，应在"出资方式"栏内选择填写"专利技术"、"商标"、"著作权"等具体知识产权出资方式；住所（经营场所）在中关村国家自主创新示范区内的企业，若实施"股权激励"的，应在具体的出资方式后注明实施"股权激励"的具体形式："科技成果折股"、"股权出售"、"股权奖励"、"股票期权"。

4. "全民所有制、集体所有制（股份合作）企业设立时实际缴付情况的，需填写此表作为资金数额证明，主办单位需在"名称（或姓名）"栏内加盖主办单位财务章，并在"设立时实际缴付的出资方式"栏内注明投款。

5. 法人投资者、自然人投资者均应填写本表，本表不够填写的，可复印续填。

法定代表人（分支机构负责人、个人独资企业投资人、
执行事务合伙人）登记表

企业名称				
姓　名		性　别		一寸免冠近照粘贴处
证件名称及号码		国　籍		
户籍登记住址		民　族		
文化程度		政治面貌		
出生日期		联系电话		
公务员标识	□是　　□否	工会会员标识	□是　　□否	

个　人　简　历			
注： 应自具有完全民事行为能力之日填起至今，并不得间断。	起止年月	单　位	职　务

身份证复印件粘贴处 （身份证正反面粘贴）	兹证明该任职人具有完全民事行为能力，产生程序符合有关法律、法规和章程的规定，经任命（委派）出任企业的法定代表人（负责人）。 盖章（签字） 　　　年　　月　　日

注：1. 全民所有制、集体所有制企业及其分支机构、集体所有制（股份合作）企业的分支机构应在"盖章（签字）"处加盖任命单位公章；个人独资企业分支机构应在"盖章（签字）"处由投资人签字；分公司应在"盖章（签字）"处加盖公司公章，其他类型企业无需盖章、签字。

2. 合伙企业委托执行事务合伙人或委派执行分支机构事务负责人的，应由全体合伙人在"盖章（签字）"处签字；但全体合伙人均为执行事务合伙人的，无需全体合伙人签字。合伙企业执行事务合伙人是法人或其他组织的，本表填写其委派代表的情况。

3. 外籍人员无需填写政治面貌、民族。

4. 本表不够填的，可复印续填。

企业法定代表人（主要负责人）承诺

法定代表人（主要负责人）声明：

本人出任该企业的法定代表人（主要负责人），现向工商行政管理机关郑重声明，本人具有完全民事行为能力，并且不存在以下情况：

（一）无民事行为能力或者限制民事行为能力。

（二）正在被执行刑罚或者正在被执行刑事强制措施。

（三）正在被公安机关或者国家安全机关通缉。

（四）因犯有贪污贿赂罪、侵犯财产罪或者破坏社会主义市场经济秩序罪，被判处刑罚，执行期满未逾五年；因犯有其他罪，被判处刑罚，执行期满未逾三年，或者因犯罪被判处剥夺政治权利，执行期满未逾五年。

（五）担任因经营不善破产清算的企业的法定代表人或者董事、经理，并对该企业的破产负有个人责任，企业破产清算完结后未逾三年。

（六）担任因违法被吊销营业执照的企业的法定代表人，并对该企业违法行为负有个人责任，企业被吊销营业执照后未逾三年。

（七）个人负债数额较大，到期未清偿。

（八）法律和国务院规定不得担任法定代表人的其他情形。

谨此承诺，本表所填内容不含虚假成分，现亲笔签字确认。

签字：

年　　　月　　　日

注：

主要负责人包括：分支机构的负责人，合伙企业的执行事务合伙人（委派代表），个人独资企业的投资人。

董事会成员、经理、监事任职证明

姓名	亲笔签字	性别	国籍	民族	证件名称及号码	户籍登记住址	出生日期	政治面貌	文化程度	职务	任职期限	产生方式	联系电话	公务员标识 是 否	工会会员标识 是 否

确认以上人员任职符合法律、法规及章程的规定。

全体股东盖章（签字）：

注：填写说明见下页。

1. 有限责任公司、股份有限公司、集体所有制（股份合作）企业填写此表，其他类型企业不填写。

2. "亲笔签字"栏内应由各成员本人签字，如不能在表中签字的，应另提交董（理）事长（执行董事）、董事、经理、监事会主席、监事对登记事项签字确认的文件。

3. "职务"系指董（理）事长（执行董事）、副董（理）事长、董事（理事）、经理、监事会主席、监事。上市股份有限公司设置独立董事的应在"职务"栏内注明。

4. "任职期限"按照章程规定填写。

5. "产生方式"按照章程规定董事（理事）、监事填写"选举"或"委派"；经理填写"聘任"。

6. 根据实际情况在"公务员标识"和"工会会员标识"栏目的"是"或"否"项内划"√"。

7. "全体股东盖章（签字）"处，股东为自然人的，由股东签字；股东为非自然人的，加盖股东单位公章。不能在此页盖章（签字）的，应提交有关选举、聘用证明文件。

8. 外籍人员无需填写政治面貌、民族。

9. 本页不够填的，可复印续填。

10. 请将董事（理事）、经理人员的身份证复印件（正反面粘）贴在下一页。

董事、经理人员身份证件
复印件粘贴处

董事、经理人员身份证件
复印件粘贴处

董事、经理人员身份证件
复印件粘贴处

董事、经理人员身份证件
复印件粘贴处

董事、经理人员身份证件
复印件粘贴处

董事、经理人员身份证件
复印件粘贴处

注：董事（理事）、经理人员的身份证复印件正反面粘贴，如本页不够粘贴，可复印使用。

企业住所（经营场所）证明

拟设立 企业名称	
住所 （经营场所）	北京市区（县）（门牌号）
产权人证明	产权单位盖章： 产权为个人的，由本人签字： 年　月　日
需要 证明 情况	上述住所（经营场所）产权人为 ＿＿＿＿＿＿＿＿ ，房屋用途为 ＿＿＿＿＿＿＿＿ ，该住所（经营场所）建设审批手续齐全，不属于违法建设。 　特此证明。 证明单位公章： 证明单位负责人签字： 年　月　日

填表说明见下页。

房产证复印件粘贴处

注：1.“住所（经营场所）”栏应填写详细地址，如“北京市××区××路（街）××号××房间”。

2. 产权人应在“产权人证明”栏内签字、盖章。产权人为单位的加盖单位公章，产权人为自然人的由本人签字，同时提交由产权单位盖章或产权人签字的《房屋所有权证》复印件。

3. 住所（经营场所）位于农村地区且暂未取得房屋所有权证的，可提交《乡村规划建设许可证》或《临时乡村规划建设许可证》复印件并加盖单位公章，也可由乡镇政府在前页“需要证明情况”栏内盖章确认，或另行出具证明文件，证明文件内容应与“需要证明情况”栏所述内容一致。

4. 对使用下列未取得《房屋所有权证》的房屋从事经营的，应当提交相应的证明文件，出证单位可在前页“需要证明情况”栏内盖章确认，也可另行出具证明文件，证明文件内容应与“需要证明情况”栏所述内容一致。

（1）属于中央单位的，由中央各直属机构的房屋管理部门出具证明；

（2）属于国务院各部委的，由国务院机关事务管理局出具证明；

（3）属于国务院国有资产监督管理委员会监管的中央企业的，由企业出具证明；

（4）属于市级以上各类园区内的，由园区管理部门出具证明；

（5）属于市国资委监管的国有企事业单位，利用工业、仓储等用途的房产从事商业等其他用途开展经营的，由市国资委出具证明；

（6）属于铁路系统的，由北京铁路局的房屋管理部门出具证明文件，文件中应明确所用房屋不在铁路两侧100米范围内；

（7）属于宗教系统的，应出具北京市落实私房政策领导小组办公室颁发的宗教房产《确权通知书》，或由该宗教团体业务主管部门出具证明。

5. 使用以下特殊房产作为住所（经营场所）的，应当提交相应的证明文件。

（1）使用军队房产作为住所（经营场所）的，提交《军队房地产租赁许可证》副本原件。

（2）使用武警部队房地产作为住所（经营场所）的，应提交武警部队后勤部基建营房部核发的《武警部队房地产租赁许可证》副本复印件，并提交许可证原件以便登记机关核对。

（3）使用宾馆、饭店（酒店）作为住所（经营场所）的，提交加盖公章的宾馆、饭店（酒店）的营业执照复印件作为住所（经营场所）使用证明。

（4）房屋提供单位系经工商行政管理机关核准的具有出租房屋经营项目的，即经营范围含有“出租商业用房”、“出租办公用房”、“出租商业设施”项目的，由该企业提交加盖公章的营业执照复印件及房屋产权证明复印件作为住所（经营场所）使用证明。

（5）申请从事报刊零售亭经营的，《企业住所（经营场所）证明》页中“产权人证明”栏应由市邮政管理局盖章，并提交市或区县市政市容委出具的备案证明复印件。

（6）在已经登记注册的商品交易市场内设立企业或个体工商户，住所（经营场所）证明由市场服务管理机构出具，并提交加盖该市场服务管理机构公章的营业执照复印件。市场服务管理机构出具的证明文件应明确该住所（经营场所）不属于违法建设。

（7）使用人防工程或普通地下室作为住所（经营场所）的，应符合《北京市人民防空工程和普通地下室安全使用管理办法》（市政府令236号）的规定，并提交人民防空工程使用许可文件或区县建设（房屋）行政主管部门的备案证明。

6. 将住宅改变为经营性用房作为住所（经营场所）的，应当符合国家法律、法规、管理规约的规定，除填写下页《住所（经营场所）登记表》及《关于同意将住宅改变为经营性用房的证明》外，还应到有关部门办理改变房屋使用性质的相关手续，并向登记机关提交变更后的证明文件。

将住宅改变为经营性用房的，应当符合国家和本市法律、法规、管理规约的规定。住宅及住宅楼底层规划为商业用途的房屋不得从事餐饮服务、歌舞娱乐、提供互联网上网服务、生产加工和制造、经营危险化学品等涉及国家安全、存在严重安全隐患、影响人民身体健康、污染环境的生产经营活动，以及法律、法规、规章规定的不得从事的其他行业。

7. 根据建设部等部门制定的《关于规范房地产市场外资准入和管理的意见》，使用境外机构和个人购买的房屋作为住所（经营场所）从事经营活动的，该境外机构和个人应当按照外商投资房地产的有关规定，设立外商投资企业，通过外商投资企业开展出租等相关业务。但出租的房屋属于在《关于规范房地产市场外资准入和管理的意见》实施（2006年7月11日）之前境外机构或个人在我市购买的，如出租面积在500平方米以下，承租方持《企业住所（经营场所）证明》、房屋所有权证复印件办理登记注册；出租面积在500平方米（含）以上的，境外机构和个人应成立相应的物业经营企业，并委托该物业经营企业负责出租等业务，承租方持《企业住所（经营场所）证明》、加盖印章的物业经营企业执照复印件、房屋所有权证复印件及境外机构或个人委托该物业经营企业负责出租业务的委托书复印件办理登记注册。境外机构和个人出租其购买的住宅的，除应按照第7条规定办理有关手续外，还应填写下页《住所（经营场所）登记表》及《关于同意将住宅改变为经营性用房的证明》。

8. 违法建设包括城镇违法建设和乡村违法建设。城镇违法建设是指未取得建设工程规划许可证、临时建设工程规划许可证或者未按照许可内容进行建设的城镇建设工程，以及逾期未拆除的城镇临时建设工程。乡村违法建设是指应当取得而未取得乡村建设规划许可证、临时乡村建设规划许可证或者未按照许可内容进行建设的乡村建设工程。

住所（经营场所）登记表

企业（公司）名称	
住所（经营场所）	

《中华人民共和国物权法》第77条规定："业主不得违反法律、法规以及管理规约，将住宅改变为经营性用房。业主将住宅改变为经营性用房的，除遵守法律、法规以及管理规约外，应当经有利害关系的业主同意。"

本企业（公司）将住宅改变为经营性用房，作出如下承诺：

一、知悉《中华人民共和国物权法》的相关规定；

二、遵守有关房屋管理的法律、法规以及管理规约的规定；

三、已经有利害关系的业主同意；

四、遇有拆迁服从配合，不索取拆迁补偿费用。

申请人：

年　月　日

注：申请人为股东（出资人）。股东是法人的，由股东盖章；股东是自然人的，由自然人签字。

关于同意将住宅改变为经营性用房的证明

北京市工商行政管理局（或_____分局）：

_____（企业、公司、名称）申

请将位于北京市_____区（县）_____

_____（房屋坐落的详细地址）的房屋作为住所（经营场所）。

该房屋用途为住宅。根据《中华人民共和国物权法》的有关规定，已

经有利害关系的业主同意将此房屋改变为经营性用房，并已经居委会

（业主委员会）确认。

特此证明

居民委员会（业主委员会）

（盖章）

年　　月　　日

企业秘书（联系人）登记表

企业名称			
企业住所			
秘书姓名		证件类型及号码	
秘书居住地		邮政编码	
固定电话		移动电话	
电子邮件地址		传真电话	
秘书（联系人）身份证件复印件粘贴处（身份证正反面粘贴）		本人指定本表所填人员担任本企业的秘书（联系人）。 本人对所填写内容予以确认。 法定代表人（负责人、执行事务合伙人、投资人、代表机构的首席代表）签字： 　　　　　　　年　月　日	

敬请留意：

1. 秘书（联系人）职责：及时转达工商行政管理部门对企业主要负责人传达的信息及相关的法律、法规、规章及政策性意见；向工商行政管理部门反映企业的需求或意见；保证工商行政管理部门与企业联系的及时畅通；接受工商行政管理部门的约见。

2. 担任企业秘书（联系人）的人员应是：A. 本企业正式工作人员；B. 企业聘请的常年法律顾问；C. 本企业的法定代表人（负责人、执行合伙企业事务的合伙人、投资人）或代表机构首席代表。[外国地区企业常驻代表机构的秘书（联系人）应由首席代表或本机构聘用的雇员担任；合伙企业执行事务合伙人是法人或其他组织的，秘书（联系人）应是其委派的代表。]

3. 以上栏目敬请如实填写，如出现虚假内容，工商行政管理部门将依法查处。

4. 企业秘书（联系人）一经确认应当保持相对稳定。发生变化的，可以在企业年度检验时向所在地工商所提交。特殊情况有变化的，应当在决定之日起 20 个工作日内向所在地工商所提交《企业秘书（联系人）登记表》。

5. 请据实填写联系方式所列内容，其中"固定电话"和"移动电话"、"邮政编码"为必填项。

6. 此表格需提交一式两份，可以复印。

核发《企业营业执照》情况

发照人员签字		发照日期	年　月　日
领执照情况	**本人领取了执照正本一份，副本　份。** 　　签字： 　　年　月　日		
	缴费发票粘贴处		
备注			

一次性告知记录

附页1：

> 请您认真阅读第　　号《一次性告知单》的相关内容，按照规定办理登记手续。
>
> 特别提请注意：请登录北京市工商局网站 www. BAIC. gov. cn，从"企业信用信息系统"中查询投资人及拟任职人员是否被记入"警示信息系统"，凡有"警示信息"记录的，其再投资或新任职行为在登记时将会受到限制。

被委托人：　　　　　受理人：　　　　　年　　月　　日

> 您提交的文件、证件还需要进一步修改或补充，请您按照第　　号《一次性告知单》中"应提交文件、证件"部分的项内容准备相应文件，此外，还应提交下列文件：

被委托人：　　　　　受理人：　　　　　年　　月　　日

一次性告知记录

附页 2：

　　　您提交的文件、证件还需要进一步修改或补充，请您按照第　　号《一次性告知单》中"应提交文件、证件"部分的　项内容准备相应文件，此外，还应提交下列文件：

被委托人：　　　　　　受理人：　　　　　　　　年　月　日

　　　您提交的文件、证件还需要进一步修改或补充，请您按照第　　号《一次性告知单》中"应提交文件、证件"部分的　项内容准备相应文件，此外，还应提交下列文件：

被委托人：　　　　　　受理人：　　　　　　　　年　月　日

　　　您提交的文件、证件还需要进一步修改或补充，请您按照第　　号《一次性告知单》中"应提交文件、证件"部分的　项内容准备相应文件，此外，还应提交下列文件：

被委托人：　　　　　　受理人：　　　　　　　　年　月　日

综合训练项目二：公司股权实务

■ 学习目标

股权主要是指出资人依照法律和公司章程的规定认购或缴纳出资组建公司，对公司享有的权利。股权的实质均为财产权利。有些表现为直接的财产权，如股息、红利分配权；有些则不具有直接财产权的内容，而具有人身权性质，如股东身份权、公司内部的选举权和表决权等，但这些人身权归根结底是由财产权决定的，是财产权的另一种表现形式。本章主要了解股权、股东身份、股权归属、股权保护、股权转让、股权质押、股权变更登记等知识。

■训练项目一：股东身份及股权归属的确认实务

具有股东身份是确认股权归属的前提。拥有股东身份，意味着享有包括自益权和共益权在内的各项股东权利；同时也意味着需要承担相应的股东义务。本节训练的重点在于如何运用相关法律知识，熟练掌握确认股东身份及股权归属的法律实务。

■教学与训练任务一：股东身份的确认

一、理解股东身份的概念

股东身份是享有股权的基本条件。股东身份亦称为股东资格、股东地位，是指民事主体成为公司股东后应具有的身份和地位。具有股东身份，就意味着股东享有包括财产权和管理权在内的各项股东权利；同时，也意味着需要承担股东义务，这主要是指在出资范围内对公司债务承担责任。

股东身份是股东作为公司的投资人，取得和行使股东权利、承担股东义务的前提和基础。在公司设立和运行的各个阶段中，当事人都可能涉及股东身份的确认、股权转让以及公司债务承担等诉讼问题，因而股东身份的认定对于投资者、公司以及公司债权人都有极为重要的意义。

二、掌握股东身份认定的主要要素

（一）认清实际出资与股东身份认定的关系

传统观点认为股东出资是判断股东身份的第一标准。他们认为，股东之所以能够称其为股东是因为其对公司的出资，所以这是股东身份体现的实质要件。而股东名册、公司章程等这些形式要件只是实质要件的外在表现，或者说是对股东出资事实的一种记载和证明，因此，自然人或法人如果不对公司出资，便不具有股东身份。这种观点曾在我国的理论和实务中占主导地位。不过，如果将股东的投资作为取得股东身份的必要条件，就难以处理实践中一些公司实务问题，如在隐名出资人与显名出资人就股东资格发生争议的问题上，如果以股东出资为要件，必须将显名出资人排斥于股东之外，尤其是在公司盈利的情况下，隐名出资人更愿意以其是实际出资人来取得股东身份；但在公司处于长期亏损濒临倒闭或出现因"公司人格否认"而须由股东对公司债务承担连带责任的情况下，隐名出资人更愿意否认自己的股东资格而不去承担可能的法律责任。因此，股东身份的认定不能用是否对公司出资作为判断股东资格的唯一标准。

从现在世界上大多数国家公司法理论看，出资并非是股东身份取得的必要条件，并且不在股东出资和股东身份之间建立——对应的关系，这也是当今多数国家的立法通例。我国《公司法》也规定了股东可以分期缴纳出资，也就意味着，法律并不要求股东出资与股东身份必然相联系，甚至说法律允许股东出资与取得股东身份相分离。股东出资只是股东身份认定的证据之一，但并不是唯一证据，甚至不是主要证据。

（二）认清章程记载与股东身份认定的关系

公司章程是指对公司及其成员具有约束力的关于公司组织及与公司组织密切相关的公司行为的自治性规则。公司章程对于公司，就如同宪法对于国家一样重要。公司章程是约束公司、股东、董事、经理最重要的法律文件，也是确定股东权利与义务最主要的法律依据。在认定公司内外部关系中，具有对内确认公司和股东的关系，对外具有公示作用。

一般情况下，没有在公司章程中记载为股东的人，不具有股东的身份。特别是作为有限责任公司初始股东的发起人，如果其没有被记载在公司章程之中，也就意味着其缺少一份和其他发起人之间达成设立公司意思表示的极为重要的书面证据。一旦发生纠纷，在诉讼中往往处于不利的地位。在股份依法定程序转让后，股份受让者的姓名或名称记载于有限责任公司章程之中，也是确认股份受让者的股东身份的主要依据之一。如果股份受让者的姓名或名称没有记载于公司章程之中，则不具有对抗第三人的效力。

（三）认清股东名册与股东身份认定的关系

公司置备的股东名册具有权利推定效力，是认定股东身份的证明文件之一。因此，一般情况下股东名册上载明的股东即应推定为公司的合法股东。但股东名册并不是判断股东身份的唯一证据，因为股东名册的记载是公司的法定义务，只能由公司来履行；并且股东名册的记载属于公司内部事务，而并不具有社会公示作用，不具有创设权利的功能。所以，股东名册仅是证据之一，即使没有记载于股东名册上的股东，也并不必然地不具有股东资格，因为不能排除公司履行义务不当的情形存在。因此，公司不能以股东名册未记载为由而对抗真正权利人主张股东资格。虽未在股东名册记载，但能以其他证据如出资证明书、公司章程记载、工商登记等证明出资人或者受让人应当具有股东身份的，仍可认定出资人或者受让人具有股东资格。

（四）认知股东凭证对股东身份认定的证明作用

公司基于股东投资行为应给予股东一定的凭证。有限责任公司表现为出资证明书，股份有限公司则表现为股票。从性质上看，无论出资证明书还是股票，都仅是股东出资的凭证，是证明股东出资或持有股份的证据。

根据《公司法》第 32 条规定，有限责任公司成立后，应当向股东签发出资证明书。出资证明书载明的事项应当包括公司名称、公司成立日期、公司注册资本、股东的姓名或者名称、缴纳的出资额和出资日期、出资证明书的编号和核发日期。出资证明书由公司盖章。

根据《公司法》第 126、129 条规定，股份有限公司的资本划分为股份，每一股的金额相等。公司的股份采取股票的形式。股票是公司签发的证明股东所持股份的凭证。股票记载的主要事项应当包括公司名称、公司成立日期、股票种类、票面金额及代表的股份数、股票的编号等。股票由法定代表人签名，公司盖章。

实践中，持有公司的出资证明书或股东凭证是否就能证明持有人具有股东身份呢？笔者认为，出资者依法定程序取得的出资证明书或股票具有证明出资者股东身份的法律效力，但没有持有出资证明书或者股票也不能当然地否认其股东身份。只要出资者证明其已经按照公司章程或出资认购协议实际缴纳了出资，登记在股东名册上，或工商登记中有记载，也可以认定其股东身份。

【实训背景】

2005 年，赵某、李某、马某发起设立了某实业有限责任公司（以下简称"实业公司"）。当时只有马某为公司交付了房租 3 万元，赵某、李某没有出资。2006 年，实业公司名称变更为某房地产有限公司（以下简称"房地产公司"）。2010 年，赵某、李某离开房地产公司。2012 年 3 月 5 日，康某加入进来，向公司缴纳出资 35 万元。马某以赵某、李某的名义分别与康某签订《股权转让协议》，将赵某、李某名下的房地产公司的股份转让给康某，协议书上赵某、李某签名均系何某代签，房地产公司股东变更为马某、康某两人，并办理了工商变更登记。2012 年 1 月，李某要求确认其在房地产公司的股东身份，遭到拒绝，李某提起股东身份确认之诉，并向法庭提交了房地产公司前身实业公司设立的工商登记注册资料，但没有举出能证明其股东身份的公司股东名册，也没有举出公司向其颁发的出资证明书，以及其实际缴纳出资的财务凭证等相应证据。

【实训内容】

依据所学到的股东身份权的认定知识，你认为本案应如何判决？

【考评标准】

1. 学生结合本节知识，谈谈自己对股东身份权的理解。

2. 认定股东身份权的重要因素是什么？

■教学与训练任务二：股权归属的确认

一、了解股权取得的基本方式

股权归属的基础在于股权的取得。股东权的取得途径可分为两类：一是原始取得，二是继受取得。

（一）原始取得

原始取得，是指直接向公司出资或认购股份而取得股东身份。原始取得股东权的方式又可以分为两种：一是公司设立时取得；二是公司增加注册资本时取得。

在公司设立或者增资扩股过程中，需进行一系列设立公司或者增加注册资本的行为，例如订立公司章程或经过股东会决议、履行出资、工商登记或变更登记等。原始股东发起设立公司，如果公司未能成立，则发起人须按照协议对因此而产生的债务承担连带责任；如果公司成立，则设立过程中的债权债务由成立的公司承担。所有的发起人也转变为公司的股东，对上述债务仅以其出资为限承担有限责任。在增资扩股时加入公司的原始股东，不涉及公司成立时的法律责任问题，但应当依法承担实际履行出资义务的责任。

（二）继受取得

继受取得，是指向公司间接出资而取得股东资格的方式。间接出资，一般是指转让、相互交换、继承、赠与、受遗赠、强制执行、公司合并等方式取得股东资格。其中，买卖、赠与、相互交换、受遗赠等主要是通过合同的形式确定受让人与原始股东的权利义务关系。在这一变更过程当中，存在两层法律关系，第一层是股权转让人与受让人之间的协议关系；第二层是股权受让人成为公司股东的法律关系，主要涉及股权受让人与公司股东之间的关系。这两层法律关系是既相互联系，又相互独立存在的，其中第一层关系是原因关系，是取得股东身份的前提，但原因关系的成立生效并不必然意味着股权受让方已经具备了股东身份，而仅意味股权受让方对公司享有请求权。只有公司、股权受让方履行了相关义务后，股权受让方才能真正成为公司的股东。

二、认知股权取得的法定限制

1. 行为能力方面的限制。作为发起人的公司自然人股东一般应具有完全的民事行为能力。虽然《公司法》并未对自然人股东的行为能力做出明确要求，但是按照《民法通则》的基本规定，如果自然人作为公司的发起人应当具备完全行为能力，才能有效地进行相关投资协议的签订、章程的签署、出资的缴纳等法律行为。

2. 法人持股的限制。法人股东应是可以从事营利性活动的法人。目前，各类国家机关被禁止经商、办企业，也就不能成为公司的发起人和股东；但是，经国家授权的专门机构可以作为发起人投资设立公司。譬如，2003年12月成立的中央汇金公司即系经国务院批准组建的国有独资投资公司，代表国家对中国银行、中国建设银行等重点金融企业行使出资人的权利和义务。关于非营利性社会团体法人能否成为公司股东，1998年国务院颁布的《社会团体登记管理条例》第4条规定，社会团体不得从事营利性经营活动；同年颁布的《民办非企业单位登记管理暂行条例》第4条也规定，民办非企业不得从事营利性经营活动。由此可见我国对社会团体从事商事活动是禁止的。《律师法》第27条规定，"律师事务所不得从事法律服务以外的经营活动"。

3. 公司持有自己股权的限制。公司不能成为自己的股东。为了避免因公司兼为自己股东的双重身份可能导致的权利义务关系不清，防范因公司收购和持有自己的股权导致公司实际资本的减少，以及可能发生的上市公司借此操纵本公司股票价格的现象，各国公司法一般都禁止公司成为自己的股东。

4. 公司发起人持股的限制。《公司法》第79条规定，设立股份有限公司须有半数以上的发起人在中国境内有住所。这是为了便于公司设立责任的承担和公司经营管理的参与和监督。

三、把握股权归属的确认

根据公司法的规定，认定股权归属，可以从以下几个方面掌握：

（一）从形式要件上把握股权归属

《公司法》第32条规定，有限责任公司成立后，应当向股东签发出资证明书。《公司法》第33条规定，有限责任公司应当置备股东名册，记载公司的股东姓名或名称等。《公司法》还规定，公司设立和股东变更需要进行工商变更登记等。通常情况下，这些都是认定某人股东身份的形式要件。除此之外，在公司章程上被记载为股东，也是认定享有股权的形式要件。

（二）从实质要件上把握股权归属

是否具备上述形式要件，在法律上就可以认定为享有股权呢？答案是否定的，是否享有股权，不能简单地以形式要件判断。在公司的实际运作过程中，经常出现这样的情况，公司的某个股东有实际出资行为，在股东名册中也有登记，但公司并没有为其出具出资证明书，也没有在工商档案中进行登记，但在该公司的股东会决议文件中有该股东的出席签字，也有按照出资比例获得红利的记载，在这种情况下，其在法律上仍具备股东资格。确定股东资格的关键因素是看其是否实际享有着股东权利和履行着股东义务。实践中将有实际出资行为，但形式要件有所欠缺者称为"隐名股东"，这样的股东即使不具备或不完全具备形式要件，但只要实际行使了股东的权利和履行了股东的义务，就应当认定其股东身份和享有股权。

所以，实际行使了股东的权利和履行出资义务或者合法继受公司股份，以及按投入公司的资本额享有资产受益、重大决策和选择管理者等权利等是股东获得身份权享有股权的实质要件。

（三）从工商登记方面把握股权归属

在股权交易过程中，如何依工商登记把握股权归属？从司法实践看，股权交易的过程中对股东归属的认定，工商登记并非确认股东资格取得的必要条件，工商登记的意义更多地体现为对善意第三人的保护。我国《公司法》规定，公司出资人未经工商登记或股东转让股权后未作变更工商登记，不具有对抗第三人的效力。公司和股东以外的善意第三人完全可以仅以工商登记来认定出资人或受让人的股东身份，而不必考虑其他形式条件或实质条件。

【实训背景】

2009 年 2 月，李某和王某签订出资协议书，协议出资共同成立北京某公司，协议约定共投资 1200 万元，李某出资 612 万元，占 51%；王某出资 588 万元占 49%，并约定董事会成员由李某、王某、张某、吴某、陈某等七人组成。2009 年 10 月北京某公司注册成立时，李某以"北京某公司投资款"的名义，收取张某人民币 60 万元，但工商登记的却是王某、李某、陈某共同出资，分别占有股份 49%、36.83% 和 14.17%。2010 年 2 月，张某与陈某签订股权置换协议，约定陈某将其在北京某公司的 170 万元出资款与张某在北京某酒店的股权置换，双方签订了《股权置换协议》，约定在北京某公司召开股东会一致同意股权置换方案后，及时办理股权变更登记手续。2010 年 5 月，张某与李某、陈某见面商议股权置换事宜，未通知王某。会上陈某同意该股权置换协议，但李某不同意。2010 年 8 月，张某将北京某公司起诉至法院，要求确认其在北京某公司的股东权。

【实训内容】

如果你是本案的法官，依据本节所学的股东权内容，你将如何审理和判决本案？

【考评标准】

1. 结合上节和本节知识，理解与股东身份权相关的各种因素。

2. 你如何理解"诉讼是确认股东身份权的最有效的方式"？

■训练项目二：股东分红权实务

股东分红权与公司财务制度紧密相连。股东分红权可从抽象意义与具体意义两个层面来探讨。前者是指股东基于其公司股东的资格和地位而享有的一种股东权权能。后者又称股利金额支付请求权，是指当公司存有可以分红的利润时，股东根据股东大会分派股利的决议而享有的请求公司按其持股类别和比例向其支付特定股利金额的权利。本项目基于股东分红实务知识，主要学习股东分红前的公积金提取和亏损弥补、分红条件、程序和公司长期不分红的救济方式。

■教学与训练任务一：提取公积金与弥补亏损方案的实施

一、了解公积金制度的相关知识

公积金是指公司为增强自身财产能力，扩大生产经营和预防意外亏损，依法从公司利润中提取的一种款项，不作为股利分配的部分所得或收益。公积金主要用于：弥补公司亏损、扩大公司生产经营、转增公司资本。

以是否依法律规定强制提取为标准，可把公积金分为法定公积金和任意公积金。前者是指依据法律规定而必须强制提取的公积金。其提取比例（或数额）及用途，都由法律直接规定。法定公积金亦称"强制公积金"。后者是指公司根据公司章程或股东大会决议而于法定公积金上自由设置或提取的公积金。所以，任意公积金是否设置及如何提取和使用，全凭公司自由决定，法律不加干涉。

以公积金的来源标准，可把公积金分为盈余公积金和资本公积金。盈余公积金，是指公司从其税后的营业利润中提取的公积金。故其来源是唯一的，即只能是来自公司的盈余。资本公积金，是指公司从非营业活动所产生的收益中提取的公积金。

依我国《公司法》第169条及有关法规的规定，公积金的作用主要有：

第一，弥补亏损。当公司出现亏损时，必须设法弥补，否则即违背了资本维持原则。但资本公积金不可用于弥补亏损。

第二，扩大公司生产经营。在不增加资本的情况下，用历年所提取的公积金来扩大公司的生产经营，无疑是一条方便而又快捷的重要途径。

第三，增加资本。公司可在需要时将公积金转增股本。

二、实施公司公积金的提取方案

我国《公司法》第 167 条所谓的"法定公积金"，实际上属于学理上的法定盈余公积金的范畴。至于提取的比例及总额，《公司法》第 167 条规定得很明确。即："公司分配当年税后利润时，应当提取利润的 10% 列入公司法定公积金"，"公司法定公积金累计额为公司注册资本的 50% 以上的，可以不再提取"。

《公司法》第 168 条对资本公积金及其来源作了规定："股份有限公司以超过股票票面金额的发行价格发行股份所得的溢价款以及国务院财政部门规定列入资本公积金的其他收入，应当列为公司资本公积金。"

《公司法》第 167 条第 3 款规定，公司在从税后利润中提取法定公积金后，经股东会或者股东大会决议，可以提取任意公积金。

三、公司弥补亏损方案的实施

《公司法》第 167 条规定，公司的法定公积金不足以弥补以前年度亏损的，在依照前款规定提取法定公积金之前，应当先用当年利润弥补亏损。公司从税后利润中提取法定公积金后，经股东会或者股东大会决议，还可以从税后利润中提取任意公积金。公司弥补亏损和提取公积金后所余税后利润，有限责任公司依照本法第 35 条的规定分配；股份有限公司按照股东持有的股份比例分配，但股份有限公司章程规定不按持股比例分配的除外。股东会、股东大会或者董事会违反前款规定，在公司弥补亏损和提取法定公积金之前向股东分配利润的，股东必须将违反规定分配的利润退还公司。公司持有的本公司股份不得分配利润。

公司当年的净利润，应当先按 10% 的比率拨付法定公积金，拨付之后的余额才能进行分配。国家是不允许不拨付直接进行分配利润的。除了要拨付之外，还有一个问题，公司当年虽然盈利了，但是以前年度亏了，那么，根据上述"公司的法定公积金不足以弥补以前年度亏损的，在依照前款规定提取法定公积金之前，应当先用当年利润弥补亏损"，也就是说，公司当年的净利润，应该先弥补以前年度的亏损，这个亏损指的是以前年度累计下来亏损。这个亏损弥补顺序和税法上的规定有一些细微的区别。《企业所得税法》第 18 条的规定"企业纳税年度发生的亏损，准予向以后年度结转，用以后年度的所得弥补，但结转年限最长不得超过 5 年"。即在税法上，公司当年的净利润，可以弥补以前年度的亏损。

结合税法知识，公司弥补亏损的渠道有三条：一是用以后年度所得税前利润弥补，但弥补亏损的期间仅限为五年；二是用以后年度所得税后利润弥补，即公司发生的亏损经过连续五年期间尚未弥补足额的，用所得税后利润弥补，且不设年限规定；三是当公司无利润又需要派发股利时，可以先用盈余公积金弥补亏损后，再按照一定限额用盈余公积金发放股利。

■教学与训练任务二：股东分红权的行使和救济

一、股东分红权的行使

（一）股东分红权

股东分红权，是指股东基于其公司股东的资格和地位所享有的请求公司向自己分红的权利。《公司法》第 35 条规定股东按照实缴的出资比例分取红利；公司新增资本时，股东有权优先按照实缴的出资比例认缴出资。但是全体股东约定不按照出资比例分取红利或不按照出资比例优先认缴出资的除外。

（二）股东分红的形式

一般而言，股东可以以三种形式实现分红权：其一，上市公司当年利润派发现金；其二，向现有股东派送红股；其三，以公司盈余公积金转增股本。

股东行使分红权需要符合一定的实质条件和程序条件，其实质条件是股利分配的资金来源必须是公司弥补亏损和提取公积金后所余税后利润。如果股东会、股东大会或者董事会违反规定，在公司弥补亏损和提取法定公积金之前向股东分配利润的，股东必须将违反规定分配的利润退还公司。其程序条件是由董事会制定公司的利润分配方案和弥补亏损方案，由股东会审议批准。除此之外，还得满足以下条件：

第一，以当年利润派发现金须满足以下条件：公司当年有利润；已弥补往年亏损；已提取 10% 的法定公积金。

第二，以法定公积金转增股东应当符合《公司法》第 169 条第 2 款的规定，即法定公积金转为资本时，所留存的该项公积金不得少于转增前公司注册资本的 25%。

（三）公司税后利润的分配顺序

从公司税后利润中分红，依公司法的规定，首先由公司董事会制订公司的利润分配方案和弥补亏损方案，然后由股东会审议批准公司的利润分配方案和弥补亏损方案。股东主要是通过股东会中行使表决权以决定公司是否分红。公司对是否分红作出决定后，公司以下列程序对公司税后利润实施分配，以实现股东的分红权：

公司分配当年税后利润时，应当提取利润的 10% 列入公司法定公积金。公司法定公积金累计额为公司注册资本的 50% 以上的，可以不再提取。

公司的法定公积金不足以弥补以前年度亏损的，在依照前款规定提取法定公积金之前，应当先用当年利润弥补亏损。

公司从税后利润中提取法定公积金后，经股东会或者股东大会决议，还可以从税后利润中提取任意公积金。

公司弥补亏损和提取公积金后所余税后利润，有限责任公司依照《公司法》第 35 条的规定分配；股份有限公司按照股东持有的股份比例分配，但股份有限公司章程规定不按持股比例分配的除外。

股东会、股东大会或者董事会违反前款规定，在公司弥补亏损和提取法定公积金之前向股东分配利润的，股东必须将违反规定分配的利润退还公司。

公司持有的本公司股份不得分配利润。

二、股东分红权的救济

股东分红权可以分为股东分红请求权与股东分红分配给付请求权两个层面。《公司法》第 4 条所说的"公司股东依法享有资产收益……等权利"是从抽象层面而言的，可以称之为盈余分配请求权。同时，《公司法》确认了公司股东会决议分配盈余的权利。一旦股东会通过分配盈余的决议，股东也就获得了直接请求公司给付盈余的权利，通常称股东的这种权利为盈余分配给付请求权。

如果股东认为自己的分红权受到侵害，可以根据最高人民法院的《民事案件案由规定》，以公司为被告、以公司盈余分配纠纷为案由提起诉讼。

三、起草一份股东分红协议

【实训背景】

张小海、李大龙、王大年三人分别出资 100 万、200 万、300 万成立某制衣有限责任公司，三人约定，如果盈利，年底分红。

【实训内容】

请以实训材料提供的背景信息为依据，根据相关法律规定，起草一份公司股东的利润分红协议。

【参考样本】

＿＿＿＿＿＿＿公司股东利润分红协议

股东一：

股东二：

股东三：

根据＿＿＿＿＿＿＿＿＿公司股东大会决议，现将＿＿＿＿＿＿＿＿＿公司营业利润分红事项作如下协议，全体股东以兹遵守：

一、名词解释

1. 营业周期：是指每个会计年度为一个经营周期。

2. 周期结算：每个营业周期满后，公司财务人员将公司的财务情况进行汇总。

3. 利润：公司利润是指公司的纯盈余，其计算公式为：

利润 = 总营业额 – 开支 – 税收。

4. 法定公积金：利润的10%为法定公积金。

5. 分红的本金：指去除法定公积金后的利润。

二、分配原则

经全体股东一致同意，红利的分配方案为：股东一占＿＿＿＿＿＿＿％；股东二占＿＿＿＿＿＿＿％，股东三占＿＿＿＿＿＿＿％。

三、利润分红的其他事项

1. 每个营业周期届满后，2个月内进行周期结算。

2. 结算完毕后，将财务报表报公司股东会批准。

3. 根据批准的财务报表制定红利分配报告，经股东会同意后，实施红利分配。

四、本协议未尽事项，由全体股东另行协商，制定补充协议。

五、本协议签订于＿＿＿＿＿＿＿年＿＿＿月＿＿＿日，本协议于全体股东签署之日起生效。

六、本协议一式叁份，全体股东各持一份。

股东一：（签章）

股东二：（签章）

股东三：（签章）

■训练项目三：股权保护实务

股权保护是公司立法的一项重要任务，尤其是公司中小股东的保护在实践中具有极其重要的理论和实践意义。通过本训练项目学习，了解股权保护的相关内容，了解股东权的非诉救济与诉讼救济，特别是了解中小股东权益保护的现实需要及实务操作等知识。

■教学与训练任务一：股权救济途径的选择和操作

股东权救济是股东权利保护的重要内容，该权利使股东在自己的利益直接受到损害或者公司的利益受到侵害时，有权自力救济或者通过法律程序来进行救济。股东权救济包括非诉救济与诉讼救济两大类。非诉救济是与诉讼救济相对应的司法救济途径。与诉讼救济相比较，非讼程序具有解决纠纷迅速、法官的司法裁量权较大等特征。在我国目前公司纠纷的解决占用大量司法资源的情况下，引入非诉救济能够很好地缓解困境，降低股东的维权成本，在解决公司纠纷案件中能够根据案件本身的特征，兼顾司法审理的公平和效率。我国的公司法制度相对于发达国家而言，产生较晚，而且还很不成熟。2005 年 10 月 27日第十届全国人民代表大会常务委员会第十八次会议通过了公司法的修订案，这次修订不仅完善了股东直接诉讼制度，而且明确规定了股东派生诉讼制度。股东直接诉讼可以直接适用一般民事诉讼的程序，其重点内容为股东会议无效或撤销之诉、公司解散之诉、股东利益损害赔偿之诉、查阅请求权之诉、请求给付之诉等股东直接诉讼。股东权派生诉讼又称为间接诉讼，此种诉讼权有代位诉讼性和代表诉讼性双重属性，与股东直接诉讼有诸多区别。正是由于股东派生诉讼的特殊性质，各国立法在鼓励股东提起派生诉讼的同时也规定了许多限制性条件。提起派生诉讼的原告不仅要具有股东身份，而且受持股时间和持股数量的限制。提起派生诉讼还要经过一定的前置程序。

一、股东权非诉救济的选择和操作

在我国目前立法环境下，并没有公司非诉救济的提法，所以仅就此内容做理论探讨。

（一）非诉救济的立法模式选择

非诉救济的立法模式选择存在两种。一种是分散规定在公司法中，不单独立法的模式，一种是单独设立非诉救济程序法律规定，而且在公司法中对何种情况适用非诉救济有明确规定。美国即属于前者，而后一种存在于日本、韩国以及我国的台湾地区。在我国的立法路径选择上，美国模式并不是恰当的选择，该模式所需要的一些法制背景在我国并不具备。我国公司纠纷的非诉程序构建采用大陆法系的立法模式更为恰当。我国公司纠纷的非诉救济需要建立在诉讼法对非诉程序做出原则性规定的基础上。但是基于我国目前的立法现状，在《公司法》中，则可以在各编各章涉及需要通过非诉程序实施救济的地方，明确规定非诉救济的适用。

（二）我国公司矛盾的诉讼事件非诉化

我国解决公司矛盾的现状中尚无非诉程序适用可言。一是因为我国并没有真正意义上的非诉程序，现有的民事诉讼法中规定的特别程序与实际意义上的非诉程序相去甚远，程序法领域还存在着非诉程序与诉讼程序相对立。这一背景对于此处研究公司纠纷诉讼事件非诉化无疑是非常尴尬的。可是，从我国公司制度运作的现状来看，我国又存在着很大的诉讼事件非诉化的空间。当然，这里的空间更大程度上是在指填补目前本应该适用非诉程序来审理的公司纠纷这一空白。当然，诉讼事件非诉化不仅有理论基础，还有社会背景基础，在德国、日本等研究该问题的国家，不容忽视的一个背景是法治的日趋完善、法学教育程度的不断提高以及审判制度的完善，我国目前还不能完全满足诉讼案件非诉化的要求。

二、股东权诉讼救济的选择和操作

（一）股东直接诉讼

股东直接诉讼，是指股东为了自己的利益而基于股份所有人地位向其他侵犯自己利益的人提起的诉讼。所以，股东直接诉讼的主体是权益受到侵害的股东，直接诉讼权提起的根据是股东作为股份所有人的出资人的地位。它不同于投资者证券民事赔偿诉讼，例如证券市场特有的因虚假陈述而引发的民事索赔诉讼，其起诉主体可能是该做假公司的股东，也可能曾经是股东但起诉时并不具有股东身份。直接诉讼的目的是为了维护股东自身的利益，以个人名义向法院提起诉讼。股东直接诉讼权行使的结果归属于原告股东。股东直接诉讼的被告是公司或者是公司的大股东、董事、监事及高级管理人员等。

股东直接诉讼大致可分为以下几类：

第一类是决议无效之诉，是指针对股东大会决议、董事会决议内容违反法律、行政法规而提起的诉讼，提起诉讼的目的是请求法院确认决议无效。

根据《公司法》第22条第1、4款的规定，公司股东会或者股东大会、董事会的决议内容违反法律、行政法规的无效。如果公司根据股东会或者股东大会、董事会决议已办理变更登记的，人民法院宣告该决议无效后，公司应当向公司登记机关申请撤销变更登记。

第二类是决议撤销之诉，是指针对股东大会召集、召开的程序以及表决程序存在瑕疵而对决议提起的诉讼，提起诉讼的目的是请求法院撤销该决议。修订后的《公司法》规定，若关联股东对于股东会就关联事项的审议和决议未予回避，或关联方委派的董事对于董事会就关联事项的审议和决议未予回避，股东可以因表决程序违法而申请撤销该股东会决议或董事会决议。

根据《公司法》第22条第2~4款的规定，股东会或者股东大会、董事会的会议召集程序、表决方式违反法律、行政法规或者公司章程，或者决议内容违反公司章程的，股东可以自决议作出之日起60日内，请求人民法院撤销。股东据此提起诉讼的，人民法院可以应公司的请求，要求股东提供相应担保。公司根据股东会或者股东大会、董事会决议已办理变更登记的，人民法院撤销该决议后，公司应当向公司登记机关申请撤销变更登记。

第三类是损害赔偿之诉，是指针对公司、其他股东（通常为大股东）、董事及其他高管人员，违背股东个人意愿，损害了该股东财产权益而对侵害人提起的诉讼，其目的是请求获得赔偿或返还财产。股东、董事及高级管理人员之所以成为被诉的对象，往往是因为他们违反了自己应负的法律义务。所以，法律才确定其承担相应的法律责任。如《公司法》第21条规定："公司的控股股东、实际控制人、董事、监事、高级管理人员不得利用其关联关系损害公司利益。违反前款规定，给公司造成损失的，应当承担赔偿责任。"再如《公司法》第153条规定："董事、高级管理人员违反法律、行政法规或者公司章程的规定，损害股东利益的，股东可以向人民法院提起诉讼。"

第四类是查阅请求权之诉，股东有权查阅、复制公司章程、股东会会议记录、董事会会议决议、监事会会议决议和财务会计报告。公司拒绝提供查阅的，股东可以请求人民法院要求公司提供查阅。2005年修订的《公司法》增加了股东的查阅请求权。这一规定有望在一定程度上使过去长期未能有效解决的股东知情权问题得到解决，同时也为股东损害赔偿诉讼的提起确保了法律上的救济途径。《公司法》第34条规定："股东有权查阅、复制公司章程、股东会会议记录、董事会会议决议、监事会会议决议和财务会计报告。股东可以要求查阅公司会计账簿。股东要求查阅公司会计账簿的，应当向公司提出书面请求，说明目的。公司有合理根据认为股东查阅会计账簿有不正当目的，可能损害公司合法利益的，可以拒绝提供查阅，并应当自股东提出书面请求之日起15日内书面答复股东并说明理由。公司拒绝提供查阅的，股东可以请求人民法院要求公司提供查阅。"

（二）股东派生诉讼

股东派生诉讼是指当公司的合法权益受到他人侵害，特别是受到董事、监事和高级管理人员或他人等的侵害而公司怠于行使诉权时，符合法定条件的股东以自己名义为公司的利益对侵害人提起诉讼，追究其法律责任的诉讼制度。

我国《公司法》第152条规定了股东派生诉讼制度，赋予股东提起派生诉讼的权利。股东派生诉讼的规定，将对提高我国公司治理水平、保护中小股东利益起到重要作用。本项目旨在通过从实体与程序方面解析《公司法》第152条，以加强股东派生诉讼在司法实务中的可操作性。《公司法》第152条规定，"董事、高级管理人员有本法第150条规定的情形的，有限责任公司的股东、股份有限公司连续180日以上单独或者合计持有公司1%以上股份的股东，可以书面请求监事会或者不设监事会的有限责任公司的监事向人民法院提起诉讼；监事有本法第150条规定的情形的，前述股东可以书面请求董事会或者不设董事会的有限责任公司的执行董事向人民法院提起诉讼。监事会、不设监事会的有限责任公司的监事，或者董事会、执行董事收到前款规定的股东书面请求后拒绝提起诉讼，或者自收到请求之日起30日内未提起诉讼，或者情况紧急、不立即提起诉讼将会使公司利益受到难以弥补的损害的，前款规定的股东有权为了公司的利益以自己的名义直接向人民法院提起诉讼。他人侵犯公司合法权益，给公司造成损失的，本条第1款规定的股东可以依照前两款的规定向人民法院提起诉讼。"从该规定可以看出派生诉讼的原告、被告、前置诉讼程序和可诉范围。

1. 派生诉讼的原告和被告。我国《公司法》将提起派生诉讼的原告限定为有限责任公司的股东及连续180日以上单独或者合计持有公司1%以上股份的股份有限公司的股东。派生诉讼的被告是以不当行为侵害公司利益而应对公司承担赔偿责任的当事人。

2. 股东派生诉讼的前置程序。股东具备了提起派生诉讼的原告资格，并不等于股东在公司遭受不当行为侵害时可立即代表公司提起派生诉讼。《公司法》的一条基本理念是公司具有独立于股东的法律人格。因此公司一旦受到损害，就应由公司决定是否及如何追究侵害人的责任。只有公司拒绝或怠于行使其诉权来维护自己的利益时，才允许股东提起派生诉讼，即原告股东在起诉前，必须首先请求公司机关采取措施，否则不得提起派生诉讼。原告股东请求公司机关采取措施的行为就是股东派生诉讼的前置程序。

3. 派生诉讼的范围。中国的派生诉讼制度对于可提起派生诉讼的行为的规定，不仅仅局限于董事对公司的责任；同时股东对监事、高级管理人员执行公司职务时违反法律、行政法规或者公司章程的规定，给公司造成损失的行为，以及他人侵犯公司合法权益，给公司造成损失的行为，都可依法提诉讼。此举，一方面可预防和救济公司治理机构组成人员违背其对公司所负善管义务和忠实义务之行为；另一方面也可以有效地阻吓和铲除公司外的第三人对于公司利益之侵害，从而把派生诉讼制度的作用发挥到极致。

【实训背景】

原告称，原告与第一被告是第二被告（某合资企业）的股东，从1993年至1999年间，第二被告一直为第一被告提供包装产品。2000年4月21日，第一被告与第二被告进行了对账，第一被告确认欠第二被告5 149 497.08元。对账后，除其中第一被告所欠的200万元双方同意冲抵账外，余款2 049 497.08元一直未付。为此，原告曾多次找第一被告协商。原告还于2000年4月25日与第一被告召开董事会，同意第一被告欠第二被告的款项可以通过诉讼解决。但第二被告起诉后，第一被告的法定代表人利用其作为第二被告法定代表人的特殊身份，出尔反尔，不同意起诉，以致第二被告的起诉被法院裁定驳回起诉，以达到其逃避债务的目的。现原告作为第二被告的合法股东，请求判令第一被告偿还余款2 049 497.08元及利息给第二被告。

被告辩称，对原告的诉讼请求及事实理由没有异议，但认为原告曾提走了第一被告的货，要求在欠第二被告的款项中予以冲抵。

本案判决，公司股东作为出资者按投入公司的资本额享有所有者的资产收益、重大决策和选择管理者等权利。公司享有由股东投资形成的全部法人财产权，承担民事责任。由于原告与第一被告是合资企业第二被告的合法股东，由于第二被告怠于行使诉权而直接损害了作为股东之一的原告的合法权益。原告根据我国公司法有关保护股东合法权益的基本原则，依法行使代位权以保护其合法权益，法院予以支持。第一被告对尚欠第二被告的款项无异议，第一被告应将欠款支付给第二被告。

【实训内容】

请你结合本案事实，对本案判决作出评价。

【考评标准】

1. 对股东诉讼的理解和实际运用。

2. 学生能否举出与股东诉讼相关的实际例子，结合本案，学生应掌握股东诉讼的原因和诉讼程序。

■教学与训练任务二：中小股东股权保护实务

股权保护，主要是指针对管理层或大股东对中小股东的侵权行为而采取的一系列措施和制度安排。一般而言，在股权高度分散的公司中主要针对的是内部管理层对股东权利的侵害，在股权集中的公司中主要针对的是大股东对中小股东权利的侵害。

中小股东，通常指持有公司绝对少数股份的股东。因其所持股份与控股股东所持股份比例悬殊，在公司中处于弱势地位，所以又被称为弱势股东。随着投资日益大众化，越来越多的个人投资于证券市场。虽然个人持股数额较低，但因小股东数量甚巨，其所持股总量较大，已成为资本市场的重要资金来源。同时，由于其所持股比例低，其权益极易受到控股股东及管理层的侵害，小股东利益保护已成为国内外证券市场上的共同话题。理论上讲，小股东虽持股较少，但作为公司的所有权者，有权利参与公司的治理以维护自身权益。但从我国现行《公司法》所确定的公司治理结构来看，对小股东缺乏相应的利益保护机制，客观上为控股股东及公司管理层侵害小股东利益提供了方便。如，资本多数决定原则是公司法的重要基本原则，当中小股东与大股东意见不一致，中小股东意见常被否决，形成对中小股东的不利局面；再如，大股东利用其优势地位可能直接进入管理层，通过支取过高薪水，装修豪华办公场所，备置豪华轿车等形式使自己受益，从而间接损害小股东利益。即使大股东不参与公司管理，由于管理层主要是由大股东意志决定的，管理层也极易作出有利于大股东的交易决策，使中小股东受到侵害；又如，中小股东参加股东大会付出的交通、食宿等成本相对较高，因此参与股东大会的积极性不高，公司的"股东大会"事实上成为"大股东会"，由此导致中小股东在选举董事会成员、决定公司的利润分配方案、公司投资计划等重大问题上难有发言权。即使股东大会作出的决议对小股东不利，小股东也常常无力改变这种现状。

为使中小股东权益能够得到有效的保护，《公司法》明确规定了一系列的保障措施。

一、中小股东如何行使知情权

《公司法》第34条规定，股东可以要求查阅公司会计账簿，这是股东行使一系列权利的前提和手段。为平衡股东与公司利益，行使查阅权的股东应保守公司的商业秘密。同时还规定，倘若公司有合理根据认为股东查阅会计账簿有不正当目的，可能损害公司合法利益的，可以拒绝提供查阅，并应当自股东提出书面请求之日起 15 日内书面答复股东并说明理由。因此，公司对查阅股东的不正当目的应承担举证责任。倘若公司无端怀疑，无故拒绝提供查阅，股东可以请求人民法院要求公司提供查阅。

二、中小股东如何行使索赔权

《公司法》第 153 条规定，董事、高级管理人员违反法律、行政法规或者公司章程的规定，损害股东利益的，股东可以向人民法院提起诉讼。倘若控股股东与实际控制人违反法律、行政法规或者公司章程的规定，损害股东利益的，股东也可以向人民法院提起诉讼。此外，上市公司的股东遭受虚假陈述、内幕交易与操纵市场而受损的，也有权对不法行为人提起民事损害赔偿之诉。需要注意的是，倘若公司经营者的失信行为直接损害了公司的利益，间接损害了股东利益，则股东只能为了捍卫公司利益而提起间接诉讼，而不宜为了自己的利益而提起直接诉讼；倘若公司经营者的失信行为同时损害了公司和股东的利益，则股东可以为了自己的利益而提起直接诉讼。

三、中小股东如何行使累积投票权

《公司法》第 106 条规定，股东大会选举董事、监事，可以依照公司章程的规定或者股东大会的决议，实行累积投票制。从而促成中小股东将其代言人选入董事会和监事会，扩大中小股东的话语权，增强中小股东表决权的含金量，弱化控制股东的话语霸权，以寻求中小股东与大股东之间的利益平衡。

四、中小股东如何行使退股权

就有限责任公司而言，《公司法》第 75 条规定了股东退股的三种情形：其一，公司连续 5 年不向股东分配利润，而公司该 5 年连续盈利，并且符合本法规定的分配利润条件；其二，公司合并、分立、转让主要财产的；其三，公司章程规定的营业期限届满或者章程规定的其他解散事由出现，股东会会议通过决议修改章程使公司存续的。上述三种情况有可能加大股东投资风险，直接动摇股东的投资预期，因此，反对股东可以请求公司按照合理的价格收购其股权；倘若股东与公司不能达成股权收购协议，股东可以自股东会会议决议通过之日起 90 日内向人民法院提起诉讼。就股份有限公司而言，第 143 条授权对股东大会作出的公司合并、分立决议持异议的股东有权要求公司收购其股份。

五、中小股东如何行使诉讼权

《公司法》第 22 条规定：股东会决议内容违反法律、行政法规的无效；股东会会议召集程序、表决方式违反法律、行政法规或者公司章程，或者决议内容违反公司章程的，股东可以自决议作出之日起 60 日内，请求人民法院撤销。这一规定，既弥补了原《公司法》第 111 条的缺陷，又平衡了股东会决议的合法性与效率性的关系，是防止控制股东滥用控制权的有效措施。

此外，《公司法》第 152 条规定，倘若公司董事、监事、经理和控制股东不法侵害公司合法权益，而公司董事会或者监事会又拒绝或者怠于对不法侵害人提起诉讼，则有限责任公司中的任何股东、股份有限公司中连续 180 日以上单独或者合计持有公司 1% 以上股份的股东，有权为了公司的利益以自己的名义直接向人民法院提起股东代表诉讼。另外，《公司法》第 183 条首次确认了出现公司僵局时股东享有解散公司的诉权。公司经营管理发生严重困难，继续存续会使股东利益受到重大损失，通过其他途径不能解决的，持有公司全部股东表决权 10% 以上的股东，可以请求人民法院解散公司。

【实训背景】

2009 年 8 月 23 日，大吕股份因为隐瞒大股东大吕控股集团有限公司、实际控制人张成龙占用上市公司资金 2000 万元一事，被证监会处罚。受罚事件曝光后，不少权益受损的投资者陆续通过律师向北京市中级人民法院提起证券虚假陈述民事赔偿诉讼，到诉讼时效截止日 2011 年 8 月 23 日止，共计有 236 余名小股东参加了起诉，索赔金额高达 1300 万余元。2011 年 8 月底，北京市中院组织原被告双方及代理律师参加调解，很快就达成了赔付协议：大吕股份、大吕控股在原告诉讼请求的基础上按 76% 的比例以现金形式向原告分别支付赔偿金额。目前，236 名原告的共约 1100 万元赔偿款全部履行到位。

【实训内容】

请就上述中小股东的权益维护事实，做出你自己的评价。

【考评标准】

1. 结合所学知识，重点理解为什么中小股东的权益容易受到侵害。

2. 以"中小股东的维权措施"为题，学生分组讨论并发言。

■训练项目四：股权转让实务

股权转让，是股东依法将自己股东权利或股份有偿转让给他人的法律行为。通过股权转让，在原股东放弃其股东身份的同时，新股东取得股东身份。股权转让是股东（转让方）与他人（受让方）双方当事人意思表示一致的情况下发生的股权转移。由于股权转让必须是转让方、受让方的意思一致才能发生，故股权转让应为契约行为，须以协议的形式加以表现。通过本节的学习，掌握股权转让、股权转让的程序及限制等相关知识。

■教学与训练任务一：有限责任公司股权转让操作

公司股权转让，是指股东依法将其在公司中持有的股份转让给他人，使他人成为公司股东的民事法律行为。

近年来，随着我国市场经济体制的建立，国有企业改革及《公司法》的实施，股权转让成为企业募集资本、产权流动重组、资源优化配置的重要形式。股权转让纠纷在公司诉讼中最为常见，股权转让合同的效力是该类案件审理的难点所在。

股权转让合同是当事人以转让股权为目的而达成的关于出让方交付股权并收取价金，受让方支付价金得到股权的意思表示。股权转让后，股东基于股东地位在公司中的权利义务全部同时移转于受让人，受让人因此取得股权，成为公司的股东。

有限责任公司股权转让因股权受让对象不同，股权转让程序有所不同，但总体上来讲，有限责任公司的股权通常经过以下几个主要步骤：

第一，签订《股权转让协议》；

第二，依《公司法》第 72 条转让股权；

第三，办理股权变更的工商登记手续。

一、有限责任公司股权内部转让的操作

股权内部转让，是指股东之间转让股权。股东之间转让股权，不会产生新的股东，不会破坏股东之间的信任关系，只改变股东之间的出资比例。所以，公司股权内部转让一般采取自由主义原则。我国《公司法》也采用了这一原则。《公司法》第72条第1款规定，有限责任公司的股东之间可以相互转让其全部或者部分股权，但公司章程对股权转让另有规定的，从其规定。即除公司章程规定外，股权转让可以不经股东会同意，股权转让双方协商一致，转让即可成立。

可见，对内部转让的实质要件的规定不很严格，实践中通常有以下三种情形：一是股东之间可以自由转让其股权的全部或部分，无需经股东会的同意；二是原则上股东之间可以自由转让其股权的全部或部分，但公司章程可以对股东之间转让股权附加其他条件；三是规定股东之间转让股权必须经股东会同意。

二、有限责任公司股权对外转让的操作

股权外部转让，是指股东向股东以外的第三人转让股权。

《公司法》第72条第2~4款规定："股东向股东以外的人转让股权，应当经其他股东过半数同意。股东应就其股权转让事项书面通知其他股东征求同意，其他股东自接到书面通知之日起满30日未答复的，视为同意转让。其他股东半数以上不同意转让的，不同意的股东应当购买该转让的股权；不购买的，视为同意转让。经股东同意转让的股权，在同等条件下，其他股东有优先购买权。两个以上股东主张行使优先购买权的，协商确定各自的购买比例；协商不成的，按照转让时各自的出资比例行使优先购买权。公司章程对股权转让另有规定的，从其规定。"这一规定表明，我国《公司法》并没有禁止股东向股东以外的第三人转让股权，但是除了章程另有规定外，股权外部转让应遵循以下限制性的规定：

第一，股东向股东以外的第三人转让股权必须书面通知其他股东。

第二，股东向股东以外的第三人转让股权必须经其他股东过半数同意。为了维持股东之间的信任关系，《公司法》规定股东向股东以外的第三人转让股权必须经其他股东过半数同意。这里的同意，既包括明示的同意，也包括默示的同意。所谓默示的同意，即指股东对股东转让股权通知到期不答复或不同意转让又不购买该股权的，视为同意转让。

法律之所以在此规定到期不答复或不同意转让又不购买该股权的行为视为默示的同意，是考虑到如果法律不这么规定，一旦出现个别股东既不同意对外转让又不明示同意购买的意愿，就会妨碍股权转让的进行，这实质上等于将股东出资限定在公司内部，就违背了财产可转让的属性，也会降低股东投资的积

极性，不利于公司的发展。因此，《公司法》规定，如果股东对股东转让股权通知到期不答复或不同意转让又不购买该转让的股权的，应视为同意转让。

第三，经股东同意转让的出资，在同等条件下，其他股东对该股权有优先购买权。赋予股东的优先购买权仍是出于有限责任公司人合性的特点。需要注意两点。一是优先购买权只能是股东向股东以外的第三人转让股权时，其他股东才享有。股东之间转让股权，其他股东不能享有优先购买权。二是在同等条件下的优先购买权。同等条件是股东行使优先购买权的条件。同等条件是指股权转让给股东的条件与转让给股东以外的第三人的条件相同。这样规定实际上既保护了出让股东的利益，同时也通过提供优先购买权方式保护了其他股东的利益和公司的人合性。

三、有限责任公司股权转让的公司内部备案登记的操作

股权转让的公司内部备案登记措施主要是向股东颁发出资证明书和将相关股权事项记载于公司股东名册。

《公司法》第33条规定："有限责任公司应当置备股东名册，记载下列事项：①股东的姓名或者名称及住所；②股东的出资额；③出资证明书编号。记载于股东名册的股东，可以依股东名册主张行使股东权利。公司应当将股东的姓名或者名称及其出资额向公司登记机关登记；登记事项发生变更的，应当办理变更登记。未经登记或者变更登记的，不得对抗第三人。"

《公司法》第74条："依照本法第72条、第73条转让股权后，公司应当注销原股东的出资证明书，向新股东签发出资证明书，并相应修改公司章程和股东名册中有关股东及其出资额的记载。对公司章程的该项修改不需再由股东会表决。"

四、有限责任公司股权转让的工商变更登记程序

不论因何种原因导致股权转移，在股权发生转移后，都需要履行相应的股权变更手续。《公司登记管理条例》第35条："有限责任公司股东转让股权的，应当自转让股权之日起30日内申请变更登记，并应当提交新股东的主体资格证明或者自然人身份证明。"

依据《公司法》第74条和《公司登记管理条例》第35条规定的办法，股权变更手续包括公司内部变更手续和公司外部变更手续。首先，由公司履行内部的变更手续。公司应当注销原股东的出资证明书，向新股东签发出资证明书，并相应修改公司章程和股东名册中有关股东及其出资额的记载。对公司章程的该项修改不需再由股东会表决。其次，由公司履行外部变更手续。有限责任公司股东转让股权的，应当自转让股权之日起30日内向公司登记机关申请变更登记，并应当提交新股东的主体资格证明或者自然人身份证明。有限责任公司的

自然人股东死亡后，其合法继承人继承股东资格的，公司也应当依照上述规定申请变更登记。未经登记或者变更登记的，不得对抗第三人。

【实训背景】

北京神码科技有限公司于 2008 年 10 月 12 日设立，其注册资本及股权构成如下：

股东姓名	投资金额（万元）	持股比例（%）
张新发	500.00 万元	50
张志红	200.00 万元	20
王建国	200.00 万元	20
赵大海	100.00 万元	10
总计	1000.00 万元	100%

公司股东张志红先生拟将其持有的全部股权转让给自己的朋友刘宏远先生，转让价格为 300 万元人民币。张志红先生于 2011 年 5 月 27 日向公司的其他股东发出了书面通知，公司的控股股东、董事长张新发先生接到通知后，安排公司办公室的法务秘书协助张志红先生起草股权转让的相关法律文件。

【实训内容】

根据前述实训背景，起草以下文件：

1. 关于张志红先生将其持有的全部股权转让给刘宏远先生的《股权转让协议》。

2. 关于同意公司股东张志红先生将其持有的全部股权转让给刘宏远先生的《股东会决议》。

【参考样本】

1. 股权转让协议（范本）

股权转让协议

转让方（甲方）：_____

受让方（乙方）：_____

_____有限公司（简称"公司"）是由甲方与×××、×××、×××（合称"其他股东"）共同投资设立的有限责任公司，甲方拟将其在公司持有的全部股权转让给乙方。甲乙双方友好协商，一致同意就甲方向乙方转让在公司所持有的部分股权的相关事宜达成如下协议，由双方共同遵守履行：

一、协议双方概况

1. 转让方（甲方）：

姓名：_____；身份证号：_____；现住址：_____。

2. 受让方（乙方）：

姓名：_____；身份证号：_____；现住址：_____。

二、股权概况

甲方向乙方转让的股权，是指甲方持有公司的全部股权（体现为公司的注册资本人民币_____元，占公司全部注册资本人民币_____元的___%，以及甲方作为公司股东依据该股权所应当享有的全部股东权利和应当承担的全部股东义务。以下简称"股权"）。

经双方共同聘请的评估机构评估，该股权价值为_____万元人民币。

三、转让价格及付款方式

股权转让价格为_____万元人民币。乙方分两笔向甲方支付：

1. 本协议之日起_____日内，乙方向甲方支付_____万元人民币。

2. 股权转让工商变更登记完成之日起_____日内，乙方向甲方付清全部余款_____万元人民币。

四、内部程序

公司的其他股东同意甲方根据本协议向乙方转让股权，自愿放弃对该股权的优先购买权。（详见附件：股东会决议）

五、工商登记

股权转让的工商变更登记等行政审批手续由甲方负责办理，乙方予以配合。股权转让的工商变更等行政审批手续应于本协议签订之日起3个月内完成。

工商变更登记手续完成之日为股权转让完成之日。股权转让完成后，原来由甲方享有的股东权利全部转归乙方享有，由甲方履行和承担的股东义务及责任全部转由乙方履行和承担。

六、违约责任

乙方若未按本协议第3条规定的期限向甲方支付股权转让价款时，每逾期1个月，乙方应按逾期金额的百分之_____向甲方支付违约金；逾期3个月仍未付清股权转让价款和违约金的，乙方除应向甲方支付违约金外，甲方有权终止本协议，并要求乙方赔偿损失。

甲方若未按本协议第4条规定的期限完成股权转让的全部行政审批手续时，每逾期1个月，甲方应按乙方已支付金额的百分之_____向乙方支付违约金；逾期3个月仍全部完成的，乙方有权终止本协议，并要求甲方退还已支付的股权转让价款、支付违约金和赔偿损失。

七、争议的解决

凡因执行本协议所发生的或与本协议有关的一切争议，双方应通过友好协商解决；如果协商不能解决，应提交北京仲裁委员会，根据该机构的仲裁规则进行仲裁。仲裁裁决是终局的，对双方都有约束力。仲裁费用由败诉方负担。

八、签署日期及生效条件

本协议于_____年_____月_____日签署。

九、生效条件

本协议经甲乙双方本人签字后生效。

十、其他

本协议一式_____份，甲乙双方各持一份，公司留存一份，工商登记机关备案一份。

甲方（签字）：_____

_____年_____月_____日

乙方（签字）：_____

_____年_____月_____日

2. 关于股权转让的股东会决议（范本）

××科技有限公司第_____届第_____次股东会决议

××科技有限公司第_____届第_____次股东会于_____年_____月_____日在北京市海淀区_____路_____号的××科技有限公司会议室召开，全体股东共4人全部到会，参加会议的股东在人数和资格等方面符合法律和公司章程有关规定。出席会议的全体股东通过表决，一致同意形成如下决议：

（1）同意×××将其持有本公司的15%的股份转让给×××。

（2）股权转让人×××以外的其他3位股东放弃对转让其股权的优先购买权。

（3）同意对股权变更所涉公司章程的相关条文做相应修改。

全体参会股东签字：

×××（签字）：_____

×××（签字）：_____

×××（签字）：_____

×××（签字）：_____

■教学与训练任务二：股份有限公司的股份转让操作

股份有限公司股份转让，是指股份有限公司的股东依法将自己的股份转让给他人，使他人成为股份有限公司的股东。通过股份有限公司股份的转让实现了股东权利的转让，因此股份转让即为股份有限公司股东的股权转让行为。

股份有限公司是完全的资合公司，公司既没有股东人数的限制，一般也没有对股东的身份和资格的限制，公司的所有权与经营权相分离、个人财产与公司财产相分离是股份有限公司其显著特点。这决定了股份有限公司的股份转让有着与有限责任公司不一样的规则。

股份有限公司是典型的资合公司，只强调资本的结合，股东之间无需信任关系，因此，股份有限公司股份转让以自由转让为原则，只要双方意思协商一致，即可进行股权转让。

股份转让即为股票转让。股份有限公司的股票一般分为无记名股和记名股两类。这两类股票的转让方式不同。

一、股份有限公司无记名股票的转让操作

我国《公司法》第 141 条规定："无记名股票的转让，由股东将该股票交付给受让人后即发生转让的效力。"依照《公司法》的规定，无记名股的转让是由股份所有人将股票交付给受让人，只要交付便发生法律效力，无须过户。

二、股份有限公司记名股票的转让操作

《公司法》第 140 条规定：记名股票，由股东以背书方式或者法律、行政法规规定的其他方式转让；转让后由公司将受让人的姓名或者名称及住所记载于股东名册。股东大会召开前 20 日内或者公司决定分配股利的基准日前 5 日内，不得进行前款规定的股东名册的变更登记。但是，法律对上市公司股东名册变更登记另有规定的，从其规定。

依照公司法的规定，记名股票的转让须经背书或法律、行政法规规定的其他方式转让，而且须将受让人的姓名及住所记载于公司股东名册之上，方能生效。否则记名股票的转让对公司不发生法律效力。

三、股份有限公司股份转让的法定限制及其处理

尽管股份以自由转让为原则，但为了保护公司、股东及公司债权人的整体利益，尽可能限制股份自由转让可能产生的弊端，许多国家或地区的公司法、证券法都对股份转让作出一些必要的限制。我国公司法对股份转让也作了限制性规定。《公司法》对股份有限公司股权转让的限制主要包括：

1. 发起人转让股份的处理。由于发起人对公司设立及公司成立后的前期稳定与发展起着至关重要的作用。为了公司的稳定与发展，防止发起人利用公司设立进行投机活动，损害其他股东及社会公众利益，我国《公司法》第142条第1款规定："发起人持有的本公司股份，自公司成立之日起1年内不得转让。公司公开发行股份前已发行的股份，自公司股票在证券交易所上市交易之日起1年内不得转让。"

2. 公司董事、监事、高级管理人员转让持有本公司股份的处理。公司董事、监事、高级管理人员对公司的经营情况了如指掌，为了防止他们利用掌握的内部信息从事股票交易，牟取私利，同时为了使他们的利益与公司利益紧密相连，尽职尽责地为公司服务，我国《公司法》第142条第2款规定："公司董事、监事、高级管理人员应当向公司申报所持有的本公司的股份及其变动情况，在任职期间每年转让的股份不得超过其所持有的本公司股份总数的25%；所持本公司股份自公司股票上市交易之日起1年内不得转让。上述人员离职后半年内，不得转让其所持有的本公司股份。公司章程可以对公司董事、监事、高级管理人员转让其所持有的本公司股份作出其他限制性规定。"

3. 公司收购自身股份的处理。公司收购自己的股份就会成为自己的股东，实际上等于股东退股，从而导致资本减少，损害债权人的利益，与公司资本维持原则相违背。因此，除法定特殊情况外，原则上不许公司收购自己的股份。《公司法》第143条第1款规定：公司不得收购本公司股份。但是，有下列情形之一的除外：①减少公司注册资本；②与持有本公司股份的其他公司合并；③将股份奖励给本公司职工；④股东因对股东大会作出的公司合并、分立决议持异议，要求公司收购其股份的。公司因第①至第③项的原因收购本公司股份的，应当经股东大会决议。公司依照前款规定收购本公司股份后，属于第①项情形的，应当自收购之日起10日内注销；属于第②项、第④项情形的，应当在6个月内转让或者注销。公司依照第1款第③项规定收购的本公司股份，不得超过本公司已发行股份总额的5%；用于收购的资金应当从公司的税后利润中支出；所收购的股份应当在1年内转让给职工。

由此看来，公司持有自身股份原则上禁止，但出现上述法定的四种情况允许例外。

4. 公司接受本公司股票作为质押的处理。公司接受本公司的股票作为质押权的标的，当公司的债务人无力清偿到期债务时，公司有权行使该股票代表的股权。公司拍卖质押股票所代表的股份如无人购买时，公司自然就成为质押股票的所有人，这与公司收购本公司的股份是一样的。为此，我国《公司法》第143条第4款规定，公司不得接受本公司的股票作为质押权的标的。

四、股份转让场所的选择

为了保证交易安全，股份转让场所也要符合法律规定。《公司法》第139条规定："股东转让其股份，应当在依法设立的证券交易场所进行或者按照国务院规定的其他方式进行。"目前，我国设立了深圳证券交易所和上海证券交易所。上市公司的股票都在这两个交易所上市交易。

依照《公司法》的规定，股份转让还可以按照国务院规定的其他方式进行。

五、股份有限公司股份转让的操作流程

根据法律规定，股份有限公司股份转让因公司类型不同和持股人不同而有所不同。

从股份所在的公司性质来看，股份有限公司股份转让可分为上市公司股份的转让和非上市公司股份的转让。如果股份所在公司是上市公司，则股份转让应当按照证券法的规定转让。如果股份所在公司不是上市公司，则非上市公司股份交易则一般通过产权交易所或协议方式进行，即"按照国务院规定的其他方式进行"。

从股份持有人的性质来看，股份有限公司股份的转让可发生在自然人之间、自然人和经济组织之间、经济组织和经济组织之间。一般来讲，自然人之间的股份转让操作流程较为简单，主要表现为自然人之间的股份转让协议成立生效和履行问题。在股份转让一方或双方为经济组织时，因涉及经济组织内部决策问题，股份转让操作较为复杂。

1. 从操作层面上讲，非上市股份有限公司股权转让流程一般包括以下几个阶段：

（1）股份转让合同的当事方公司召开董事会对股份转让形成决议；

（2）达成股份转让书面协议；

（3）根据公司章程或股东约定，股份转让当事方的公司召开股东会审议通过交易方案；

（4）协议履行；

（5）股东名册变更登记和工商登记。

2. 当公司股份持有主体是国有单位时，非上市股份有限公司股权转让的流程应当按照国有股权转让的规则办理。当公司股份持有主体是国有单位时，股份转让则涉及国有股权转让，涉及国有资产监管的特别规定，股份转让操作程序还应当同时符合《公司法》、《企业国有资产监督管理暂行条例》、《企业国有产权转让管理暂行办法》以及国有股权向管理层转让等规定和相应产权交易机构的交易规则之规定，股份转让操作程序更为复杂。一般涉及初步审批、清产核资、审计评估机、内部决策、协议转让或挂牌转让、批复或备案、变更登记

等多个环节。

【实训背景】

甲是某股份有限公司的股东和发起人之一，该公司成立于 2006 年 2 月。2006 年 5 月甲、乙双方签订股权转让协议，由于公司成立尚不足 1 年，甲承诺在法律允许的情况下尽早办理转让手续，同时在股份转让手续办理完毕前，委托乙方参加股东大会，代行股东权利，协议签订后，乙支付 20% 款项，其余款项等股权转让手续完成后支付，双方还约定了违约金为转让款的 20%。2007 年 3 月开始，乙一直催甲履行转让手续，未果，于是起诉到法院。法院经过审理查明，2007 年 3 月甲又与丙签订协议将股权转让给丙，并办理了股权转让正式手续。现在乙要求甲继续履行协议、承担违约责任和支付违约金，甲认为甲乙双方的股权转让协议违反《公司法》规定，应认定无效，不需要承担责任。该如何处理？

【实训内容】

请用学习的股权转让的知识，分析归纳出上述案例的争议焦点。

【考评标准】

本案例是考查学生股权转让知识的熟练程度，以学生知识理解和实际运用程度为主要考查标准。

■训练项目五：股权质押实务

　　股权质押，是指出质人以其所拥有的股权作为质押标的物而设立的质押。股权质押属于权利质押的一种。因设立股权质押而使债权人取得对质押股权的担保物权，为股权质押。

　　《公司法》对股权质押缺乏规定，但1995年10月1日开始实施的《担保法》明确规定了股权可以质押，2007年10月1日开始实施的《物权法》再次做了明确规定。《担保法》第75条第2项规定，"依法可以转让的股份、股票"可以质押。《物权法》第223条规定，可以转让的股权可以出质。另外，1997年5月28日国家对外贸易经济合作部（已变更）、国家工商行政管理局联合发布了《外商投资企业投资者股权变更的若干规定》，对外商投资企业投资者"经其他各方投资者同意将其股权质押给债权人"也予以确认。

　　通过本项目的训练掌握公司股权质押的法律依据、股权质押合同的拟订、质押流程及公示方式等内容。

■教学与训练任务一：股权质押的办理

一、股权质押的办理

　　基于股权质押而产生的质权属于物权，属于担保物权的一种。股权质押除要求必须采用书面形式之外，还必须符合公示原则的要求。我国物权立法对物权变动规制模式的选择更倾向于债权形式主义，即物权变动的发生，除了债权合同外，还必须具备登记或交付的公示。

　　股权质押需订立书面合同，并办理出质登记。《担保法》第78条规定，以依法可以转让的股票出质的，出质人与质权人应当订立书面合同，并向证券登记机构办理出质登记。质押合同自登记之日起生效。以有限责任公司的股份出质的，适用公司法股份转让的有关规定。质押合同自股份出质记载于股东名册之日起生效。《物权法》第226条则另外作出明确规定，以股权出质的，当事人应当订立书面合同。以证券登记结算机构登记的股权出质的，质权自证券登记结算机构办理出质登记时设立；以其他股权出质的，质权自工商行政管理机关办理出质登记时设立。

股权质押合同是要式合同。《担保法》第64条第1款规定，"出质人与质权人应当以书面形式订立质押合同。"第78条第1款规定，"以依法可以转让的股票出质的，出质人与质权人应当订立书面合同。"可见，在我国，股权质押只能以书面合同的形式方可设立。

股权质押合同是要物合同。质权的成立，不仅需要当事人订立书面合同，而且应以交付标的物为必备条件。但由于目前我国的股票已经实现无纸化，股票的储存及转让都是通过电脑控制运行的，因而《担保法》未规定以股票交付质权人占有为必备要件，而是规定以股票质押登记为股票质押成立的必备要件，以此代替股票的转移占有。

二、股权质权办理后的法律效力

股权质权的效力是指质权人就质押股权在担保债权范围内优先受偿的效力，以及质权对质押股权上存在的其他权利的约束力。

拟订股权质押合同时，应特别关注以下股权质押效力问题：

1. 股权质押对所担保债权范围的效力。我国《担保法》第67条规定，"质押担保的范围包括主债权及利息、违约金、损害赔偿金、质物保管费用和实现质权的费用。"法律对质押担保范围的规定，属于任意性规范，当事人在约定时，可予以增删。当事人在合同中对担保范围所作的约定与法律规定不一致时，应从其约定。

2. 股权质权对出质股权的效力。权利质权的效力范围适用动产质权的一般规定。股权质权对出质股权的效力范围，适用动产质押对出质物的效力范围。质权人的质权效力不仅及于出质的股权，当然也及于出质股权所生之利益。出质股权所生之利益主要指股息、红利等公司的盈余分配。

3. 股权质权对质权人的效力。股权质权对质权人的效力，是指股权质押合同对质权人所生之权利和义务。股权质权人所享有的权利，一般应包括以下几种：一是优先受偿权。质权人可就出质股权的价值优先受偿。这是质权人最重要的权利。根据我国《担保法》第68条第2款规定，质物之孳息，应先充抵收取孳息的费用，而后才能用于清偿质权人之债权。二是物上代位权。因出质股权灭失或其他原因而得有赔偿金或代替物时，质权及于该赔偿金或代替物。我国《担保法》第73条规定，质物灭失所得的赔偿金，应当作为出质财产。三是质权保全权。质权保全权，又被称为预行拍卖质物权。是指因质物有败坏之虞，或其价值有明显减少的可能，足以害及质权人的权利时，质权人得预行处分质物，以所得价金提前清偿所担保的债权或代充质物。对股权质权，因股权价值的不稳定性，使股权价值易受市场行情和公司经营状况的影响而发生较大变化，尤其对股票，此倾向更甚。所以股权质权人所享有的质权保全权，对确保其债权的安全极为重要。

4. 股权质权对出质人之效力。出质人以其拥有的股权出质后，该股权作为债权之担保物，在其上设有担保物权，出质人的某些权利因此受到限制，但出质人仍然是股权的拥有者，其股东地位并未发生变化，故而出质人就出质股权仍享有以下权利：一是出质股权的表决权，对于此项权利，虽然我国《担保法》和《公司法》对此均未作出规定，但依照《担保法》，股权质押并不以转移占有为必需，而是以质押登记为生效要件和对抗要件。质押登记只是将股权出质的事实加以记载，其目的是限制出质股权的转让和以此登记对抗第三人，而不是对股东名册加以变更。在股东名册上，股东仍是出质人。据此，可以推断，出质股权的表决权，应由出质人直接行使。二是新股优先认购权。在股权的诸多权能中，包含新股优先认购权，该权能属于股权中的财产性权利，是股东基于其地位而享有的一个优先权，非股东不能享有。所以在股权质押期间，该权能仍属于出质人享有。三是余额返还请求权。股权质权实现后，处分出质权的价值在清偿债权后尚有剩余的，出质人对质权人有请求返还权。出质人的义务主要为，在股权质押期间，非取得质权人的同意，不得转让出质股权。

【实训背景】

2009 年 6 月 4 日，某典当行与一企业签订《股权质押借款协议书》一份及当票两份。《股权质押借款协议书》约定，该企业将其全部股权质押给典当行，质押金额为人民币 500 万元；典当行提供借款 200 万元，借款月利率 0.5%，月综合费率 2.4%，借款期限为 2009 年 6 月 8 日至 2009 年 12 月 8 日，首次借款期限为 3 个月，借款期满后 5 日内，经双方协商同意可以续期；企业若逾期还款，除应向典当行归还本金外，还应交付逾期利息、综合费用、违约金（每天按借款金额的 0.073% 计算）。借款期限等相关事项在双方签署的当票上也予以了确认。2009 年 12 月 25 日，该企业向典当行归还了 12 万元。因企业未归还其余当金 194 万元，典当行诉至法院。

【实训内容】

以上述内容为准，撰写一份股权质押合同。

【参考样本】

股权质押合同

甲方：＿＿＿＿＿＿＿＿

乙方：＿＿＿＿＿＿＿＿

鉴于乙方依法拥有在＿＿＿＿＿＿＿公司中的＿＿＿＿％股权，为保证还款，乙方拟将上述股权质押于甲方，甲方同意乙方上述质押。因此，双方兹达成如下股权质押协议：

第 1 条　有关各方

1. 甲方＿＿＿＿＿＿＿是依法成立并有效存续的公司。

2. 乙方＿＿＿＿＿＿＿是依法成立并有效存续的公司，持有＿＿＿＿＿＿公司（以下简称"标的公司"）＿＿＿＿＿＿股份，占标的公司总股份的＿＿＿＿％。

3. 标的公司是依法经批准在工商行政管理局登记，公司注册资本＿＿＿＿＿元，总股份＿＿＿＿＿股。

第 2 条　质押内容

乙方拟将其在标的公司中持有的股份质押于甲方，作为对甲方欠款＿＿＿＿＿元的还款保证。

第 3 条　质押登记

甲乙双方同意在本协议签署后向标的公司登记机关办理股权质押登记。

第 4 条　乙方的陈述、保证与约定

乙方兹向甲方作如下陈述、保证与约定：

1. 乙方系根据中国法律适当成立和有效存续的企业法人。

2. 乙方是标的公司＿＿＿＿＿％股权的合法所有权人，并有权将其拥有的上述股权依据本协议质押或转让给甲方。

3. 乙方未在本协议项下拟质押的股权上设立任何质押或其他担保。

4. 乙方已采取一切必要的法人内部行动，以批准本协议下的股权质押事宜，授权签署本协议。

5. 乙方保证于＿＿＿＿＿年＿＿＿＿月＿＿＿＿日前还清对甲方欠款，如到期未还清，则依法将质押股权转让于甲方。股权转让协议另行签订。乙方负责促使标的公司采取一切必要的行动及履行一切必需的程序，以确保甲方获得本协议项下转让的股权，并成为标的公司的股东之一。

第 5 条　甲方的陈述、保证与约定

甲方兹向乙方作如下陈述、保证与约定：

1. 甲方系根据中国法律适当成立并有效存续的企业法人；

2. 甲方已采取一切必要的公司内部行动，以批准和授权签署本协议。

第 6 条　违约及赔偿

任何一方违反本协议的任一条款或不及时、充分地承担本协议项下其应承担的义务即构成违约行为，守约方有权以书面通知要求违约方纠正该等违约行为并采取充分、有效、及时的措施消除违约后果，违约方应赔偿守约方因违约方之违约行为而招致的损失。

第 7 条　争议解决

1. 双方同意本协议项下的任何争议，应尽力通过友好协商解决。

2. 一方就争议书面通知另一方后 30 天内双方仍不能满意地解决争议时，则任何一方有权将争议提交有管辖权的法院裁判。

第 8 条　本协议的修改

本协议的修改应以书面形式进行，并经双方盖章及授权代表签字方能生效。

第 9 条　协议生效条件

本协议自甲乙双方盖章和授权代表签字，并完成本协议第 3 条所述登记手续之日起生效。

第 10 条　协议签订的时间、地点

本协议于_____年_____月_____日签订于北京。

第 11 条　其他

本协议一式三份。甲乙双方各执一份，办理质押登记一份。

甲方（盖章）：_____　　　　乙方（盖章）：_____

代表（签字）：_____　　　　代表（签字）：_____

_____年_____月_____日　　　　_____年_____月_____日

■教学与训练任务二：股权质押登记的公示及办理

一、股权质押登记的公示方式

我国《担保法》对股权质权成立的规定，采用要式主义，即以公示作为质押成立的必备形式要件。关于公示的形式，无论是以股份出质还是以出资额出质，均采取登记的方式，只是登记的机关不同。根据《物权法》第 226 条规定，以基金份额、股权出质的，当事人应当订立书面合同。以基金份额、证券登记结算机构登记的股权出质的，质权自证券登记结算机构办理出质登记时设立；以其他股权出质的，质权自工商行政管理部门办理出质登记时设立。登记内容应参照《公司法》或工商行政管理部门的有关规定。无论是向证券登记结算机构办理登记，还是向工商行政管理部门办理出质登记，至少应具备质权人的姓名或名称、住所、出质的出资额或股份数（股票数或股票的编号）以及出质期限等。登记时还应当向登记部门提交质押合同。

对外商投资企业投资者设立股权质押，按照《外商投资企业投资者股权变更的若干规定》，质押合同除满足《担保法》的有关规定外，尚须经审批机关批准，并向原登记机关办理备案。未按规定办理审批和备案的，质押不能成立。可见，以外商投资企业投资者的股权设立的质权，因其标的物的特殊性，其设立不仅需当事人合意，尚得受行政机关的监管。审批机关的批准及在登记机关的备案，是质押成立和对抗第三人的必备条件。

二、股权质押公示操作流程

（一）有限责任公司股权质押公示的操作流程

根据《担保法》第78条的规定，有限责任公司的股东以有限责任公司的股权出质的，首先要适用公司法股份转让的有关规定，如向本公司股东以外的人设定质权，依照《公司法》第72条的规定办理。如果章程没有其他规定，股权出质的应当经过其他股东过半数同意；有限责任公司的股东以其股份出质的，应向质权人交付股东出资证明书，并将股份出质记载于公司股东名册。

根据《物权法》第226条的规定，以有限责任公司的股权出质的，质权自工商行政管理部门办理出质登记时设立。因此，还应当向工商登记管理机关办理登记手续。负责办理工商登记的机关是负责出质股权所在公司登记的工商行政管理机关。

（二）股份有限公司股权质押公示的操作流程

没有上市的股份有限公司的股权之转让不需经过证券登记结算机构登记，因而其质押公示时，公示方式与有限责任公司股权质押的公示方式相同，需要到工商行政管理机关办理登记手续。

上市公司的股份出质的，首先要适用《公司法》有关股份转让的规定，同时应当按照《物权法》等相关法律的规定，应当向证券登记结算机构办理出质登记，质权自证券登记结算机构办理出质登记时设立。

关于国有股出质，从质押的程序来说，国有股东授权代表单位以国有股进行质押，必须事先进行充分的可行性论证，明确资金用途，制订还款计划，并经董事会（不设董事会的由总经理办公会）审议决定。质押协议签订后，国有股东授权代表单位应按照财务隶属关系报省级以上主管财政机关备案，再根据省级以上主管财政机关出具的《上市公司国有股质押备案表》，按照规定到证券登记结算公司办理国有股质押登记手续。从质押的目的来说，国有股东授权代表单位持有的国有股只限于为本单位及其全资或控股子公司提供质押。

【实训背景】

王某系一家建材公司的发起人之一，其持有该公司 30% 的股份。2008 年 1 月，公司成立不满 1 年，但王某因个人债务问题急需资金周转，因而以其持有的公司 10% 的股份出质给何某，向何某借款 13 万元。双方在协议中约定"因公司成立不满 1 年，出质股份本不能转让和质押，但双方自愿合意，愿意对此承担任何法律后果"。约定借款到期后，王某未能偿还何某借款，何某遂提起诉讼，要求王某归还借款，并要求对王某出质的股份行使质权。王某辩称，其个人眼下经济状况不好，无力偿还借款；出质股份系公司成立 1 年之内设定质押的属无效行为。法院审理后认为，根据《公司法》及《担保法》的相关规定，王某与何某对出质股份的状况是明知的，虽都签署了出质担保协议，但该协议因出质物不符合法律规定，因而不受法律保护。但王某对借款合同构成违约，判令王某于判决生效 10 日内偿还何某 13 万元及利息。

【实训内容】

本案属于因股份质押而产生的纠纷。其争议的焦点在于出质人与质权人达成合意以公司发起人持有的公司股份进行质押，那么，是否双方订立了质押合同就代表着质权效力的发生？

【考评标准】

1. 在解决本案例的过程中，学生应对股权质押合同与公示的相关知识进行对比记忆。

2. 分组讨论本案例，掌握股权质押公示、程序和法律依据等知识。

■教学与训练任务三：股权质权的实现

股权质权的实现是指股权质权人于其债权已届清偿期而受清偿时，处分出质权而使其债权优先得到清偿。股权质权的实现是质权人所享有的优先受偿权的落实，是设立股权质权的最终归结。

一、实现股权质权的方式

实现股权质权，一般需具备如下两个要件：一是须质权有效存在；二是须债权清偿期满而未受清偿。所谓未受清偿，不仅指债权全部未受清偿，也包括债权未全部受清偿。

根据我国《担保法》第 71 条第 2 款之规定，股权质权实现的方式有三种方式，即折价、变卖、拍卖。

　　折价，是指按照市场价格或由具有债权债务关系的双方共同委托的估价机构对标的物的实际价值进行评估，以双方均认可的价格将标的物的所有权由一方当事人转让给另一方当事人，从而全部或部分地了结双方间的债权债务关系。

　　变卖，变价，又称被执行财产换价，是指执行机关将被执行人已被查封、扣押的财产强制出卖，以实现物状财产转换为金钱财产，并以所得价金清偿债权人债权的执行措施。

　　最高人民法院《关于人民法院执行工作若干问题的规定（试行）》（以下简称《执行规定》）第46条规定："人民法院对查封、扣押的被执行人财产进行变价时，应当委托拍卖机构进行拍卖。财产无法委托拍卖、不适用拍卖或当事人双方同意不需要拍卖的，人民法院可交由有关单位变卖或自行组织变卖。"

　　拍卖，也称竞买，是卖方把商品卖给出价最高者的一种买卖方式。

　　折价、变卖和拍卖，同属物权法中规定的变价方式。当债务人符合变价的法定要件时，债权人有权变价处理标的物。

　　二、实现股权质权应注意的问题

　　由于股权质权的物权属性，股权质权的实现有其不同于其他权利实现的自身特点。因此，在实现股权质权的过程中，应特别关注以下问题：

　　1. 以上市公司的股份出质的，必须在依法设立的证券交易场所进行转让。

　　2. 以有限责任公司股东的股权出质的，在折价、变卖、拍卖时，应通知公司，由公司通知其他股东，其他股东可在同等条件下行使优先购买权。应注意股东的优先购买权与质权人的优先受偿权的区别。股东的优先购买权是指有限责任公司股东的股权在发生转让时，在同等条件下，公司其他股东有优先于非股东购买该股权的权利。而质权人的优先受偿权是指质权人就股权的价值有优先受偿的权利。另外，股东在出质时未行使购买权，并不剥夺股东在质权实现时再行使购买权。因为股权出质，仅是在股权上设立担保物权，并不必然导致股权的转让。所以，对以股权为质押标的的，股权质权于实现时，其他股东仍可行使优先购买权。

　　3. 因股权质权的实现而使股权发生转让后，应进行股东名册的变更登记，否则该转让不发生对抗公司的效力。

　　4. 对以外商投资企业中方投资者的股权出质的，其股权质权实现时，必须经国有资产评估机构进行价值评估，并经国有资产管理部门确认。

　　5. 受出质权担保的债权期满前，公司破产的，质权人可对该出质股权分得的公司剩余财产以折价、变卖、拍卖的方式实现其质权。

　　【实训背景】

　　2009年6月4日，某典当行与一公司签订《股权质押借款协议书》1份及当票2份。《股权质押借款协议书》约定，该公司将其全部股权质押给典当行，质押金额为人民币500万元；典当行提供借款200万元，借款月利率0.5%，月综合费率2.4%，借款期限为2009年6月8日至2009年12月8日，首次借款期限为3个月，具体借款期限在双方签署的当票上确认，借款期限满后5日内，经双方协商同意可以续期；公司若逾期还款，除应向典当行归还本金外，还应交付逾期利息、综合费用、违约金（每天按借款金额的0.073%计算）。当票载明当物为该公司股权，典当金额共206万元；月综合费用55 620元，实付金额为2 004 380元；月费率2.7%，月利率0.5%；典当期限为2009年6月8日至2009年7月7日止。2009年11月25日，该公司向典当行归还了12万元。后因公司未归还其余当金194万元，典当行遂诉至法院。

该公司辩称，典当的股权未经工商部门进行质押登记，因此股权质押登记的法律效力并未产生，未办理登记的过错在于典当行。此外，基于其从典当行处借款，获得利益，公司表示应当返还本金194万元，但利息的计算应当按照同期贷款利率进行计算。

【实训内容】

如果你是该案的法官，你将如何判决此案，请说明理由及法律依据。

【考评标准】

1. 在解决本案例的过程中，学生应对股权质押程序和质押效力条件进行强化理解和记忆。

2. 分组讨论本案例，掌握股权质押公示、程序和法律依据等知识。

■训练项目六：股东身份确认及股权转让效力纠纷案例分析

【实训背景】

2008 年 5 月 25 日，张三、李东、许裴、许三庆、吴涛 5 人签订《中江锋神汽车出租有限公司第一次股东会会议纪要》，由上述 5 人共同出资成立中江锋神汽车出租有限公司，由张三出资 12.75 万元，占公司的 51%；李东出资 5 万元，占公司的 20%，许三庆出资 2.5 万元，占公司的 10%，许裴出资 2.5 万元，占公司的 10%，吴涛出资 2.25 万元，占公司的 9%，并由张三任公司的法定代表人，由李东任公司经理。

2008 年 6 月，中江锋神汽车出租有限公司经工商行政管理部门登记成立。2010 年 1 月，张三、许三庆、许裴、吴涛四人与李东签订《协议书》一份，协议约定张三等 4 人以人民币 180 000 元转让金将他们 4 人在中江锋神公司所占的股权全部转让给李东，中江锋神公司由李东个人经营。

根据工商材料记载，2010 年 3 月，李东与赵六签订《股东会议纪要》，由赵六出资 4.75 万元购买张三在中江锋神公司 19% 的股权；由赵六出资 7.25 万元购买许三庆、许裴、吴涛三人在中江锋神公司 29% 的股权，由李东出资 8 万元购买张三 32% 的股权，并由李东任公司的法定代表人。2010 年 3 月 26 日，李东出具收款收据给赵六，收据注明：今收到赵六交来购买公司股金人民币 12 万元。2010 年 3 月，中江锋神公司在工商行政管理部门办理了股权变更登记手续。2010 年 4 月 18 日，中江锋神公司与李建刚签订《合作经营中江锋神出租公司协议》一份，协议约定，由李建刚参股锋神公司，李东与李建刚各占公司股权 50%，2010 年 4 月 18 日，赵六申请退股，另出具退出股份意见，认为其不能履行出资义务，要求退股，并经公证，同时李东出具保证书，称保证办好手续。同日，李东出具收款收据给李建刚，收款注明：今收到李建刚交来公司股金人民币 12.5 万元。李东与李建刚签订协议，双方一起到市公证处办理公证手续，但没有到工商行政管理部门办理股权变更手续。2011 年 3 月 12 日，李东与李建刚签订《中江锋神汽车出租有限公司第七次股东会会议纪要》，纪要决定同意李东将其在公司的52%股权转让给李建刚，由李建刚任公司法定代表人，李东并雇请其老乡在《股权转让声明》及《会议纪要》代赵六签字，李东与李建刚双方并到工商行政管理部门办理股权变更登记手续。中江锋神公司自2011年3月起一直由李建刚个人经营。2012年3月，赵六向法院提起诉讼，要求处理。

一、本案的裁判要点：

一审法院审理认为：中江锋神汽车公司有限公司是由张三、李东、许裴、许三庆、吴涛5人出资设立，并经工商行政管理部门依法核准登记成立的企业法人。后张三、许裴、许三庆、吴涛4人将他们占有的股份转给李东个人所有。2010年3月，李东与赵六形式上签订股权转让声明书，用转让形式，取得股东的地位，但本案中，原告赵六实际上没有将资金投入中江锋神公司，原告提供的收款收据从编号、时间上与李东出具给李建刚的收款收据顺序倒置，原告与李东说法不一，其形式上是转让张三、许三庆、许裴、吴涛的股权，但事实上是张三等4人的股权转让给李东，原告提供的证据与事实不符，其真实意图在于符合公司法关于有限责任公司设立的规定，系有意规避法律，李东仍属中江锋神公司的股东。故，原告赵六提出其系中江锋神汽车出租有限责任公司的股东缺乏充分的依据，综上所述，原告赵六起诉主张确认被告之间股权转让行为无效等没有法律依据，本院依法不予支持。依照《中华人民共和国民法通则》第4条，最高人民法院关于《民事诉讼证据的若干规定》第2条的规定，判决：驳回原告赵六的诉讼请求，案件受理费11 060元，其他诉讼费1100元，合计12 160元，由原告赵六负担。

赵六不服一审法院判决上诉称：原审认定事实不清适用法律不当。①原审判决对李东与赵六形式上签订股权转让声明用转让形式，取得股东地位；赵六提出其系中江锋神汽车有限责任公司的股东缺乏充分的依据的认定有意歪曲案件事实，偏袒被上诉人的李东与李建刚之间转让行为应为无效的。理由：上诉人通过受让股权成为锋神公司48%股权的股东，并已支付12万元购买股金在市工商局办理变更登记手续，是依法取得锋神公司股东地位的。李东将属于自己的股权转让给李建刚没有经过上诉人赵六同意，其转让行为不符合《公司法》、《合伙企业法》的有关规定，应认定转让行为无效。②一审法院适用法律不当，判决错误。理由：原审判决适用《民法通则》不符合本案的案情，应适用《公司法》和《合伙企业法》的有关规定，才符合本案的事实。请求二审法院撤销一审判决，支持上诉人的上诉请求。

李建刚在庭审时辩称：上诉人出资12万元支付有关的款项是不正确，理由：上诉人赵六没有参加会议，不是他所签的字，他自己也承认李东转让股权给李建刚是合法有效的合同，因此，上诉人的上诉理由不成立。

　　二审法院查明的事实与一审法院所查明的事实基本一致，另查明：赵六在二审的调查笔录中承认其在工商变更登记及股东会议上均没有一个名字是其本人的签字，是李东让其公司人员在《股权转让声明》、《会议纪要》及工商变更登记代赵六签字，即赵六在所有的工商材料上没有一个名字是其亲自签的。2010 年公司变更登记申请书中的股东一栏的名字为李东、赵六，2011 年公司变更登记申请书中由原股东李东、赵六变更为李建刚、赵六，2011 年公司年检报告书法人名称一栏为：李建刚。中江锋神公司自 2011 年 3 月起一直由李建刚经营，2012 年 3 月，赵六向区法院提起诉讼。二审法院判决驳回上诉，维持原判。

　　二、本案分歧意见：

　　本案的争议和处理涉及《公司法》及审判实践中股东资格及股东效力的问题等相关问题。

　　（一）关于赵六是否是中江锋神公司的股东的问题

　　第一种意见认为，依照《公司法》的相关规定，公司股东应以工商登记的为准。因为公司的股东，既有有名股东，也有隐名股东，而且可以出资。在工商登记中，既然已有赵六的名字，其自然就成为股东，不一定需出资。

　　第二种意见认为，中江锋神公司自 2010 年 1 月，由张三、许三庆、许裴、吴涛与李东签订协议，将张三等 4 人股份以 18 万元转让给李东，中江锋神公司由李东个人经营，后李东与赵六所签的协议，名义是赵六投资参股，但实际出资者是李东，并且李东是真正的中江锋神公司的股东，中江锋神公司的股东只有李东一个人，对赵六在工商部门的登记是李东让其他人代其签名，赵六自己也承认其没有在工商登记上签过字，也没有在任何一份涉及其的材料上签过字，可以认为是李东为了规避《公司法》的有关规定，即有限责任公司的股东人数在 2～50 人的法定要求，才以赵六作为公司的名义股东，并且李东出具给赵六收款收据从编号、时间上与李东出具给李建刚收款收据顺序倒置，赵六与李东对出资款说法不一。同时，在工商材料中，也有赵六与李东签订的股权转让声明、赵六申请退股报告、经公证过的退出股份意见、李东出具的保证办好手续的保证书，说明赵六已退出股份。赵六以工商部门登记其在中江锋神公司拥有 48% 股权与事实不符，赵六主张其是中江锋神公司股东并实际出资依据不够充分，应不予支持。

　　（二）关于 2010 年 4 月 18 日、2011 年 3 月 12 日两份李东与李建刚之间股权转让协议是否有效的问题

　　第一种意见认为，既然赵六作为股东之一，李东未经其同意，就转让股份给李建刚，违反了公司法的相关规定，转让无效。

　　第二种意见认为，2010 年 4 月 18 日，李东与李建刚的《合作经营中江锋神

出租公司的协议》和 2011 年 3 月 12 日《中江锋神汽车出租有限公司第七次董事会议纪要》是有效的，理由是：李东将中江锋神公司作为由其个人出资的有限公司，赵六只是一个挂名股东或者名义股东，因此李东出具了赵六退股的申请给李建刚，李建刚基于对李东的信任，双方到市公证处办理了《公证书》，并且李东也出具了《保证书》，保证书约定在 4 月 30 日前办好一切补充协议书，并由李东负责由此产生的相关法律责任。李建刚是善意取得股权的，善意取得的股权使得李东与李建刚在 2010 年 4 月 18 日的协议基础上，召开 2011 年 3 月 12 日第七次董事会会议，这次董事会会议赵六没有参加，李东将其在中江锋神公司的 52% 的股权转移给李建刚，按《公司法》第 72 条的规定，即在全体股东过半数同意下转让股权，才是有效的，如不经全体股东过半数的同意转让股权，在司法实践一般都认定为无效。虽然未经赵六同意，但赵六只是一个挂名股东，且一直由李东进行操作，其并没有参与过其中任何一个过程，实质上，在李建刚受让前，李东是公司的唯一股东。

李东将其股份转让给李建刚应为有效的，李东有权利处理自己的股份，其转让是有效的，既然李东与李建刚之间的股权转移是有效合同，李建刚就取得对中江锋神公司的所有权，并且李东与李建刚在工商部门变更了股东名册登记，李建刚成为中江锋神公司新的股东，上诉人赵六请求确认李东与李建刚之间股权转让协议无效，应予以驳回。

（三）关于赵六是否应当拥有锋神公司 40 万元利润中 48% 的股权的利润问题

第一种意见认为，赵六作为经工商登记的合法股东，虽不参与经营，但不能否认其股东身份，李东与李建刚的股份转让无效，赵六对公司享有股份，对股份的利润有收益权。

第二种意见认为，赵六不是中江锋神公司的合法的股东，因此其请求其拥有中江锋神公司 40 万元利润中 48% 的股权的利润是没有理由的，因此对上诉人这项请求依法予以驳回。

【实训内容】

你认为上述三个问题的分歧意见中，你感觉哪种意见合理？请说出你的理由。

【考评标准】

1. 结合本部分的前五个项目的内容，对相关知识进行深入理解。

2. 就本案例可以分组进行讨论，也可以查阅相关资料归纳出答案。

综合训练项目三： 公司内部组织实务

■ 学习目标

公司的组织机构制度是公司法律制度的主要内容之一，公司内部组织实务是公司法务实践的重要内容。依照我国公司法的规定，通常有限责任公司组织机构包括股东会、董事会和监事会；股份有限公司的组织机构包括股东大会、董事会、监事会。本综合训练项目旨在训练学生熟悉并能够运用公司法关于组织机构的法律规定，分析和解决公司内部组织法律实务中的常见问题。要求学生通过团队协作、角色扮演、模拟会议、案例讨论等方式，熟悉公司法对股东（大）会、董事会和监事会组织机构的强制性规定，熟悉股东（大）会会议、董事会会议和监事会会议的程序性规定和议事规则，能够完成会议前会议准备、会议中依法有序安排会议进程、会议后制作相关文件等任务，能够站在公司法务工作岗位，规范公司的组织和会议行为，维护公司和股东的合法权益。

■训练项目一：公司股东会、股东大会会议实务

股东会、股东大会是公司的主要组织机构之一，股东会、股东大会会议是股东行使权利的重要场合，对保护股东利益和维护公司正常运行具有重要意义。

■教学与训练任务一：股东会、股东大会会议召开前的准备工作

召开股东会、股东大会之前，认识了解股东会、股东大会职权及其能处理的事项，认识股东会或股东大会会议类型、了解会议是否需要依照一定的程序进行，如何进行会前的召集和通知工作，是公司法务技能必须具备的常识性知识。

一、认识股东会、股东大会及其职权范围

（一）股东会、股东大会

1. 股东会。根据《公司法》第37条的规定，有限责任公司股东会由全体股东组成。股东会是公司的权力机构，依照本法行使职权。

2. 股东大会。根据《公司法》第99条的规定，股份有限公司股东大会由全体股东组成。股东大会是公司的权力机构，依照本法行使职权。

股东会是有限责任公司的权力机构；股东大会是股份有限公司的权力机构。

（二）股东会与股东大会的职权

《公司法》第38条第1款规定，股东会行使下列职权：

1. 决定公司的经营方针和投资计划；

2. 选举和更换非由职工代表担任的董事、监事，决定有关董事、监事的报酬事项；

3. 审议批准董事会的报告；

4. 审议批准监事会或者监事的报告；

5. 审议批准公司的年度财务预算方案、决算方案；

6. 审议批准公司的利润分配方案和弥补亏损方案；

7. 对公司增加或者减少注册资本作出决议；

8. 对发行公司债券作出决议；

9. 对公司合并、分立、解散、清算或者变更公司形式作出决议；

10. 修改公司章程；

11. 公司章程规定的其他职权。

《公司法》第100条规定，关于有限责任公司股东会职权的规定，适用于股份有限公司股东大会。

二、认识把握股东会、股东大会会议的类型及其召开条件

（一）会议类型

依据《公司法》的规定，有限责任公司股东会和股份有限公司的股东大会都可以分为定期会议和临时会议。

1. 定期会议，是指依据法律和公司章程的规定在一定时间内必须召开的股东会议。定期会议是指股东年度会议，主要决定股东会职权范围内的例行事项。

2. 临时会议，也称特别会议，是指在定期会议闭会期间必要的时候，根据法定人员、机构的提议而召开的股东会议。

（二）股东会召开的条件

1. 定期会议的召开。会议时间由公司章程规定。定期会议应当依照公司章程的规定按时召开。在我国，一般来讲，有限责任公司股东会年会于每个会计年度结束之后即可以召开。

2. 临时会议的召开。根据《公司法》第40条第2款的规定，代表1/10以上表决权的股东、1/3以上的董事、监事会或者不设监事会的公司的监事提议召开临时会议的，应当召开临时会议。

有限责任公司的股东会的活动方式，较为灵活，并非事事均需要召开股东会。《公司法》第38条第2款规定，"对前款所列事项股东以书面形式一致表示同意的，可以不召开股东会会议，直接作出决定，并由全体股东在决定文件上签名、盖章。"

（三）股东大会召开的条件

1. 股东年会的召开。依照我国公司法规定，每年召开1次，具体召开时间由公司章程进行规定。股东大会年会一般于每个会计年度结束之后就可以召开；其中，上市公司的股东大会年度会议一般于会计年度终了后6个月内召开。

2. 临时会议的召开。根据《公司法》第101条规定，有下列情形之一的，应当在两个月内召开临时股东大会：

（1）董事人数不足本法规定人数或者公司章程所定人数的2/3时；

（2）公司未弥补的亏损达实收股本总额 1/3 时；

（3）单独或者合计持有公司 10% 以上股份的股东请求时；

（4）董事会认为必要时；

（5）监事会提议召开时；

（6）公司章程规定的其他情形。

三、股东会、股东大会会议的召集和通知

（一）股东会会议的召集和通知

1. 会议召集。根据《公司法》第 40 条的规定，股东会会议分为定期会议和临时会议。

有限责任公司在举行股东会时，设立董事会的公司，股东会会议由董事会召集。董事会或者执行董事不能履行或者不履行召集股东会会议职责的，由监事会或者不设监事会的公司的监事召集和主持；监事会或者监事不召集和主持的，代表 1/10 以上表决权的股东可以自行召集和主持。

有限责任公司不设董事会的，股东会会议由执行董事召集和主持。

2. 会议通知。召开股东会会议，应当于会议召开 15 日前通知全体股东；但是，公司章程另有规定或者全体股东另有约定的除外。

（二）股东大会会议的召集和通知

1. 会议召集。根据《公司法》第 102 条规定，股东大会会议由董事会召集。董事会不能履行或者不履行召集股东大会会议职责的，监事会应当及时召集；监事会不召集的，连续 90 日以上单独或者合计持有公司 10% 以上股份的股东可以自行召集。

2. 会议通知

召开股东大会会议，应当将会议召开的时间、地点和审议的事项于会议召开 20 日前通知各股东；临时股东大会应当于会议召开 15 日前通知各股东；发行无记名股票的，应当于会议召开 30 日前公告会议召开的时间、地点和审议事项。

四、请草拟一份临时股东大会会议通知

【实训背景】

腾飞电子科技股份有限公司于 2007 年 3 月成立，随着经营规模扩大，资金严重不足。由于贷款困难，且急需大量现金，2011 年 5 月 4 日，公司经理向董事长建议由股东增资以解决资金短缺。董事长当即安排董事会秘书向各股东发出加盖公司印章的会议通知。通知 5 月 20 日召开临时股东大会。

【实训内容】

请以实训材料提供的背景信息为主，根据相关法律规定，为此次临时股东

大会制作一份会议决议。

【参考样本】

股东大会会议通知

_____股东：

根据公司章程规定/股东提议/董事提议/监事提议，公司定于_____年_____月_____日_____时召开临时股东会议，审议下列事项：

1.

2.

3.

会议地址：_____

届时请务必出席。

_____有限公司（签章）

董事长（签字）：

年　　月　　日

■教学与训练任务二：股东会、股东大会会议召开进程中的法律实务

股东会、股东大会会议的进行是会议机构行使权力的重要形式，在会议进行中，公司法对会议的主持、表决、决议的形成作了规定。在实务中，从公司法的角度看，与会组织管理人员应当具备上述知识以及制作起草包含上述股东会决议的技能。

一、股东会、股东大会会议主持人的确定

（一）股东会会议决议的主持

有限责任公司在举行股东会时，一般按照谁召集谁主持的原则，确定公司股东会会议的主持人。

1. 有限责任公司设立董事会的公司，股东会会议由董事会召集，董事长主

持；董事长不能履行职务或者不履行职务的，由副董事长主持；副董事长不能履行职务或者不履行职务的，由半数以上董事共同推举 1 名董事主持。

2. 有限责任公司不设董事会的，股东会会议由执行董事召集和主持。

3. 董事会或者执行董事不能履行或者不履行召集股东会会议职责的，由监事会或者不设监事会的公司的监事召集和主持；监事会或者监事不召集和主持的，代表 1/10 以上表决权的股东可以自行召集和主持。

（二）股东大会会议决议的主持

股份有限公司股东大会的会议主持也是秉承了谁召集谁主持的原则确定主持人。

根据《公司法》第 102 条的规定，股东大会会议由董事会召集，董事长主持；董事长不能履行职务或者不履行职务的，由副董事长主持；副董事长不能履行职务或者不履行职务的，由半数以上董事共同推举 1 名董事主持。

董事会不能履行或者不履行召集股东大会会议职责的，监事会应当及时召集和主持。

监事会不召集和主持的，连续 90 日以上单独或者合计持有公司 10% 以上股份的股东可以自行召集和主持。

二、股东会、股东大会中的股东表决权行使原则及方式

（一）股东会中的股东表决权行使原则及方式

根据《公司法》第 43 条的规定，股东会会议由股东按照出资比例行使表决权；但是，公司章程另有规定的除外。即除公司章程另有规定外，股东权利的行使只能与出资比例的大小相适应。

股东进行表决可采取出席表决、代理表决、书面表决、口头表决等方式。

（二）股东大会的表决原则和方式

根据《公司法》第 104 条的规定，股东出席股东大会会议，所持每一股份有一表决权。这规定了一股一权原则。作为"一股一权"原则的例外，《公司法》第 104 条同时规定，公司持有的本公司股份没有表决权。

股东大会的表决方式与有限责任公司股东会的表决方式基本相同，只是特别规定了累积投票制，即指"股东大会选举董事或者监事时，每一股份拥有与应选董事或者监事人数相同的表决权，股东拥有的表决权可以集中使用"。

三、不同类型股东会、股东大会决议的表决

（一）股东会会议决议的法律规定

股东会的决议均采用多数决原则，即有限责任公司股东会决议必须由持有公司股东表决权多数的股东通过方为有效。但是，对于不同的决议事项，公司法规定了"多数"的不同标准。据此，我们可将股东会的决议分为普通决议和特别决议。

1. 普通决议。普通决议是股东会对其职权范围内一般事项的表决决议，即对特别决议事项之外的属于股东会职权范围内的事项之表决由公司章程规定，适用简单多数原则。一般可采用经代表 1/2 以上表决权的股东同意。

2. 特别决议。根据《公司法》第 44 条的规定，公司对法定事项的决议必须经代表 2/3 以上表决权的股东通过，决议方能有效。需要经过特别决议的法定事项包括修改公司章程、增加或者减少注册资本的决议，以及公司合并、分立、解散或者变更公司形式。

（二）股东大会会议决议的法律规定

1. 普通决议。对于公司股东会普通决议，必须经出席会议的股东所持表决权过半数通过。

2. 特别决议。根据《公司法》第 104 的规定，公司对法定事项的决议必须经出席会议的股东所持表决权的 2/3 以上通过，决议方能有效。法定事项也包括修改公司章程、增加或减少注册资本、公司的分立、合并、解散或者变更公司形式。

应注意，上市公司股东大会特别决议的范围，除了上述范围之外，公司法还有专门的规定，遇到以下情况也须公司股东大会特别决议通过：在 1 年内，购买、出售重大资产或担保金额超过公司资产总额 30% 的。

四、请制作一份临时股东大会会议决议

【实训背景】

某市侨兴医药股份有限公司因经营管理不善造成亏损，公司未弥补的亏损达股本的 1/2，公司董事长李某决定在 2010 年 4 月 6 日召开临时股东大会，讨论如何解决公司面临的困境。董事长李某在 2010 年 3 月 15 日发出召开 2010 年临时股东大会会议的通知，其内容如下：为讨论解决本公司面临的亏损问题。

股东大会如期召开，出席会议的有 9 名股东。经大家讨论，认为目前公司效益太差，无扭亏希望，于是表决解散公司。表决结果，8 名股东占出席大会股东表决权的 4/5，同意解散公司。

【实训内容】

请以实训材料提供的背景信息为主，根据相关法律规定，为此次临时股东大会制作一份会议决议。

【参考样本】

股东大会决议

时间：

地点：

主持人：

记录人：

应到会股东人数：

实际到会股东人数：

股权额：

会议以何种方式（电话或书面）通知股东到会参加会议：

会议决议内容：

到会股东签字：

年　　月　　日

■教学与训练任务三：不服股东会、股东大会 会议决议的诉讼

一、了解掌握股东会、股东大会决议无效或撤销的法定情形

（一）股东会、股东大会决议的无效

《公司法》第22条第1、3款规定："公司股东会或者股东大会、董事会的决议内容违反法律、行政法规的无效。……股东依照前款规定提起诉讼的，人民法院可以应公司的请求，要求股东提供相应担保。"

（二）股东会、股东大会决议的撤销

《公司法》第22条第2、3款规定："股东会或者股东大会、董事会的会议召集程序、表决方式违反法律、行政法规或者公司章程，或者决议内容违反公司章程的，股东可以自决议作出之日起60日内，请求人民法院撤销……股东依照前款规定提起诉讼的，人民法院可以应公司的请求，要求股东提供相应担保。"

二、模拟实训

【实训背景】

某市中新通讯股份有限公司因经营管理不善造成亏损，董事会认为应当召开临时股东大会，讨论如何解决公司面临的困境。董事长孙某在2012年3月1

日发出召开 2012 年临时股东大会会议的通知，其内容如下：2012 年 3 月 6 日召开临时股东大会，凡持有股份 10 万股（含 10 万股）以上的股东直接参加股东大会会议，小股东不必参加股东大会。

股东大会如期召开，会议议程为两项：

（1）与华明通讯股份有限公司合并；

（2）改选两名公司监事。

出席会议的有 48 名股东。经大家讨论，认为目前公司效益太差，于是表决与华明通讯股份有限公司合并。表决结果，40 名股东，占出席大会股东表决权的 4/5，同意与华明通讯股份有限公司合并。会后某小股东丁某认为公司的上述行为侵犯了其合法权益，向人民法院提起诉讼。

【实训内容】

请以实训材料提供的背景信息为主，根据相关法律规定，针对此次临时股东大会的会议决议起草一份撤销该决议的起诉状（对必要的欠缺信息可自行补充）。

【参考样本】

民事起诉状

原告：姓名，性别，工作单位，家庭住址，联系方式

被告：公司名称，地址

法定代表人姓名，职务，联系电话

诉讼请求：

事实和理由：

　　此致

××人民法院

原告（签字）：

年　月　日

三、模拟召开临时股东大会

【实训背景】

某房地产股份有限公司注册资本为人民币 2 亿元。后来由于房地产市场不景气，公司于 2008 年底出现了无法弥补的经营亏损，亏损总额为人民币 7000 万

元。某股东据此请求召开临时股东大会。公司决定于 2009 年 4 月 10 日召开临时股东大会，并于 3 月 1 日在报纸上刊登了面向所有的股东的会议通知。通知确定的会议议程包括以下事项：

(1) 更换董事甲和职工代表监事乙；

(2) 审议批准公司的弥补亏损方案；

(3) 就公司减少注册资本作出决议；

(4) 就发行公司债券作出决议；

(5) 就公司与另一房地产公司合并作出决议。

在股东大会上，上述各事项均经出席大会的股东所持表决权的过半数通过。

【实训任务】

1. 请以实训材料提供的背景信息为主，根据相关法律规定，为此次临时股东大会制作一份会议决议。

2. 请以实训材料提供的背景信息为主，根据相关法律规定，针对此次临时股东大会的会议决议起草一份撤销该决议的起诉状。

【考评标准】

1. 考查学生对股东大会决议文书制作所涉及的法律事项及写作技能是否掌握及其熟练程度。

2. 考查学生对股东大会决议效力涉及的法律规定是否理解、案例分析综合能力和起诉状写作技能是否掌握和熟练。

（说明：在完成本次综合考评任务中，学生可对必要的欠缺信息自行补充。）

■训练项目二：公司董事会会议实务

董事会是公司治理的核心，加强董事会建设是国内外完善公司治理的普遍做法。董事会是公司的主要组织机构之一，董事会会议对保护股东利益和维护公司正常运行具有重要意义。

■教学与训练任务一：董事会会议召开前的准备工作

召开董事会会议之前，了解董事会职权，熟悉董事会会议类型、会议程序、会前的召集和通知等，是公司法务必须具备的技能。

一、认识董事会及其职权范围

（一）董事会

1. 有限责任公司董事会。董事会是有限责任公司股东会的执行机关、公司业务的经营决策机关，享有业务执行权和日常经营决策权。董事会是一般有限责任公司的必设机关和常设机关，但股东人数较少或公司规模较小的有限责任公司可以不设董事会。实践中，公司是否设立董事会，公司有较大的意思自治的空间，由股东协商决定，并记载于公司章程中。

根据《公司法》第45条的规定，有限责任公司设董事会的，其成员为3人至13人。董事会设董事长1人，可以设副董事长。董事长、副董事长的产生办法由公司章程规定。但根据《公司法》第51条的规定，股东人数较少或者规模较小的有限责任公司，可以设1名执行董事，不设董事会。执行董事的职权由公司章程规定。

2. 股份有限公司董事会。董事会是股份有限公司必设的股东大会的执行机构和经营决策机关，对股东大会负责。董事会作为股份有限公司法定、必备且常设的集体行使公司经营决策权的机构，采取会议体制。作为集体决策机构，董事会由全体董事组成。

根据《公司法》第109条的规定，股份有限公司设董事会，其成员为5人至 19 人。董事会成员中可以有公司职工代表。董事会中的职工代表由公司职工通过职工代表大会、职工大会或者其他形式民主选举产生。《公司法》第 110 条规定，股份有限公司董事会设董事长 1 人，可以设副董事长。董事长和副董事长由董事会以全体董事的过半数选举产生。董事长召集和主持董事会会议，检查董事会决议的实施情况。副董事长协助董事长工作。

（二）董事会的职权

1. 有限责任公司董事会的职权。根据《公司法》第 47 条的规定，董事会对股东会负责，行使下列职权：

（1）召集股东会会议，并向股东会报告工作；

（2）执行股东会的决议；

（3）决定公司的经营计划和投资方案；

（4）制订公司的年度财务预算方案、决算方案；

（5）制订公司的利润分配方案和弥补亏损方案；

（6）制订公司增加或者减少注册资本以及发行公司债券的方案；

（7）制订公司合并、分立、解散或者变更公司形式的方案；

（8）决定公司内部管理机构的设置；

（9）决定聘任或者解聘公司经理及其报酬事项，并根据经理的提名决定聘任或者解聘公司副经理、财务负责人及其报酬事项；

（10）制定公司的基本管理制度；

（11）公司章程规定的其他职权。

2. 股份有限公司董事会的职权。《公司法》第 47 条关于有限责任公司董事会职权的规定，适用于股份有限公司董事会。

3. 实务操作中需要注意的事项。

（1）有限责任公司董事会与股份有限公司董事会在董事会成员人数、董事长、副董事长的产生办法等方面是有区别的。

（2）公司法对有限责任公司组织机构的设置作了多元制的规定。实践中多是股东为 2 人以上的普通型有限责任公司，法律对有限责任公司的组织机构是以普通型有限责任公司为规范对象的。其他类型公司如国有独资公司、一人有限责任公司的组织机构设置也适用这些规范，但法律有特别规定的，从其规定。

二、了解董事会会议的会议类型及其召开条件

（一）会议类型

1. 定期会议。定期会议是指依据法律和公司章程的规定在一定时间内必须召开的董事会会议。定期会议主要决定董事会职权范围内的例行事项。

2. 临时会议。临时会议也称特别会议，是指在定期会议闭会期间必要的时候，根据法定人员、机构的提议而召开的董事会会议。

（二）董事会会议召开的条件

1. 定期会议的召开。会议时间由公司章程规定。定期会议应当依照公司章程的规定按时召开。在我国，根据《公司法》第 111 条的规定，董事会每年度至少召开两次会议。

2. 临时会议的召开。代表 1/10 以上表决权的股东、1/3 以上董事或者监事会，可以提议召开董事会临时会议。董事长应当自接到提议后 10 日内，召集和主持董事会会议。根据《上海证券交易所上市公司董事会议事示范规则》第 5 条，通常有下列情形之一的，上市公司董事会应当召开临时会议：①代表 1/10 以上表决权的股东提议时；②1/3 以上董事联名提议时；③监事会提议时；④董事长认为必要时；⑤1/2 以上独立董事提议时；⑥经理提议时；⑦证券监管部门要求召开时；⑧本公司《公司章程》规定的其他情形。

三、董事会会议的召集和通知

（一）有限责任公司董事会会议的召集和通知

1. 会议召集。根据《公司法》第 48 条，有限责任公司董事会会议由董事长召集；董事长不能履行职务或者不履行职务的，由副董事长召集；副董事长不能履行职务或者不履行职务的，由半数以上董事共同推举 1 名董事召集。

2. 会议通知。我国公司法对有限责任公司董事会会议的通知没有明确规定，通常依据公司章程规定或者全体股东自行约定。

（二）股份有限公司董事会会议的召集和通知

1. 会议召集。根据《公司法》第 110 条规定，董事长召集董事会会议，检查董事会决议的实施情况。副董事长协助董事长工作，董事长不能履行职务或者不履行职务的，由副董事长履行职务；副董事长不能履行职务或者不履行职务的，由半数以上董事共同推举 1 名董事履行职务。

2. 会议通知。根据《公司法》第 111 条的规定，董事会每次会议应当于会议召开 10 日前通知全体董事和监事。董事会召开临时会议，可以另定召集董事会的通知方式和通知时限。

四、草拟一份董事会会议通知

【实训背景】

腾飞电子科技股份有限公司于 2007 年 3 月成立，随着经营规模扩大，市场环境发生巨大变化。2012 年 12 月初，公司拟召开第二届董事会第六次会议，审议明年公司的经营计划和投资方案、聘任张某为公司总经理事项。董事长当即安排董事会秘书向各董事发出加盖公司印章的会议通知，通知 12 月 20 日上午在公司会议室召开董事会会议。

【实训内容】

请以实训材料提供的背景信息为主，根据相关法律规定，起草一份书面董事会会议通知。

【参考样本】

董事会会议通知

关于会议通知的内容，通常书面会议通知至少包括以下内容：

（1）会议的时间；

（2）会议的地点；

（3）会议的召开方式；

（4）拟审议的事项（会议提案）；

（5）会议召集人和主持人、临时会议的提议人及其书面提议；

（6）董事表决所必需的会议材料；

（7）董事应当亲自出席或者委托其他董事代为出席会议的要求；

（8）联系人和联系方式等。

■教学与训练任务二：董事会会议召开进程中的法律实务

董事会会议的进行是董事会行使职权的重要形式，公司法对会议的主持、表决、决议的形成作了明确规定。实务中，公司法务与董事会会议参会人员应当熟悉董事会议事方式和表决程序，掌握制作会议记录等技能。

一、确定董事会会议的主持人

（一）有限责任公司董事会会议的主持

根据《公司法》第48条的规定，有限责任公司董事会会议由董事长主持；董事长不能履行职务或者不履行职务的，由副董事长主持；副董事长不能履行职务或者不履行职务的，由半数以上董事共同推举1名董事主持。

（二）股份有限公司董事会会议的主持

根据《公司法》第110条的规定，董事长主持董事会会议，副董事长协助董事长工作，董事长不能履行职务或者不履行职务的，由副董事长履行职务；副董事长不能履行职务或者不履行职务的，由半数以上董事共同推举1名董事履行职务。

二、了解董事会的议事方式和表决程序

（一）有限责任公司董事会的议事方式和表决程序

根据《公司法》第 49 条的规定，董事会的议事方式和表决程序，除公司法有规定的外，由公司章程规定。董事会应当对所议事项的决定作成会议记录，出席会议的董事应当在会议记录上签名。董事会决议的表决，实行一人一票。

（二）股份有限公司董事会的议事方式和表决程序

根据《公司法》第 112 条的规定，董事会会议应有过半数的董事出席方可举行。董事会作出决议，必须经全体董事的过半数通过。董事会决议的表决，实行一人一票。第 113 条第 2 款规定，董事会应当对会议所议事项的决定作成会议记录，出席会议的董事应当在会议记录上签名。

根据《公司法》第 113 条的规定，董事会会议，应由董事本人出席；董事因故不能出席，可以书面委托其他董事代为出席，委托书中应载明授权范围。

三、董事会会议注意事项

1. 会议审议程序。会议主持人应当提请出席董事会会议的董事对各项提案发表明确的意见。对于根据规定需要独立董事事前认可的提案，会议主持人应当在讨论有关提案前，指定一名独立董事宣读独立董事达成的书面认可意见。董事阻碍会议正常进行或者影响其他董事发言的，会议主持人应当及时制止。除征得全体与会董事的一致同意外，董事会会议不得就未包括在会议通知中的提案进行表决。董事接受其他董事委托代为出席董事会会议的，不得代表其他董事对未包括在会议通知中的提案进行表决。

2. 董事对董事会决议承担的法律责任。根据《公司法》第 113 条第 3 款的规定，董事应当对董事会的决议承担责任。董事会的决议违反法律、行政法规或者公司章程、股东大会决议，致使公司遭受严重损失的，参与决议的董事对公司负赔偿责任。但经证明在表决时曾表明异议并记载于会议记录的，该董事可以免除责任。

3. 委托出席。董事原则上应当亲自出席董事会会议。因故不能出席会议的，应当事先审阅会议材料，形成明确的意见，书面委托其他董事代为出席。

委托书应当载明：①委托人和受托人的姓名；②委托人对每项提案的简要意见；③委托人的授权范围和对提案表决意向的指示；④委托人的签字、日期等。

委托其他董事对定期报告代为签署书面确认意见的，应当在委托书中进行专门授权。受托董事应当向会议主持人提交书面委托书，在会议签到簿上说明受托出席的情况。

4. 董事的表决。董事的表决意向分为同意、反对和弃权。与会董事应当从上述意向中选择其一，未做选择或者同时选择两个以上意向的，会议主持人应

当要求有关董事重新选择，拒不选择的，视为弃权；中途离开会场不回而未做选择的，视为弃权。

5. 会议纪要和决议记录。除会议记录外，董事会秘书还可以视需要安排董事会办公室工作人员对会议召开情况作成简明扼要的会议纪要，根据统计的表决结果就会议所形成的决议制作单独的决议记录。

6. 董事签字。与会董事应当代表其本人和委托其代为出席会议的董事对会议记录和决议记录进行签字确认。董事对会议记录或者决议记录有不同意见的，可以在签字时作出书面说明。必要时，应当及时向监管部门报告，也可以发表公开声明。

董事既不按前款规定进行签字确认，又不对其不同意见作出书面说明或者向监管部门报告、发表公开声明的，视为完全同意会议记录和决议记录的内容。

7. 会议档案的保存。董事会会议档案主要包括：①会议通知和会议材料；②会议签到簿；③董事代为出席的授权委托书；④会议录音资料；⑤表决票；⑥经与会董事签字确认的会议记录；⑦会议纪要；⑧决议记录；⑨决议公告等。会议档案由董事会秘书负责保存，上市公司董事会会议档案的保存期限通常为10年以上。

四、制作一份董事会会议记录

【实训背景】

上市公司腾飞电子科技股份有限公司于 2007 年 3 月成立。2012 年 12 月 20 日上午在公司会议室召开第二届董事会第六次会议，审议提案一明年公司的经营计划和投资方案、提案二聘任张某为公司总经理。公司共有 9 名董事，现场出席会议的有 7 名董事。表决结果等其他详细信息可由学生结合模拟董事会会议过程自行补充。

【实训内容】

1. 安排学生分别扮演董事会会议涉及的不同角色，参照下面董事会会议步骤，模拟一次完整的董事会会议，包括会前、会中及会后。

董事会会议参考步骤：

（1）判断审查审议事项是否属于董事会的职权范围；

（2）审查董事会会议召开的种类；

（3）审查本次董事会是否满足召开条件；

（4）确定会议的具体时间和具体地点；

（5）确定董事会会议召集人和主持人；

（6）会前事先统计董事出席情况；

（7）通知全体董事和监事会议事项；

（8）会议签到；

（9）主持人宣布会议开始；

（10）审议提案；

（11）会议表决；

（12）形成决议；

（13）董事签字；

（14）会议材料档案管理。

2. 以实训材料提供的背景信息和学生自行补充的信息，根据相关法律规定，按照会议记录应当包括的内容，制作一份董事会会议记录。

会议记录应当包括以下内容：

（1）会议届次和召开的时间、地点、方式；

（2）会议通知的发出情况；

（3）会议召集人和主持人；

（4）董事亲自出席和受托出席的情况；

（5）会议审议的提案、每位董事对有关事项的发言要点和主要意见、对提案的表决意向；

（6）每项提案的表决方式和表决结果（说明具体的同意、反对、弃权票数）；

（7）与会董事认为应当记载的其他事项。

【参考样本】

董事会会议记录
××××股份有限公司
第×届董事会第×次会议

会议时间：

会议地点：

会议方式：

会议通知的发出情况：

参会人员（董事亲自出席和受托出席的情况）：

会议主持人：

会议记录人：

会议召开情况：

议案一：《××××议案》

报告人：

议案主要内容：

审议意见：

独立董事意见：

表决方式：

表决结果：同意×票，反对×票，弃权×票。

根据《公司法》及《公司章程》的规定，本次会议审议通过（否决）了《××××议案》。

议案二：《××××议案》

报告人：

议案主要内容：

审议意见：

独立董事意见：

表决方式：

表决结果：同意×票，反对×票，弃权×票。

根据《公司法》及《公司章程》的规定，本次会议审议通过（否决）了《××××议案》。

与会董事签字：

会议记录人签字：

会议记录样本说明：

1. 会议方式。董事会会议以现场召开为原则。必要时，在保障董事充分表达意见的前提下，也可以通过视频、电话、传真或者电子邮件表决等方式召开。董事会会议也可以采取现场与其他方式同时进行的方式召开。

2. 参会人员。说明亲自出席、委托他人代出席和缺席的董事人数、姓名、缺席的理由和受托董事姓名。如有特殊情况，说明授权范围。

3. 会议召开情况。陈述会议议案的审议情况。会议采用一事一议的原则，记录人员应简要如实记录每位董事对有关事项的发言要点和主要意见、对提案的表决意向。对表明异议的情况需要记录在案。

4. 独立董事意见。通常适用上市公司，需要独立董事事前认可或发表独立意见的，说明事前认可情况或所发表的意见。

5. 与会董事签字。无论对议案的表决投何种票，与会董事对会议记录均需签字确认。

■训练项目三：公司监事会会议实务

监事会是公司的主要组织机构之一，监事会会议对保护股东利益和维护公司正常运行具有重要意义。

■教学与训练任务一：监事会会议召开前的准备工作

召开监事会会议之前，了解监事会职权，熟悉监事会会议类型、了解会议程序，会前的召集和通知等，是公司法务必须具备的常识性知识。

一、认识监事会及其职权范围

（一）监事会

1. 有限责任公司监事会。监事会为经营规模较大的有限责任公司的常设监督机关，专司监督职能。监事会对股东会负责，并向其报告工作。根据《公司法》第52条的规定，有限责任公司设监事会，其成员不得少于3人。股东人数较少或者规模较小的有限责任公司，可以设1至2名监事，不设监事会。监事会应当包括股东代表和适当比例的公司职工代表，其中职工代表的比例不得低于1/3，具体比例由公司章程规定。监事会设主席1人，由全体监事过半数选举产生。监事会主席召集和主持监事会会议。董事、高级管理人员不得兼任监事。

2. 股份有限公司监事会。监事会是股份有限公司必设的监察机构，对公司的财务及业务执行情况进行监督。根据《公司法》第118条的规定，股份有限公司设监事会，其成员不得少于3人。监事会应当包括股东代表和适当比例的公司职工代表，其中职工代表的比例不得低于1/3，具体比例由公司章程规定。监事会设主席1人，可以设副主席。监事会主席和副主席由全体监事过半数选举产生。监事会主席召集和主持监事会会议。董事、高级管理人员不得兼任监事。

（二）监事会的职权

1. 有限责任公司监事会。根据《公司法》第54条的规定，监事会、不设监事会的公司的监事行使下列职权：

（1）检查公司财务；

（2）对董事、高级管理人员执行公司职务的行为进行监督，对违反法律、行政法规、公司章程或者股东会决议的董事、高级管理人员提出罢免的建议；

（3）当董事、高级管理人员的行为损害公司的利益时，要求董事、高级管理人员予以纠正；

（4）提议召开临时股东会会议，在董事会不履行本法规定的召集和主持股东会会议职责时召集和主持股东会会议；

（5）向股东会会议提出提案；

（6）依照本法第152条的规定，对董事、高级管理人员提起诉讼；

（7）公司章程规定的其他职权。

此外，《公司法》第55条的规定，监事还可以列席董事会会议，并对董事会决议事项提出质询或者建议。监事会、不设监事会的公司的监事发现公司经营情况异常，可以进行调查；必要时，可以聘请会计师事务所等协助其工作，费用由公司承担。

2. 股份有限公司监事会的职权。《公司法》第54、55条关于有限责任公司监事会职权的规定，适用于股份有限公司监事会。监事会行使职权所必需的费用由公司承担。

二、了解监事会会议的类型及其召开条件

（一）会议类型

监事会会议分为定期会议和临时会议。

1. 定期会议，是指依据法律和公司章程的规定在一定时间内必须召开的监事会会议，定期会议主要决定监事会职权范围内的例行事项。

2. 临时会议，也称特别会议，是指在定期会议闭会期间必要的时候，根据法定人员、机构的提议而召开的监事会会议。

（二）监事会会议召开的条件

1. 定期会议的召开。会议时间由公司章程规定。定期会议应当依照公司章程的规定按时召开。在我国，根据《公司法》第56条的规定，有限责任公司监事会每年度至少召开1次会议；根据《公司法》第120条的规定，股份有限公司监事会每6个月至少召开1次会议。

2. 临时会议的召开。根据《公司法》第56条和第120条的规定，监事可以提议召开临时监事会会议。根据《上海证券交易所上市公司监事会议事示范规则》，通常上市公司出现下列情况之一的，监事会应当在10日内召开临时会议：①任何监事提议召开时；②股东大会、董事会会议通过了违反法律、法规、规章、监管部门的各种规定和要求、公司章程、公司股东大会决议和其他有关规定的决议时；③董事和高级管理人员的不当行为可能给公司造成重大损害或者在市场中造成恶劣影响时；④公司、董事、监事、高级管理人员被股东提起诉讼时；⑤公司、董事、监事、高级管理人员受到证券监管部门处罚或者被上海证券交易所公开谴责时；⑥证券监管部门要求召开时；⑦《公司章程》规定的其他情形。

三、监事会会议的召集和通知

（一）有限责任公司监事会会议的召集和通知

1. 会议召集。根据《公司法》第52条的规定，监事会主席召集监事会会议；监事会主席不能履行职务或者不履行职务的，由半数以上监事共同推举1名监事召集监事会会议。

2. 会议通知。我国公司法对有限责任公司监事会会议的通知没有明确的规定，通常依据公司章程规定。

（二）股份有限公司监事会会议的召集和通知

1. 会议召集。根据《公司法》第118条的规定，股份有限公司监事会主席召集监事会会议；监事会主席不能履行职务或者不履行职务的，由监事会副主席召集监事会会议；监事会副主席不能履行职务或者不履行职务的，由半数以上监事共同推举1名监事召集监事会会议。监事会每6个月至少召开1次会议。

2. 会议通知。我国《公司法》对此没有明确规定。根据《上海证券交易所上市公司监事会议事示范规则》第7条，上市公司召开监事会定期会议和临时会议，监事会办公室应当分别提前10日和5日将盖有监事会印章的书面会议通知，通过直接送达、传真、电子邮件或者其他方式，提交全体监事。非直接送达的，还应当通过电话进行确认并做相应记录。情况紧急，需要尽快召开监事会临时会议的，可以随时通过口头或者电话等方式发出会议通知，但召集人应当在会议上作出说明。

四、草拟一份监事会会议通知

【实训背景】

腾飞电子科技股份有限公司于2007年3月成立，随着经营规模扩大和市场环境发生变化，2012年12月初，公司拟召开第二届监事会第六次会议，审议相关议案。监事会办公室当即安排向各监事发出书面会议通知，通知12月20日下午在公司会议室召开监事会会议。

【实训内容】

请以实训材料提供的背景信息为主，其他信息可自行补充，根据相关法律规定，起草一份书面监事会会议通知。

【参考样本】

监事会会议通知

监事会会议书面会议通知通常包括以下内容：

(1) 会议的时间；

(2) 会议的地点；

(3) 拟审议的事项（会议提案）；

(4) 会议召集人和主持人、临时会议的提议人及其书面提议；

(5) 监事表决所必需的会议材料；

(6) 监事应当亲自出席会议的要求；

(7) 联系人和联系方式。

■教学与训练任务二：监事会会议召开进程中的法律实务

监事会会议是监事会行使职权的重要形式。针对会议进行，公司法对会议的主持、表决、决议的形成作了明确规定。实务中，公司法务与监事会工作人员应当熟悉监事会议事方式和表决程序，掌握制作会议记录、形成会议决议等技能。

一、确定监事会会议主持人

（一）有限责任公司监事会会议的主持

根据《公司法》第52条的规定，有限责任公司监事会会议由监事会主席主持；监事会主席不能履行职务或者不履行职务的，由半数以上监事共同推举1名监事召集主持。

（二）股份有限公司监事会会议的主持

根据《公司法》第118条的规定，股份有限公司监事会主席主持监事会会议；监事会主席不能履行职务或者不履行职务的，由监事会副主席主持监事会会议；监事会副主席不能履行职务或者不履行职务的，由半数以上监事共同推举1名监事主持监事会会议。

二、了解监事会的议事方式和表决程序

（一）有限责任公司监事会的议事方式和表决程序

根据《公司法》第56条的规定，监事会的议事方式和表决程序，除本法有规定的外，由公司章程规定。监事会决议应当经半数以上监事通过。监事会应当对所议事项的决定作成会议记录，出席会议的监事应当在会议记录上签名。

（二）股份有限公司监事会的议事方式和表决程序

根据《公司法》第120条的规定，监事会的议事方式和表决程序，除本法有规定的外，由公司章程规定。监事会决议应当经半数以上监事通过。监事会应当对所议事项的决定作成会议记录，出席会议的监事应当在会议记录上签名。

三、监事会会议注意事项

1. 会议审议程序。会议主持人应当提请与会监事对各项提案发表明确的意见。会议主持人应当根据监事的提议，要求董事、高级管理人员、公司其他员工或者相关中介机构业务人员到会接受质询。

2. 会议的表决。监事的表决意向分为同意、反对和弃权。与会监事应当从上述意向中选择其一，未做选择或者同时选择两个以上意向的，会议主持人应当要求该监事重新选择，拒不选择的，视为弃权；中途离开会场不回而未做选择的，视为弃权。监事会形成决议应当经全体监事过半数同意。

3. 会议记录。监事会办公室工作人员应当对现场会议做好记录。会议记录应当包括以下内容：①会议届次和召开的时间、地点、方式；②会议通知的发出情况；③会议召集人和主持人；④会议出席情况；⑤会议审议的提案、每位监事对有关事项的发言要点和主要意见、对提案的表决意向；⑥每项提案的表决方式和表决结果（说明具体的同意、反对、弃权票数）；⑦与会监事认为应当记载的其他事项。

对于以通讯方式召开的监事会会议，监事会办公室应当参照上述规定，整理会议记录。

4. 监事签字。与会监事应当对会议记录进行签字确认。监事对会议记录有不同意见的，可以在签字时作出书面说明。必要时，应当及时向监管部门报告，也可以发表公开声明。监事既不按前款规定进行签字确认，又不对其不同意见作出书面说明或者向监管部门报告、发表公开声明的，视为完全同意会议记录的内容。

5. 会议档案的保存。监事会会议档案，包括会议通知和会议材料、会议签到簿、会议录音资料、表决票、经与会监事签字确认的会议记录、决议公告等，由监事会主席指定专人负责保管。

四、草拟一份监事会会议决议公告

【实训背景】

腾飞电子科技股份有限公司于2007年3月成立，假设该公司是上市公司。2012年12月20日下午在公司会议室召开第二届监事会第六次会议，审议了相关议案。监事人数、议案内容、表决结果等其他信息，希望由学生结合模拟监事会会议过程自行补充。

【实训内容】

1. 安排学生分别扮演监事会会议涉及的不同角色，参照下面监事会会议步骤，模拟一次完整的监事会会议，包括会前、会中及会后。

监事会会议参考步骤：

（1）审查监事会会议召开的种类；

（2）审查本次监事会是否满足召开条件；

（3）确定会议的具体时间和具体地点；

（4）确定监事会会议召集人和主持人；

（5）判断审查审议事项是否属于监事会的职权范围；

（6）会前事先统计监事出席情况；

（7）通知全体监事会议事项；

（8）会议签到；

（9）主持人宣布会议开始；

（10）审议提案；

（11）会议表决；

（12）形成决议；

（13）监事签字；

（14）监事会会议决议公告；

（15）会议材料档案管理等。

2. 以实训材料提供的背景信息为主，其他信息可自行补充，根据相关法律规定，参照样本，制作一份向证券交易所提交的监事会会议决议公告。

【参考样本】

××××股份有限公司
第×届监事会第×次会议决议公告

××××股份有限公司监事会及全体监事保证本公告内容不存在任何虚假记载、误导性陈述或者重大遗漏，并对其内容的真实性、准确性和完整性承担个别及连带责任。

××××股份有限公司第×届监事会第×次会议于20××年××月××日在×××以现场方式（或以现场会议与电话会议相结合）召开。会议通知于20××年××月××日以×方式送达。会议应参加监事×人，实际参加监事×人。监事会成员×××、×××、×××、×××和×××出席了会议。会议的召开符合《公司法》和《公司章程》的有关规定。会议由监事会主席×××主持，出席会议监事审议并采取记名方式投票表决通过了如下决议：

1.《××××报告》

监事会认为××××报告符合法律、行政法规和监管规定，报告内容真实、准确、完整地反映了本公司的实际情况。

表决情况：×票同意，×票反对，×票弃权。

2.《××××议案》

监事会认为：

表决情况：×票同意，×票反对，×票弃权。

特此公告。

××××股份有限公司监事会
20××年××月××日

■训练项目四：控股权与公司会议实务

公司的控股股东和实际控制人的行为对公司的规范经营有着很大的影响，为了切实保护公司和其他股东的合法权益，我国公司法从多个方面对公司控股股东、实际控制人的行为进行了规范。

■教学与训练任务一：控股股东参与公司会议前的准备工作

假设你是公司法务部工作人员，该公司是在上海证券交易所上市的某上市公司S公司的控股股东K公司。控股股东K公司计划从事下列事项：①参与上市公司公司治理；②进行股份交易、控制权转移；③进行某项公开承诺。控股股东为保证行为的合规性，特咨询你们法务部，有哪些法律、法规、规章、规则需要控股股东、实际控制人特别注意和遵循。作为公司法务工作人员，应当熟悉哪些人属于控股股东、实际控制人的范围、控股股东的一般义务和特别义务、控股股东的行为规范，会制作承诺函等文件。

一、了解哪些人属于控股股东、实际控制人

根据《公司法》第217条的规定，控股股东是指其出资额占有限责任公司资本总额50%以上或者其持有的股份占股份有限公司股本总额50%以上的股东；出资额或者持有股份的比例虽然不足50%，但依其出资额或者持有的股份所享有的表决权已足以对股东会、股东大会的决议产生重大影响的股东。所以，控股股东有两种情形。一是持股比例在50%以上，符合此项即为控股股东；二是虽然持股比例未达到50%，但其享有的在股东会或股东大会的表决权足以实际影响股东会会议决议的。

实际控制人，是指虽不是公司的股东，但通过投资关系、协议或者其他安排，能够实际支配公司行为的人。根据《上海证券交易所上市公司控股股东、实际控制人行为指引》规定，以下主体的行为视同控股股东、实际控制人行为：①控股股东、实际控制人直接或间接控制的法人、非法人组织（上市公司及上

市公司控股子公司除外）；②控股股东、实际控制人为自然人的，其父母、配偶、子女；③第一大股东；④上交所认定的其他主体。

二、掌握控股股东、实际控制人的义务

（一）控股股东的一般义务

控股股东作为公司股东，和其他股东一样，应当根据出资协议、公司章程和法律、行政法规的规定，履行相应的义务。这些义务主要包括：

1. 依法出资义务。这是股东最主要的义务。

2. 参加股东会会议的义务。参加股东会会议既是股东的权利，同时也是股东的一项义务。

3. 不干涉公司正常经营的义务。

4. 特定情形下的表决权禁行义务。

5. 不得滥用股东权利的义务。

（二）控股股东的特别义务

我国公司法对控股股东的特别义务主要体现在以下方面：

1. 不得滥用控股股东的地位，损害公司和其他股东的利益。实践中滥用股东权利的行为主要是控股股东实施的。

2. 不得利用其关联关系损害公司利益。所谓关联关系，是指公司控股股东、实际控制人、董事、监事、高级管理人员与其直接或者间接控制的企业之间的关系，以及可能导致公司利益转移的其他关系。

3. 滥用股东权利的赔偿义务。控股股东或实际控制人滥用股东权利或者利用关联关系损害公司或其他股东利益的，应当承担赔偿责任。《公司法》第21条明确规定，公司的控股股东、实际控制人、董事、监事、高级管理人员不得利用其关联关系损害公司利益。违反前款规定，给公司造成损失的，应当承担赔偿责任。

三、了解控股股东、实际控制人的行为规范

结合前述教学任务中的学习情境，控股股东、实际控制人应遵循下列行为规范：

（一）控股股东行为的基本规范

根据《上海证券交易所上市公司控股股东、实际控制人行为指引》的规定，上市公司控股股东、实际控制人应结合自身实际情况，建立和完善相关行为规范制度。

1. 控股股东、实际控制人及其相关人员应当遵守证券市场有关法律法规的规定，规范自身公司治理和信息披露程序，勤勉尽责。

2. 控股股东、实际控制人应当以诚实守信为原则，依照法律法规以及上市

公司章程的规定行使权利，严格履行其做出的公开声明和各项承诺。

3. 控股股东、实际控制人应当善意使用其控制权，在追求自身利益的同时，谋求公司和其他股东利益的共同发展。控股股东不得滥用其控制权通过关联交易、利润分配、资产重组、对外投资等任何方式损害上市公司和其他股东的利益。

（二）控股股东、实际控制人参与公司治理规则

控股股东、实际控制人参与上市公司公司治理时，应当遵循如下规则：

1. 控股股东、实际控制人应当建立内部控制制度，明确与上市公司在重大事项方面的决策程序、保证上市公司独立性的具体措施以及相关人员在从事与证券市场、上市公司相关工作中的职责、权限和责任追究机制。

2. 控股股东、实际控制人应当保证上市公司人员独立，上市公司的经理人员、财务负责人、营销负责人和董事会秘书在控股股东单位不得担任除董事以外的其他职务。

3. 控股股东、实际控制人应当保障上市公司资产完整，不得侵害上市公司对法人财产的占有、使用、收益和处分的权利。

4. 控股股东、实际控制人应当保证上市公司财务独立。

5. 控股股东、实际控制人应当保证上市公司机构独立。

6. 控股股东、实际控制人应当保证上市公司业务独立。

7. 控股股东、实际控制人与上市公司的关联交易，应当遵循关联交易程序公平与实质公平，不得造成上市公司对其利益的输送或上市公司资源的浪费。

（三）控股股东、实际控制人股份交易、控制权转移规则

控股股东、实际控制人进行股份交易、控制权转移时，应当遵循如下规则：

1. 控股股东、实际控制人通过证券交易所的证券交易方式买卖上市公司股份，应当遵守法律法规的规定，恪守有关声明和承诺，不得利用他人账户或向他人提供资金的方式买卖上市公司股份。

2. 控股股东、实际控制人拥有权益的股份达到上市公司已发行股份的 5% 后，通过证券交易所的证券交易或协议转让方式，其拥有权益的股份占该上市公司已发行股份的比例每增加或者减少 5%，应当在该事实发生之日起 3 日内编制权益变动报告书，向中国证监会、证券交易所提交书面报告，抄报派出机构，通知上市公司，并予以公告。

3. 控股股东、实际控制人拥有权益的股份达到或者超过上市公司已发行股份的 5% 但未超过 30% 的，应当编制详细权益变动报告书，符合规定的还应当聘请财务顾问出具核查意见。

4. 控股股东、实际控制人通过证券交易所的证券交易持有上市公司的股份

达到该公司已发行股份的 30% 时，继续增持股份的，应当采取要约方式进行，发出全部要约或者部分要约。

拥有上市公司权益的股份达到或者超过该公司已发行股份的 30% 的，自上述事实发生之日起 1 年后，每 12 个月内增加其在该公司中拥有权益的股份不超过该公司已发行股份的 2% 的，可先实施增持行为，增持完成后再向中国证监会报送要约收购豁免申请文件。

5. 控股股东、实际控制人在上市公司定期报告披露前 10 日内，上市公司业绩快报、业绩预告披露前 10 日内等 7 种情形下不得增持上市公司股份。

6. 持有解除限售存量股份的控股股东、实际控制人预计未来 1 个月内公开出售股份的数量超过该公司股份总数 1% 的，应当遵守本所和证券登记结算公司的相关规则，通过本所大宗交易系统转让所持股份。

7. 控股股东、实际控制人在上市公司年报、中期报告公告前 30 天内不得转让解除限售存量股份。

8. 控股股东、实际控制人协议转让控制权，应当保证交易公允、公平、合理，不得利用控制权转让损害上市公司和其他股东的合法权益。

（四）控股股东、实际控制人承诺规则

控股股东、实际控制人进行承诺时，应当遵循如下规则：

控股股东、实际控制人应当采取有效措施保证其做出的承诺能够有效施行，对于存在较大履约风险的承诺事项，控股股东、实际控制人应当提供履约担保。担保人或履约担保物发生变化导致无法或可能无法履行担保义务的，控股股东、实际控制人应当及时告知上市公司，并予以披露，同时提供新的履约担保。除另有规定外，控股股东、实际控制人在相关承诺尚未履行完毕前转让所持公司股份的，不得影响相关承诺的履行。

四、草拟一份控股股东、实际控制人承诺函

【实训背景】

为了保护上市公司和其他股东的合法权益，一些上市公司的控股股东、实际控制人，通过公开承诺的形式，向公司和其他股东表达其对公司未来发展的信心。假设你所控股和持有的上市公司×××股份有限公司首次公开发行前的股份将在 20××年×月×日解除限售，由于投资者担心限售解除后股价大跌，你作为上市公司的控股股东、实际控制人，为了维持其他股东对公司的信心，特向上市公司发了一份某段时期内不减持股份的承诺函。

【实训内容】

站在上市公司控股股东、实际控制人的角度，草拟一份承诺函。

【参考样本】

承诺函

××××股份有限公司：

作为公司的控股股东、实际控制人，×××承诺：基于对公司未来发展的信心，承诺对所持有的公司首次公开发行前的股份在20××年××月××日解除限售后，于20××年××月××日前不减持。若违反上述承诺，其转让或减持所得全部归公司所有。

承诺人：×××

20××年××月××日

■教学与训练任务二：控股股东参与公司会议的法律实务

公司控股股东、实际控制人通常能够通过行使投票权，或以其他方式对公司董事会、监事会和其他机构及其人员施加影响。为此，《公司法》和《上市公司治理准则》等法律法规和规范性文件都对公司控股股东、实际控制人参与公司会议、投票表决进行了专门的制度性安排。

一、了解控股股东与公司董事会、监事会

根据《上市公司治理准则》第20条，控股股东对上市公司董事、监事候选人的提名，应严格遵循法律、法规和公司章程规定的条件和程序。控股股东提名的董事、监事候选人应当具备相关专业知识和决策、监督能力。控股股东不得对股东大会人事选举决议和董事会人事聘任决议履行任何批准手续；不得越过股东大会、董事会任免上市公司的高级管理人员。另外第21条明确要求，上市公司的重大决策应由股东大会和董事会依法作出。控股股东不得直接或间接干预公司的决策及依法开展的生产经营活动，损害公司及其他股东的权益。

控股股东、实际控制人应当维护上市公司董事会、监事会、业务经营部门或其他机构及其人员的独立运作，不干预上市公司机构的设立、调整或者取消，不得通过行使投票权以外的方式对公司董事会、监事会和其他机构及其人员行使职权进行限制或施加其他不正当影响。控股股东、实际控制人不得与上市公司共用机构和人员。强化董事会的责任，使董事会的决策和运作真正符合全体股东的根本利益，避免控股股东操纵或内部人控制，是保护全体股东权利的重要方式。

二、了解控股股东与公司会议表决制度

在公司会议表决上，公司法设置了表决权排除制度、累积投票制度、表决权限制制度等。

（一）表决权排除制度

控股股东涉及公司为其提供担保时，根据《公司法》第16条的规定，公司为他人提供担保，依照公司章程的规定，由董事会或者股东会、股东大会决议。公司为公司股东或者实际控制人提供担保的，必须经股东会或者股东大会决议。前款规定的股东或者受前款规定的实际控制人支配的股东，不得参加前款规定事项的表决。该项表决由出席会议的其他股东所持表决权的过半数通过。

控股股东涉及关联交易时，根据《公司法》第125条的规定，上市公司董事与董事会会议决议事项所涉及的企业有关联关系的，不得对该项决议行使表决权，也不得代理其他董事行使表决权。该董事会会议由过半数的无关联关系董事出席即可举行，董事会会议所作决议须经无关联关系董事过半数通过。由于控股股东通常提名和派出多名上市公司董事，此时这些董事的表决权也得到排除。

（二）累积投票制度

根据我国《公司法》第106条的规定，股东大会选举董事、监事，可以依照公司章程的规定或者股东大会的决议，实行累积投票制。累积投票制，是指股东大会选举董事或者监事时，每一股份拥有与应选董事或者监事人数相同的表决权，股东拥有的表决权可以集中使用。

股东的表决权以"每一股份有一表决权"为原则，在选举董事、监事时也是如此。为了防止股东大会中处于控制地位的股东凭其优势把持董事、监事的选举，致使持股分散的公众股东提名的董事、监事丧失当选的机会，通过累计投票制，中小股东提名的人选有可能进入董事会、监事会，参与公司的经营决策和监督，虽不足以控制董事会、监事会，但至少能在其中充分表述中小股东的意见，使大股东提名的董事、监事在进行决策时充分考虑中小股东的意见，对其形成相应的制约，而实现董事会、监事会内部一定程度上的监督。

根据《上市公司治理准则》第31条，在董事的选举过程中，应充分反映中小股东的意见。股东大会在董事选举中应积极推行累积投票制度。控股股东控股比例在30%以上的上市公司，应当采用累积投票制。采用累积投票制度的上市公司应在公司章程里规定该制度的实施细则。对于非上市的股份有限公司和有限责任公司，没有强制公司在选举董事、监事时必须适用累积投票制，而交由公司章程规定或者由股东大会对此问题做出明确的决议。累积投票制度的意义在于限制大股东或控股股东对董事、监事选举过程的控制与操纵，有利于保护中小股东的利益。

（三）表决权限制制度

控股股东、实际控制人提出议案时应当充分考虑并说明议案对上市公司和中小股东利益的影响。上海证券交易所鼓励控股股东、实际控制人在表决再融资、利润分配或其他对中小投资者权益有重大影响的相关议案时，将其表决权限制在表决权总数的30%以内，并在上市公司章程中予以具体规定。

（四）其他制度

控股股东、实际控制人应当配合上市公司通过网络投票、累积投票权、征集投票权等制度保护其他股东的提案权、表决权等权利，不得以任何理由或方式限制、阻挠其合法权利的行使。

三、案例讨论

【实训背景】

某股份公司于2007年由江南公司、江北公司等5家企业作为发起人共同以发起设立方式成立，成立时的股本总额为1亿股。其中，江南公司和江北公司是控股股东。该股份公司董事会由7名董事组成。公司最近召开了两次会议。

2012年11月5日，该公司召开董事会会议。出席该次会议的董事有董事A、董事B、董事C、董事D；董事E因出国没有出席会议；董事F因出差不能出席会议，电话委托董事A代为出席并表决；董事G因病不能出席会议，委托董事秘书H代为出席并表决。出席本次董事会会议的董事讨论并一致同意，该公司为控股股东江北公司的银行贷款提供了抵押担保。会议结束时，由出席董事会会议的全体董事和列席会议的监事签名后存档。

在2012年12月3日举行的临时股东大会上，该公司除审议通过了定向增发公司股票（通知中列明表决事项）的决议外，还根据控股股东江南公司的临时提议，临时增加一项增选一名公司董事的议案，并经股东大会表决通过。

【实训任务】

要求学生选择角色，通过模拟上述会议的形式，根据有关法律规定，讨论回答以下问题：

1. 该公司为控股股东江北公司提供抵押担保的做法是否符合法律规定？并说明理由。

2. 该公司董事会的做法还有哪些不符合规定之处？并分别说明理由。

3. 该公司临时股东大会根据临时提议增选一名公司董事的决议是否符合法律规定？并说明理由。

【案例分析提示】

1. 公司为控股股东江北公司提供抵押担保的做法不符合法律规定。根据

《公司法》第16条规定，公司为公司股东或者实际控制人提供担保的，必须经股东会或者股东大会决议。

2. 首先，董事 F、董事 G 的委托无效。根据《公司法》第113条的规定，董事因故不能出席董事会会议时，可以书面委托其他董事代为出席。本案中，董事 F 采取电话方式而非书面形式委托董事 A 代为出席并表决不符合规定；而董事 G 委托董事会会议秘书 H 而非其他董事也不符合规定。其次，董事会会议记录的签名不符合规定。根据《公司法》第113条的规定，董事会的会议记录由出席会议的董事签名。本案中，无需列席会议的监事签名。

3. 公司临时股东大会根据会上临时提议通过增选一名公司董事的决议不符合法律规定。根据《公司法》第103条的规定，临时股东大会不得对通知中未列明的事项作出决议。

■训练项目五　模拟公司董事会会议

【考评背景】

本案例是经最高人民法院审判委员会讨论通过并于 2012 年 9 月 18 日发布的指导案例——李某诉上海佳动力环保科技有限公司公司决议撤销纠纷案。

基本案情：

原告李某诉称：被告上海佳动力环保科技有限公司（以下简称佳动力公司）免除其总经理职务的决议所依据的事实和理由不成立，且董事会的召集程序、表决方式及决议内容均违反了公司法的规定，请求法院依法撤销该董事会决议。

被告佳动力公司辩称：董事会的召集程序、表决方式及决议内容均符合法律和章程的规定，故董事会决议有效。

法院经审理查明：原告李某系被告佳动力公司的股东，并担任总经理。佳动力公司股权结构为葛某持股 40%、李某持股 46%、王某持股 14%。三位股东共同组成董事会，由葛某担任董事长，另两人为董事。公司章程规定：董事会行使包括聘任或者解聘公司经理等职权；董事会须由 2/3 以上的董事出席方才有效；董事会对所议事项作出的决定应由占全体股东 2/3 以上的董事表决通过方才有效。2009 年 7 月 18 日，佳动力公司董事长葛某召集并主持董事会，三位董事均出席，会议形成了"鉴于总经理李某不经董事会同意私自动用公司资金在二级市场炒股，造成巨大损失，现免去其总经理职务，即日生效"等内容的决议。该决议由葛某、王某及监事签名，李某未在该决议上签名。

裁判结果：上海市黄浦区人民法院于 2010 年 2 月 5 日作出（2009）黄民二（商）初字第 4569 号民事判决：撤销被告佳动力公司于 2009 年 7 月 18 日形成的董事会决议。宣判后，佳动力公司提出上诉。上海市第二中级人民法院于 2010 年 6 月 4 日作出（2010）沪二中民四（商）终字第 436 号民事判决：①撤销上海市黄浦区人民法院（2009）黄民二（商）初字第 4569 号民事判决；②驳回李某的诉讼请求。

裁判理由：

法院生效裁判认为，根据《公司法》第 22 条第 2 款的规定，董事会决议可撤销的事由包括：①召集程序违反法律、行政法规或公司章程；②表决方式违反法律、行政法规或公司章程；③决议内容违反公司章程。

从召集程序看，佳动力公司于 2009 年 7 月 18 日召开的董事会由董事长葛某召集，三位董事均出席董事会，该次董事会的召集程序未违反法律、行政法规或公司章程的规定。

从表决方式看，根据佳动力公司章程规定，对所议事项作出的决定应由占全体股东 2/3 以上的董事表决通过方才有效，上述董事会决议由三位股东（兼董事）中的两名表决通过，故在表决方式上未违反法律、行政法规或公司章程的规定。

从决议内容看，佳动力公司章程规定董事会有权解聘公司经理，董事会决议内容中"总经理李某不经董事会同意私自动用公司资金在二级市场炒股，造成巨大损失"的陈述，仅是董事会解聘李某总经理职务的原因，而解聘李某总经理职务的决议内容本身并不违反公司章程。

董事会决议解聘李某总经理职务的原因如果不存在，并不导致董事会决议撤销。首先，公司法尊重公司自治，公司内部法律关系原则上由公司自治机制调整，司法机关原则上不介入公司内部事务；其次，佳动力公司的章程中未对董事会解聘公司经理的职权作出限制，并未规定董事会解聘公司经理必须要有一定原因，该章程内容未违反公司法的强制性规定，应认定有效，因此佳动力公司董事会可以行使公司章程赋予的权力作出解聘公司经理的决定。故法院应当尊重公司自治，无需审查佳动力公司董事会解聘公司经理的原因是否存在，即无需审查决议所依据的事实是否属实，理由是否成立。综上，原告李某请求撤销董事会决议的诉讼请求不成立，依法予以驳回。

【考评任务】

学生分组，请以考评案例背景材料提供的背景信息和学生自行补充的信息，根据相关法律规定，完成下列任务：

1. 起草董事会会议通知。

2. 模拟组织召开董事会会议。

3. 草拟董事会会议决议。

4. 部分学生站在原告的立场，起草一份请求撤销该董事会决议的民事起诉状。

5. 另一部分学生站在被告的立场，针对上面学生的民事起诉状起草一份民事答辩状。

【考评标准】

1. 通过对董事会会议通知的起草制作，考查学生对董事会会议召开程序相关法律规定是否掌握，考查学生会议通知的写作技能是否符合要求。

2. 通过共同模拟完成董事会会议的召开，考查学生是否了解掌握董事会会议制度涉及的法律法规，考查学生是否具备法律综合应用的动手能力。

3. 通过董事会会议决议文本的制作，考查学生能否了解掌握所涉及的法律事项以及董事会会议决议文本写作技能水平是否达到极其熟练程度。

4. 通过学生以原告的立场制作一份针对此次董事会会议决议请求撤销该决议的民事起诉状，考查学生以原告立场应用法律的能力是否初步具备及其水准。

5. 通过学生以被告的立场制作一份针对原告的答辩状，考查学生以被告立场应用法律的能力是否初步具备及其水准。

【案例分析提示】

本案是公司决议撤销之诉的公司争议纠纷案件。本案的意义在于明确公司决议撤销之诉的司法审查范围。在公司决议撤销纠纷中，法院应当依据《公司法》第22条第2款的规定进行审查，即审查会议召集程序、表决方式是否违反法律、行政法规或者公司章程，以及决议内容是否违反公司章程。该案例还明确，在未违反上述规定的前提下，解聘总经理职务的决议所依据的事实是否属实，理由是否成立，属于公司自治的范围，不属于司法审查内容。公司自治是现代公司法的灵魂，也是私法自治和市场经济的要求。公司自治精神的核心是要求法官尊重公司的商业判断，尊重公司、股东、董事依法作出的自主选择。只有当公司自治机制被滥用或失灵时，司法程序才能启动。该案例有利于强化法官的商事审判思维，鼓励公司在市场经济条件下依法自治和健康发展。

综合训练项目四　公司变更实务

■ 学习目标

在经营过程中，面对市场变化及自身发展，公司需要不断地调整经营策略，从而使公司发生一系列的变化，其中公司增加资本、减少资本、合并、分立及公司形式发生变更，是现代经济社会中的重要现象，也称之为公司变更，而这一系列变更则是公司资本运营的重要法律形式。

本训练项目的学习目标是：依照公司法的相关规定，结合公司变更的实际操作，学习公司变更的基本法律知识，通过一系列的技能训练，掌握公司变更的基本操作技能，达到能够胜任公司变更实务工作的要求。

■训练项目一：公司增资实务

随着市场的变化，公司在运营过程中，需要相应地调整资本额，以充分发挥资本的最大效用，满足公司的经营与发展。公司增加资本使公司的资信水平和偿债能力得以提升，整体实力增强，在竞争中取得优势，同时增加资本对保护公司债权人的利益和保证交易安全都具有十分重要的作用。

■教学与训练任务一：公司增加资市前的准备工作

把握理解增资方式、条件、熟悉增资程序，是公司增加资本前的必备知识技能，是公司法务技能重要的组成部分。

一、认识、理解增加资本的方式

增加资本，简称增资，是指公司成立后为扩大经营规模，依照法定条件和程序增加公司的资本总额。公司增加资本是公司扩大经营规模，增强整体实力的途径之一。有限责任公司与股份有限公司因股东出资构成的资本形式不同，增资的方式也有所不同，但总体上，公司增加资本的方式主要有以下几种：

（一）内部增资与外部增资

内部增资是由原有股东认购公司增加的资本。股东外部增资是由原有股东以外的其他投资者出资认购公司增加的资本。公司增资时，可以同时使用内部增资和外部增资。

（二）同比增资与不同比增资

同比增资是指股东按原股东出资比例或持股比例增加资本，增资后各股东的出资比例或持股比例不变。不同比增资是指改变原出资比例或持股比例而增加出资。

（三）追加性增资与分配性增资

追加性增资是指通过原股东或其他投资者对公司投入新资本而增加资本。分配性增资是指通过将公司未分配利润用于股东出资，或把公积金转为资本的方式增加资本。

（四）增加股份金额与增加股份总数

增加股份金额，是指公司在不改变原有股份总数的情况下增加每股金额达到增加资本的目的。这种增资只能是内部增资。增加股份总数，简称增发新股。增发新股是指公司为了增加资本而发行新的股份。发行新股既可以向社会公开发行，也可以由原有股东认购，公司原有股东享有优先认购权。这种增发新股的方式不受公司原资本总额所限。股份有限公司可以同时采取增加股份金额和增发新股的方式来增加资本。

（五）配股增资与送股增资

这是上市公司广泛采用的增资方式。配股增资，又称增资配股，是指上市公司根据现有公司股东持股的数量按照一定的比例向其发售股份。配股的对象仅限于公司现有股东，配股的条件通常要优于公司对外发行的条件。送股增资，又称送股或送红股，是指上市公司根据现有公司股东持股的数量按照一定的比例向其无偿分配股份。其实质是向股东进行收益的分配，只是分配的不是货币，而是股份。

（六）公司债转换增资

公司发行的可转换公司股份的债券，可转换公司股份的债券到期，债权人有权选择将其转化成公司股份，公司按照规定的条件将其转换成公司股份，由此导致公司股本增加。

在实践中，公司可以根据自身发展需要，综合运用上述增资方式。

二、认识、把握增加资本的条件

公司增加资本可以增强公司实力，提高公司信用，能够更好地保护债权人的利益。因此，法律对公司增加资本的条件一般不作强制的规定。由于股份有限公司涉及公众利益，法律对其增资予以限制，需要符合一定的条件。

股份有限公司增加资本要符合我国《证券法》关于股份有限公司新股发行条件的规定。《证券法》第13条规定，公司公开发行新股，应当符合下列条件：①具备健全且运行良好的组织机构；②具有持续盈利能力，财务状况良好；③最近3年财务会计文件无虚假记载，无其他重大违法行为；④经国务院批准的国务院证券监督管理机构规定的其他条件。

除此之外，以公开发行新股方式或者上市公司以非公开发行新股方式增加注册资本的，还应当提交国务院证券监督管理机构的核准文件。

三、熟悉增加资本的程序

公司增加资本会导致股权结构的调整，对股东利益产生直接影响。为此，我国《公司法》对公司增加资本的程序作了相应的法律规定。我国《公司法》

第44条规定，有限责任公司股东会对增加资本作出决议，必须经代表2/3以上表决权的股东通过。《公司法》第104条规定，股份有限责任公司股东大会作出增加注册资本的决议，必须经出席会议的股东所持表决权的2/3以上通过。《公司法》第180条规定，公司增加资本应当依法向公司登记机关办理变更登记。

根据《公司法》的规定，有限责任公司与股份有限公司增资的主要操作流程基本相同，大致有八个环节，如图所示：

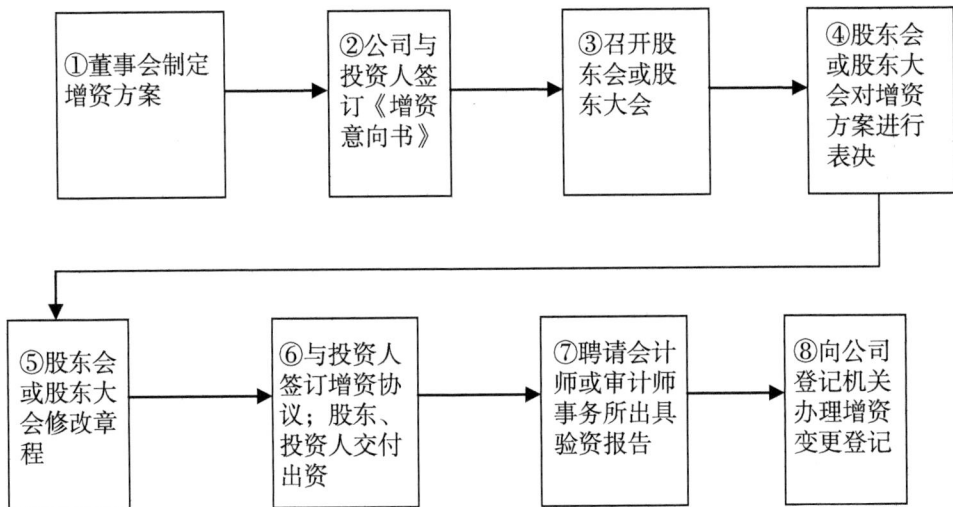

```
┌──────────┐    ┌──────────┐    ┌──────────┐    ┌──────────┐
│①董事会制定│    │②公司与   │    │③召开股   │    │④股东会   │
│增资方案   │───▶│投资人签   │───▶│东会或股   │───▶│或股东大   │
│          │    │订《增资   │    │东大会     │    │会对增资   │
│          │    │意向书》   │    │          │    │方案进行   │
│          │    │          │    │          │    │表决       │
└──────────┘    └──────────┘    └──────────┘    └──────────┘
                                                        │
     ┌──────────────────────────────────────────────────┘
     ▼
┌──────────┐    ┌──────────┐    ┌──────────┐    ┌──────────┐
│⑤股东会   │    │⑥与投资人 │    │⑦聘请会计 │    │⑧向公司   │
│或股东大   │───▶│签订增资协 │───▶│师或审计师 │───▶│登记机关   │
│会修改章   │    │议；股东、 │    │事务所出具 │    │办理增资   │
│程        │    │投资人交付 │    │验资报告   │    │变更登记   │
│          │    │出资       │    │          │    │          │
└──────────┘    └──────────┘    └──────────┘    └──────────┘
```

■教学与训练任务二：公司增加资本过程中的法律实务

《公司法》对公司增资程序作出了相应的法律规定，公司增加资本需按照法律规定的程序进行。负责增资实务的管理人员应当掌握《公司法》对增资程序的法律要求及操作事项，具备制作增资文件的能力。

一、掌握增资程序的法律要求

（一）董事会制定增资方案

董事会是公司的业务经营决策机构，对股东会或股东大会负责。《公司法》对董事会的职权做出了明确的法律规定，制订公司增加或者减少注册资本以及发行公司债券的方案是其职权之一。董事会根据市场需求，结合公司发展需要，确定公司增加资本的金额及采用的增资方式，制定具体的增资方案。

在实际操作中，负责增资实务的管理人员需要注意增资方案的内容。增资方案主要应包括：增加资本公司的基本情况、增资的用途、增资的目标、增资的方式、增资的对象、投资者资格的要求、出资的数额及方式、认购的程序等内容。

（二）与投资人签订《增资意向书》

公司采用增资扩股方式，需要与有意向公司投资的投资人签订《增资意向书》。

在实际操作中，负责增资实务的管理人员需要注意增资意向书的内容。意向书应包括：公司注册资本数额、增资后注册资本额、投资人的投资数额、投资方式、增资后公司股权结构情况、违约责任等主要内容。

（三）董事会召集召开股东会或股东大会

股东会会议由董事会召集，董事长主持。有限责任公司召开股东会会议之前15日，董事会应通知各股东召开股东会的时间、地点、所议事项。股份有限公司召开股东大会会议，应当将会议召开的时间、地点和审议的事项于会议召开20日前通知各股东；临时股东大会应当于会议召开15日前通知各股东。

在实际操作中，负责增资实务的管理人员需要注意，董事会应以书面方式通知各股东，通知的内容应包括：①会议召开时间；②会议召开地点；③参会对象；④主要议事日程；⑤注意事项；⑥联系人和联系方式。特别提示：可以把股东因故不能出席会议时可办理书面委托手续，委托其他股东履行表决权写入注意事项中。董事会通知召开股东会或股东大会的具体要求已在综合训练项目三中作了详细介绍，在此不再赘述。

（四）股东会或股东大会对增资方案进行表决

有限责任公司的股东会对增加资本作出决议，必须经代表2/3以上表决权的股东通过。注意决议通过不是出席股东会代表2/3以上表决权的股东通过，而是全体股东代表2/3以上表决权的股东通过。股份有限责任公司是必须经出席会议的股东所持表决权的2/3以上通过。

在实际操作中，负责增资实务的管理人员需要注意的是表决权的计算方式。在计算表决权方式时，不是以股东人数计算，而是以股东出资比例或所持股份计算。股东会或股东大会的表决已在综合训练项目三中作了详细介绍，在此不再赘述。

（五）股东会或股东大会修改章程

注册资本是公司章程必须记载的事项，公司增加资本后，公司在资本、股东、股权等方面发生变化，与公司注册时章程记载的事项不一致，需要修改章程。

在实际操作中，负责增资实务的管理人员需要注意的是修改章程的内容。

修改章程主要涉及公司的注册资本、股东的姓名或者名称、股东的出资方式、股东的出资额和出资时间等方面的内容。

（六）与投资人签订《增资协议》，投资人交付增资资金

公司与投资人在签订投资意向书的基础上签订增资协议。增资协议的主要内容包括公司注册资本数额、增资后注册资本额、投资人投资数额、投资方式、投资时间、增资后公司股权结构变化情况、违约责任、争议的解决方式等。协议签订后，股东或投资人投入增资资金。

我国《公司法》规定，有限责任公司的股东、股份有限公司的发起人可以用货币出资，也可以用实物、知识产权、土地使用权等可以用货币估价并可以依法转让的非货币财产作价出资；但是，法律、行政法规规定不得作为出资的财产除外。股东或投资人可依照《公司法》规定的上述财产种类进行投资以增加公司的资本总额。在实际操作中，负责增资实务的管理人员需要注意，因增资的财产种类不同，实际操作时的注意事项不同，具体有：

1. 以货币增资时应注意：

（1）必须将投入的资金存入公司的银行账户上。填写银行单据时，须在银行单据"用途、款项来源、摘要、备注"一栏中注明"投资款"。

（2）各股东或投资人按各自认缴的出资比例分别投入资金，分别提供银行出具的存款单原件。

（3）投资人必须为章程中所规定的增资人。

2. 以实物、知识产权、土地使用权等增资时应注意：

（1）用于增资的实物，增资人对其享有所有权，这样才能保证增资人将该物让渡给公司后，不受他人追索。租赁、借贷、设立担保的实物不能作为增资人的增资。

（2）以知识产权增资的，增资人应当对其拥有所有权。

（3）以土地使用权增资的，增资人应当对其拥有土地使用权且必须是以出让方式获得的土地使用权。

（4）以实物或无形资产增资的须经资产评估，出具资产评估报告，办理财产转移登记手续。

负责增资实务的管理人员特别需要注意的是以实物或无形资产增资的履行方式。履行方式包括两个方面：一是实际缴付，二是权属变更。因为国家对它们实行登记管理制度。实际缴付，表现为标的物占有主体的实际变更，属于事实上的权利交付。它的意义在于实现公司对股东出资财产的实际掌控和利用。权属变更表现为出资的标的物实际交付后，还需到国家登记管理机构办理权利主体的变更登记，属于法律上的权利交付。它的意义在于通过法律对权利的确

认，进而保护公司的利益，防止未经权利变更引起的法律纠纷。

实际缴付和权属变更共同构成权利完整移转不可分割的两个方面，两者缺一不可。如，房屋、汽车、专利技术、商标权、土地使用权的交付不仅实际交付占有，还需分别到房产登记管理部门、机动车辆登记管理部门、国家知识产权管理部门、国土资源管理局变更权利主体，重新登记。

（七）聘请会计师或审计师事务所出具验资报告

公司增加资本需经法定验资机构验资并出具法定验资报告。在我国法定验资机构主要是依法注册登记的会计师事务所或审计师事务所。验资时应注意：

1. 委托会计师或审计师事所进行增资验资需要提供的基本资料：股东会或股东大会同意增资的决议、修改后的章程及原章程、增资前的最近一期验资报告，验原件留复印件；公司及各法人股东最近一期会计报表及往来明细表的复印件（有法人股东时提供）；公司营业执照的复印件，法人股东营业执照的复印件（有法人股东时提供）；增资为个人时提供身份证明复印件。

2. 以货币增资验资需要提供的资料：以货币增资验资，除需提供增资验资基本资料外，还需提交公司银行进账单原件；股东用于增资投资款的个人存折（卡）或取款单复印件。

3. 以实物、无形资产验资需要提供的资料：以实物、知识产权、土地使用权增资的，除需提供增资验资基本资料外，还需提交资产评估报告，验原件留复印件；实物增资方承诺6个月内办理产权过户手续的承诺书原件；无形资产出资方承诺1个月内办理产权转移手续的承诺书原件；实物交接清单，验原件留复印件。

（八）向公司登记机关办理增资变更登记

公司增加注册资本需到工商局办理变更登记。需要办理公司章程、股东、注册资金变更登记手续。在实际操作中，办理变更登记需向工商局提交的文件有：

1. 公司法定代表人签署的《公司变更登记申请书》加盖公司公章。

2. 公司法定代表人签署的《公司股东（发起人）出资情况表》，公司加盖公章。

3. 公司法定代表人签署的《申请企业登记授权委托书》。需要注意的是，授权委托书应标明具体委托事项、被委托人的权限、委托期限，公司加盖公章。指定代表或委托代理人的身份证复印件，需本人签字。

4. 提交有限责任公司、股份有限公司股东会决议或股东大会决议。会议决议内容应当包括增加注册资本的数额、各股东具体承担的增加注册资本的数额、各股东的出资方式、出资日期。有限责任公司增资的会议决议应当由代表2/3

以上表决权的股东同意，出席会议的股东在股东会议记录上签名（股东为自然人的由本人签字；自然人以外的股东加盖公章）。股份有限公司股东大会增资的会议决议应当由出席会议的股东所持表决权的2/3以上通过，出席会议的股东应当在会议记录上签名。

另外还需注意，一人有限责任公司变更公司注册资本时，应提交股东的书面决定，内容应当包括增加注册资本的数额和出资方式、出资日期（股东为自然人的由本人签字，法人股东加盖公章）。

5. 公司章程修正案（公司法定代表人签署）。

6. 依法设立的验资机构出具的验资证明。

7. 股份有限公司以募集方式增加注册资本的还应提交国务院证券监督管理机构的核准文件。

8. 法律、行政法规和国务院决定规定变更注册资本必须报经批准的，提交有关的批准文件或者许可证书复印件。

9. 公司营业执照副本。

以上各项未注明提交复印件的，应当提交原件。提交复印件的，应当注明"与原件一致"并由公司签署，加盖公章，或者由其指定的代表或委托的代理人加盖公章或签字。

公司增资提交上述文件均合法有效，工商局给予变更登记，变更登记后，增资程序全部完成。

二、制作增资的法律文件

【实训背景】

北京祺瑞纺织品有限责任公司与王某、张某于2006年8月经注册成立北京飞达汽车租赁有限责任公司，注册资本为200万元，股东的出资及出资比例分别为100万元（50%）、60万元（30%）和40万元（20%），法定代表人为张某。

随着公司业务的发展，北京飞达汽车租赁有限责任公司需增资扩股，增资扩股后，公司注册资本500万，现股东北京祺瑞纺织品有限责任公司、王某、张某分别增资40万、30万、30万，其余资金通过增加股东李某、赵某注资完成。在北京飞达汽车租赁有限公司增资扩股中，李某以自己的一项专利技术出资，评估为50万元。赵某以自己的一处房产出资，评估其价值150万元。

【实训内容】

1. 请以实训背景资料提供的信息为主，并根据自己的理解、补充和法律规定，起草一份增资意向书。

2. 填写公司增资变更登记申请书。

【参考样本】

_____有限责任公司增资意向书

甲方：_____有限责任公司　　住址：　法定代表人：　　电话：

乙方：身份证号码：　住址：　电话：（如为公司需注明法定代表人姓名）

丙方：身份证号码：　住址：　电话：（如为公司需注明法定代表人姓名）

_____有限责任公司为扩大生产经营，现经甲、乙、丙三方友好协商，就拟增加_____有限公司注册资本达成以下协议，其内容如下：

一、_____有限责任公司注册资本由_____万元人民币增至_____万元人民币，即增加注册资本_____万人民币。

二、所增加注册资本由甲方原股东认购认缴_____元，其余_____元由乙、丙两方认缴，乙认缴_____元，丙认缴_____元，并根据正式协议的约定按时缴纳。

三、增资后，公司股权结构变更为：甲方现股东出资_____元，占注册资本的_____%；乙方出资_____元，占注册资本的_____%，丙方出资_____元，占注册资本的_____%。

四、本意向书签订后，甲方于_____日内取得公司增资的股东会决议，并完成公司资产评估工作。

五、甲方完成本意向书第4条的准备工作后_____日内双方以此意向书为基础签订增资协议书。

六、本意向书在三方签字盖章后生效。一方违约给对方造成损失的，违约方应赔偿守约方的实际损失。

七、本合同一式三份，甲、乙、丙各执一份。

每份具有同等法律效力。

甲方（盖章签字）：　　乙方（盖章签字）：　　丙方（盖章签字）：

签订日期：　年　月　日

有限责任公司变更登记申请书

注册号

项 目	原登记事项	申请变更登记事项
名 称		
住 所		
邮政编码		
联系电话		
法定代表人姓名		
注册资本	（万元）	（万元）
实收资本	（万元）	（万元）
公司类型		
经营范围	许可经营项目： 一般经营项目：	许可经营项目： 一般经营项目：
营业期限	长期 ／ 年	长期 ／ 年
股 东		
出资时间		
出资方式		
备案事项	□董事 □监事 □经理 □章程 □章程修正案	

本公司依照《公司法》、《公司登记管理条例》申请变更登记，提交材料真实有效。谨此对真实性承担责任。

公司盖章： 法定代表人签字：

年 月 日

注：1. 手工填写表格和签字请使用黑色或蓝黑色钢笔、毛笔或签字笔，请勿使用圆珠笔。

2. 原登记事项、申请变更登记事项均只填写申请变更的栏目。

3. "股东"栏只填写股东名称或姓名，出资情况填写《有限责任公司变更登记附表——股东出资信息》。

4. 变更登记同时申请备案的无须提交《公司备案申请书》，请在"备案事项"栏的□中打√。申请变更法定代表人、注册资本、实收资本、股东出资方式或者同时申请董事、监事、经理备案的，应当分别提交《变更登记附表——法定代表人信息》、《有限责任公司变更登记附表——股东出资信息》、《公司变更登记附表——董事、监事、经理信息》。

■教学与训练任务三：起草增资扩股协议、办理增资手续

【实训背景】

2003 年 6 月 23 日，王某和张某共同出资设立了某商贸有限公司，公司注册资本为 50 万元，其中王某以货币 33 万元出资，张某以货币 17 万元出资。后刘某欲出资参与商贸公司的经营，商贸公司两位股东同意增资扩股。股东张某以商贸公司的名义与刘某口头约定，由其出资 7 万元到商贸公司账户，但就刘某出资与公司资本的关系、所占股权份额等出资的主要条款内容及增资扩股具体手续如何办理没有约定。刘某于 2005 年 4 月 3 日将存有 7 万元的存折交与商贸公司，商贸公司为此向刘某出具了收据，并注明"刘某入股 7 万元存折"。商贸公司分两次从存折上提取现金共 6.9 万元，随后将存折交还给刘某。此后，商贸公司一直未向刘某签发出资证明书，亦未办理工商登记变更手续。刘某曾多次要求商贸公司与其签订具体的增资扩股协议，并要求其办理工商变更手续。但商贸公司置之不理，也未给刘某办理出资证明和股权登记。2006 年 2 月刘某以商贸公司无合作诚意，向法院提起诉讼，要求商贸公司退还其交纳的入股金 6.9 万元，并加算同期银行存款利息。商贸公司则称，同意刘某入股是以股东张某将其 17 万元出资额中的 7 万元转让给刘某的方式，吸收刘某为公司股东，并非增资扩股。故不同意刘某的诉讼请求。

【实训任务】

1. 根据实训背景资料，分析刘某与公司之间的约定是否属于增资扩股协议。

2. 以实训材料提供的背景信息为主，根据相关法律规定，为公司和刘某起草一份增资扩股协议书。

3. 以实训材料提供的背景信息为主，根据相关法律规定，为公司办理增资扩股手续。

【考评标准】

1. 学生对公司增加资本的理解程度及能否应用法学理论解决实际问题。

2. 学生是否掌握增资协议的内容，以及起草的增资协议是否标准、完整。

3. 学生是否掌握公司增资需提交的法律文件及法律文件是否规范。

■训练项目二：公司减资实务

公司在运营过程中，需要根据市场及公司自身情况来调整经营策略及资本总额。一般而言，公司减少资本发生在缩小经营规模、减少过剩资本或出现严重亏损时。根据资本不变原则，公司资本不得随意减少，公司减少资本必须通过法定程序，这对于保护公司债权人的利益具有十分重要的意义。

■教学与训练任务一：公司减少资市前的准备工作

把握理解减资方式、条件、熟悉减资程序，是公司减少资本前的必备知识技能，是公司法务技能重要的组成部分。

一、认识、理解减少资本的方式

减少资本，简称减资，是指公司成立后，基于某种情况或需要，依照法定的条件和程序减少公司的资本总额。

一般而言，公司减少资本发生在缩小经营规模、减少过剩资本或出现严重亏损时。例如，当公司缩小经营规模时，如保持资本不变，就会造成资金的闲置和浪费。又如，如果公司亏损严重，其资产总量显著低于公司注册资本，如保持资本不变，公司的资本就不能如实反映公司现有的资信情况，只有通过减资使资本与资产保持基本一致。再如，根据无盈利不得分配股利且盈利必须先行弥补亏损的原则，公司严重亏损，股东得不到股利，会失去对公司的信心，不利于公司的稳定。通过减资，可以帮助公司改变亏损状态，尽快使公司具备向股东分配股利的条件。

公司减少资本可以采取以下几种方式：

（一）同比减资与不同比减资

同比减资，是公司各股东按原出资比例或所持股份比例同步减少出资，减资后各股东的股权比例或持股比例不变。不同比减资，是公司各股东不按原出资比例或所持股份比例减少出资，也可以依照股东意愿，有的股东不减少出资，减资后各股东的股权比例或持股比例将发生变化。

（二）减少股份数额与减少股份金额

这是股份有限公司的减资方式。减少股份数额，即减少股份总数，而每股金额并不减少。减少股份金额，即减少每股的金额，而不改变股份总数。公司可以同时采用两种方式减资，既减少股份的数额，又减少每股的金额。

（三）返还出资的减资、免除出资义务的减资与弥补亏损的减资

返还出资的减资，是对已缴足出资额的股权或股份，将部分出资款返还给股东，此种减资的结果既减少公司的资本，也减少公司的资产或运营资金，使公司净资产从公司流向股东，属于实质性减资。免除出资义务的减资，是对尚未缴足出资额的股权或股份，免除股东全部或部分缴纳出资的义务。弥补亏损的减资，是在公司因亏损而减资时，直接取消部分股权或股份，或者直接减少每一股份的金额，并抵销本应弥补的公司亏损。后两种减资的结果只是改变公司资产的性质和结构，而不改变其总的价值金额，只减少公司的资本总额，而不减少公司的资产总量，是形式上减资。

在实践中，公司根据自身需要，综合运用上述减资方式。

二、认识、把握减少资本的条件

按照资本不变原则，不允许公司减少资本，但也不是绝对不允许。我国《公司法》允许公司在符合一定的条件时，按照法定程序减少资本。

1. 原有公司资本过多，形成资本过剩，再保持资本不变，就会导致资本在公司中的闲置和浪费，也增加了分红的负担。

2. 公司严重亏损，资本总额与其实有资产差距悬殊，公司资本已失去证明公司资信状况的法律意义。

公司在运营过程中，出现上述情形，可以减少资本。公司减少注册资本虽然属于公司内部管理的范畴，公司可以根据自身发展需要，依照法定的程序决定减少资本的幅度，但是，基于对公司债权人的保护以及公司开展业务的需要，《公司法》第178条规定，公司减资后的注册资本不得低于法定的最低限额，并且须依法履行相应的减资程序，违反法定条件和程序，会导致公司减资行为的无效或者被撤销。

三、熟悉减少资本的程序

公司减少资本意味着公司偿债能力降低，这不仅会危及交易安全和公司债权人的利益，而且极易被一些不法分子当作抽逃资金的犯罪手段。为此，我国公司立法规定了比增资更为严格的减资程序。

《公司法》规定，股东（大）会作出减资决议，并相应地对章程进行修改。有限公司作出减资决议，必须经代表2/3以上表决权的股东通过，股份有限公

司必须经出席会议的股东所持表决权的 2/3 以上通过；公司必须编制资产负债表及财产清单；通知和公告债权人。公司应当自作出减资决议之日起 10 日内，通知债权人，并于 30 日内在报纸上公告。债权人自接到通知书之日起 30 日内，未接到通知书的自公告之日起 45 日内，有权要求公司清偿债务或者提供相应的担保。公司减资后的注册资本不得低于法定的最低限额。公司减资后需办理减资登记手续。

根据《公司法》的规定，有限责任公司与股份有限公司减少资本的主要操作流程基本相同，有九个步骤，如图所示：

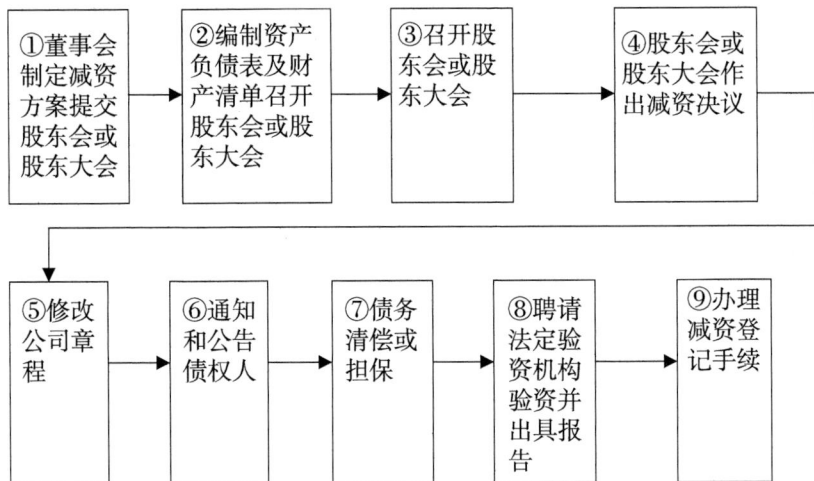

```
┌──────────┐   ┌──────────┐   ┌──────────┐   ┌──────────┐
│①董事会   │   │②编制资产 │   │③召开股   │   │④股东会或 │
│制定减资   │→ │负债表及财 │→ │东会或股   │→ │股东大会作 │
│方案提交   │   │产清单召开 │   │东大会     │   │出减资决议 │
│股东会或   │   │股东会或股 │   │           │   │           │
│股东大会   │   │东大会     │   │           │   │           │
└──────────┘   └──────────┘   └──────────┘   └──────────┘
     │                                               │
     ▼                                               ▼
┌──────────┐   ┌──────────┐   ┌──────────┐   ┌──────────┐   ┌──────────┐
│⑤修改     │   │⑥通知     │   │⑦债务     │   │⑧聘请     │   │⑨办理     │
│公司章     │→ │和公告     │→ │清偿或     │→ │法定验     │→ │减资登     │
│程         │   │债权人     │   │担保       │   │资机构     │   │记手续     │
│           │   │           │   │           │   │验资并     │   │           │
│           │   │           │   │           │   │出具报     │   │           │
│           │   │           │   │           │   │告         │   │           │
└──────────┘   └──────────┘   └──────────┘   └──────────┘   └──────────┘
```

■教学与训练任务二：公司减少资市过程中的法律实务

为了保证交易安全，保护债权人的利益，我国《公司法》对公司减资程序做出了严格的法律规定，公司减少资本必须按照法律规定的程序进行。负责公司减资实务的管理人员应当掌握《公司法》对减资程序的法律要求及操作事项，具备制作减资所需法律文件的能力。

一、掌握减资的法律要求

（一）董事会制定减资方案提交股东会或股东大会

董事会是公司的业务执行机构，对股东会或股东大会负责。公司减少资本由董事会制定具体的减资方案，提交股东会或股东大会讨论。

实际操作过程中，负责公司减资实务的管理人员，在起草公司减资方案时，注意减资方案应包括：减资后的注册资本、减资后债权人利益的安排、有关修改章程的事项、股东出资及其比例的变化等具体内容。

（二）编制资产负债表及财产清单

减少注册资本无论是对公司的股东还是公司的债权人，都会产生重大影响，虽然《公司法》赋予了股东和债权人在公司减少注册资本的过程中进行自我保护的方式。但是，无论是股东进行投票表决，还是公司债权人要求公司清偿债务或者提供担保，都需要对公司的经营状况，尤其是财务状况有一定了解的情况下，才可以作出理智的决定。因此，《公司法》178 条规定公司需要减少注册资本时必须编制资产负债表及财产清单。

在实际操作过程中，负责公司减资实务的管理人员编制的资产负债表及财产清单要真实、详细、客观公正地反映财务状况。

（三）召开股东会或股东大会

有限责任公司召开股东会会议之前 15 日，董事会应通知各股东召开股东会的时间、地点、所议事项。股份有限公司召开股东大会会议，应当将会议召开的时间、地点和审议的事项于会议召开 20 日前通知各股东；临时股东大会应当于会议召开 15 日前通知各股东。

实际操作过程中，负责公司减资实务的管理人员注意的是，与公司增资一样，董事会应以书面方式通知各股东。书面通知的内容应包括：①会议召开时间；②会议召开地点；③参加会议人员；④主要议程；⑤联系人和联系方式；⑥注意事项等。在注意事项中可以载明如个别股东因故不能与会的，可办理书面委托手续，授权其他股东履行表决权。

（四）减资决议

公司减少资本属于公司重大事项，须经股东会或股东大会经过特别程序通过。有限责任公司作出减资决议，必须经代表 2/3 以上表决权的股东通过，股份有限公司必须经出席会议的股东所持表决权的 2/3 以上通过。

在实际操作过程中，负责公司减资实务的管理人员需要注意把握公司减资决议的内容。一般来说，减资决议内容需载明减资者、减资的股权数额、减资的方式、减资后的最新股本结构等主要内容。

公司减资后的注册资本不得低于法定的最低限额。根据《公司法》第 26、81 条的规定，除法律、行政法规对注册资本的最低限额有较高规定的外，有限责任公司注册资本的最低限额为人民币 3 万元，股份有限公司注册资本的最低限额为人民币 500 万元。最低注册资本限额是公司合法成立的必要条件，如果注册资本低于法定限额，公司就不再具备法定的设立条件，应当变更企业形式。

（五）修改公司章程

根据《公司法》第 25 条规定，注册资本、股东的姓名或名称以及股东的出资方式、出资额和出资时间等属于公司章程必须载明的事项。公司减资后，公司资本、股东股权等事项发生变化，与原公司章程记载的事项不相符，需要修改章程。减资章程的修改主要涉及公司的注册资本、股东的姓名或者名称、股东的出资方式、出资额和出资时间等方面的内容。修改章程也须经有限责任公司股东会代表 2/3 以上表决权的股东通过，或者经过股份有限公司股东大会出席会议的人员所持表决权的 2/3 以上通过。

在实际操作过程中，负责公司减资实务的管理人员需要注意的是：修改公司章程会与减资一并讨论和决议。因为这是两个相互联系的问题。

（六）通知和公告债权人

公司减少资本意味着公司偿债能力的减少，直接影响到公司债权人的利益，危及交易安全。为了保证债权人的利益，根据《公司法》的规定，公司应当自作出减资决议之日起 10 日内，通知债权人，并于 30 日内在报纸上刊登减资公告。

在实际操作过程中，负责公司减资实务的管理人员需要注意的是：公司自作出减资决议之日起 10 日内通知债权人主要是针对有其确切联络方式的债权人，公司于 30 日内在报纸上刊登减资公告主要针对的是无法联络的债权人和社会公众债权人。通知与公告债权人是公司减资时必须履行的法定义务，违反该义务要承担相应的法律责任。《公司法》第 205 条规定，公司减少注册资本时，不依照《公司法》规定通知或者公告债权人的，由公司登记机关责令改正，对公司处以 1 万元以上 10 万元以下的罚款。

（七）债务清偿或提供担保

公司减资程序的顺利完成，还需债权人及时主张债权，要求减资公司清偿债务或提供担保。为此，我国《公司法》178 条规定了债权人主张债权的时间和方式。债权人自接到通知书之日起 30 日内，未接到通知书的自公告之日起 45 日内，有权要求公司清偿债务或者提供相应的担保。

在实际操作过程中，负责公司减资实务的管理人员需要注意的是：债权已经到期的，债权人当然有权选择是要求公司清偿债务还是提供相应担保；如果债权还未到期的，债权人可以要求公司提供相应的担保。如果公司拒绝或怠于提供相应担保，则债权人有权要求公司立即清偿债务。

为了保证债权人的利益，公司既不清偿债务又不提供担保的，公司不得减资。

（八）聘请法定验资机构验资并出具报告

我国《公司注册资本登记管理规定》第15条规定，减少后的注册资本及实收资本数额应当达到法律、行政法规规定的公司注册资本的最低限额并经验资机构验资。公司减资验资程序与增资的验资程序及操作注意事项基本相同，在此不再赘述。

（九）办理减资登记手续

资本是公司注册登记的重要事项之一，公司减少资本导致公司登记注册事项的变更，因而须办理减资登记手续，并自登记之日起，减资生效。

在实际操作过程中，负责公司减资实务的管理人员需要特别注意的是：公司减资以后，应当到工商登记机关办理变更登记手续，除需提交与增资相同的1～9项文件外，还需提交刊登减资公告的报纸报样以及股东签字、公司盖章的公司债务清偿和债务担保情况说明。

公司减资进行变更登记后，才能得到法律上的承认，减资程序全部完成。公司违反法定的减资程序，会导致减资无效或被撤销。

三、制作减资的法律文件

【实训背景】

海天有限责任公司是一家经营电器批发的中型企业，注册资本500万元。多年来由于市场不景气，公司资本总额与其实有资产悬殊，2012年4月，海天公司决定减少注册资本。5月，股东会以代表2/3以上表决权的股东通过决议，将公司注册资本减至人民币100万元；公司自作出减少注册资本决议之日就向公司登记机关办理了变更登记。

【实训内容】

1. 请以实训材料提供的背景信息为主，并可根据自己的理解、补充相关事实背景，依据法律规定制作一份股东会减资决议。

2. 请以实训材料提供的背景信息为主，并可根据自己的理解、补充相关事实背景，根据法律规定和工商部门的要求列举公司变更注册资本登记需提交的法律文件，并制作一份公司减资公告。

【参考样本】

＿＿＿＿有限责任公司减资股东会决议

＿＿＿＿＿＿＿有限公司于＿＿＿＿年＿＿＿＿月＿＿＿＿日在＿＿＿＿市＿＿＿＿区＿＿＿路＿＿＿＿号召开股东会会议，本次会议是根据公司章程规定召开的临时会议，于召开会议前依法通知了全体股东，通知的时间及方式符合公司章程的规定。出席本次股东会会议的有股东＿＿＿＿、股东＿＿＿＿、股东＿＿＿＿，全体股东均已到会。会议由公司董事长_____召集和主持。

公司减少注册资本，符合《中华人民共和国公司法》规定的程序。公司的资产、负债情况详见本公司的《验资报告》，公司在减资后完全有能力清偿目前所有的债务。因此，股东会会议一致通过并决议如下：

1. 公司注册资本由_____万元人民币减少到_____万元人民币，公司减少注册资本后，注册资本为_____万元人民币，实收资本为_____万元人民币，减资后股东的出资额及出资比例为：股东_____出资_____万元人民币，占公司注册资本_____％；股东_____出资_____万元人民币，占公司注册资本_____％，股东_____出资_____万元人民币，占公司注册资本_____％。

2. 公司减资前存在的债务，在公司减资后，如公司资产不足以清偿，全体股东承诺仍将按减资前各自的出资额承担债务的连带清偿责任。

3. 同意修改公司章程相关条款。

全体股东签字或盖章：

（自然人股东签字、非自然人股东盖章）

_____年_____月_____日

_____公司减资公告

经本公司股东会决定：本公司注册资本从_____万元减至_____万元。请债权人自接到本公司书面通知书之日起 30 日内，未接到通知书的自本公告之日起 45 日内，有权要求本公司清偿债务或者提供相应的担保，逾期不提出的视其为放弃要求。

特此公告。

_____有限责任公司

_____年_____月_____日

■教学与训练任务三：分析公司减资行为是否有效

【实训背景】

2009 年 5 月，刘某、胡某和孙某三人分别出资 30 万元、60 万元、120 万元成立了北京世豪食品加工有限责任公司，注册资本 210 万元。到 2010 年年底，公司由于经营良好，实有资产达到 500 万元。2011 年 1 月初，该公司引进一条食品加工生产线，于 2011 年 2 月 8 日向某商业银行贷款 160 万元，贷款期限为

1 年。引进生产线后，市场发生了巨大变化，市场竞争日趋激烈。世豪公司于2011 年 10 月 12 日召开股东会并作出决议一致同意减少注册资本，按出资比例分给每位股东共计240 万元，公司注册资本减至100 万元。对此，世豪公司分别于 10 月 14 日、16 日、22 日在某日报上进行了三次公告，但并未就此专门通知该商业银行。10 月 28 日，世豪公司向工商部门申请办理减少注册资本登记，并于 11 月 1 日获核准登记。

2012 年 2 月 8 日，世豪公司贷款到期，因经营亏损，不能还贷。该商业银行向法院提起诉讼，要求世豪公司按照约定还贷，并请求法院判令世豪公司的减资违反《公司法》的规定，应属于无效行为。

【实训任务】

1. 请以实训材料提供的背景信息为主，根据法律规定，分析世豪公司减资行为的违法之处。

2. 请以实训材料提供的背景信息为主，并根据自己的理解和法律规定，制作一份案情分析报告。

3. 请以实训材料提供的背景信息为主，并根据自己的理解、补充和法律规定，为世豪公司办理减资手续。

【考评标准】

1. 学生是否理解《公司法》对公司减资的法律要求、能否根据法律要求，完整准确分析出本案的违法之处。

2. 学生是否掌握减资的程序、是否能正确运用法律知识解决实际问题及文字书写表达是否精炼与准确。

3. 学生是否掌握公司减资的基本法律知识、是否具备公司减资实务所需基本技能。

■训练项目三：公司合并实务

公司在经营过程中，为了消除公司之间的竞争，增强公司实力，在市场竞争中处于优势，往往会采取与其他公司合并的方式。公司合并是公司变更的主要表现形式之一，对公司发展具有十分重要的意义。

■教学与训练任务一：公司合并前的准备工作

公司合并前，一般来讲，了解公司合并及其方式、法律对公司合并程序的规定以及合并后产生的后果，是公司法务技能必须具备的常识性知识。

一、认识、理解公司合并的特征与方式

（一）公司合并的特征

公司合并，是指两个或两个以上的公司达成合意，依法合并为一个公司或创设为一个新公司的法律行为。公司合并具有以下几个特征：

1. 公司合并是两个或两个以上公司合并为一个公司的行为。进行合并的公司应至少为两个或两个以上，公司的合并应是在两个或两个以上的公司之间进行的。

2. 公司的合并是基于两个或两个以上的公司之间的合意而进行的。公司的合并需要合并各方就合并涉及的相关问题签订合并协议，并依据协议条款进行。

3. 公司合并必须依法进行。公司合并将引起合并前的各公司主体及其权利义务的变更，并且影响各公司的债权人、股东、职工等相关主体的利益。为避免各方的利益因公司合并而受到侵害，各国法律均对公司合并中涉及各方利益的相关问题如何处理作了严格规定，并要求公司合并必须依法进行。

4. 公司合并必须依法进行相应的登记。公司合并通常会引起公司的主体资格、公司股东及股权结构，以及合并前后公司的债权债务等权利义务的变更，导致公司资产和股权结构等的改变，必须予以严格监管。因此，公司合并必须依据公司法规定的程序进行，并办理相应的登记手续。

（二）公司合并的方式和方法

1. 公司合并的方式。《公司法》第173条规定："公司合并可以采取吸收合并或者新设合并。一个公司吸收其他公司为吸收合并，被吸收的公司解散。两个以上公司合并设立一个新的公司为新设合并，合并各方解散。"从本条规定可以看出：公司合并有吸收合并和新设合并两种形式。吸收合并是指一个公司吸收其他公司，吸收方存续而被吸收方解散的合并方式。在吸收合并中，被吸收的公司可能是一个，也可能是若干个。新设合并是指两个或两个以上的公司合并设立一个新的公司的合并方式。

2. 公司合并的方法。在公司合并的实践中，吸收合并是公司合并中最为常见的类型，吸收合并主要通过以下方法进行：

（1）购买股权法，指吸收方公司以自己的资金购买被吸收方公司股东的全部股权，将被吸收方公司解散并吸收到吸收方公司的合并方法。

（2）置换股权法，指吸收方公司股东以自己持有的其他公司的股权与被吸收方公司股东持有的被吸收方公司的全部股权相转换，将被吸收方公司解散并吸收到吸收方公司的合并方法。置换股权法不同于购买股权法之处在于：前者是两方公司的股东分别以自己所持有的股权相互调换实现公司合并，而后者是吸收方公司以自己的资金购买被吸收方公司股东的全部股权实现公司合并。

（3）吸收股权法，指被吸收方公司的股东将被吸收方公司的净资产作为股金投入吸收方公司，成为吸收方公司的新股东，并将被吸收方公司解散的合并方法。

（4）债务承担法，指合并后的存续公司通过承受被解散公司的全部资产和全部债务来实现公司合并的方法。这种合并方法通常适用于被吸收公司负债大于资产的情形。

二、认识公司合并程序

为确保公司合并行为公正、有效，切实维护公司、股东、债权人等相关各方的利益，各国公司法都对公司合并的程序作了严格的规定，我国公司法也不例外。

根据我国《公司法》等相关法律规定，公司合并程序主要包括董事会制定合并方案、股东（大）会作出合并决议、合并各方签订合并协议、清理与公司合并相关的资产并履行通知义务、办理因公司合并而需要办理的公司变更、注销或设立登记。根据我国《公司法》等相关法律规定，公司合并大致分为以下六个环节，如图所示：

```
┌──────────┐   ┌──────────┐   ┌──────────┐   ┌──────────┐
│①董事会   │   │②股东（大）│   │③合并     │   │④清理     │
│制定合并  │→ │会作出合并 │→ │各方签    │→ │与公司    │
│方案      │   │决议      │   │订合并    │   │合并相    │
│          │   │          │   │协议      │   │关的资    │
│          │   │          │   │          │   │产        │
└──────────┘   └──────────┘   └──────────┘   └──────────┘
                                                     │
       ┌──────────┐   ┌──────────┐                  │
       │⑤通知     │   │⑥办理     │                  │
       │公告债    │→ │公司变    │ ←───────────────────┘
       │权人      │   │更、注    │
       │          │   │销或设    │
       │          │   │立登记    │
       └──────────┘   └──────────┘
```

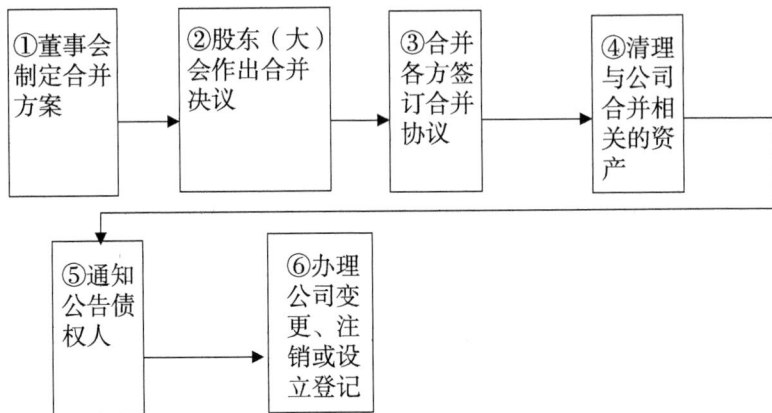

三、把握公司合并的法律后果

依法进行的公司合并，所产生的法律后果主要体现在以下几个方面：

（一）公司主体的变化

因公司合并方式的不同，导致公司主体的变化也会有所不同。公司合并导致公司主体发生变化大致体现为三种情况，在实际操作过程中，负责公司合并实务的管理人员要准确把握这三种情况：

1. 公司消灭。在吸收合并的情况下，被吸收合并的公司法人资格归于消灭；在新设合并的情况下，参与合并的公司法人资格均归于消灭。对消灭的公司，应当依法办理注销登记。

2. 公司变更。在吸收合并的情况下，存续公司的股东、资本都发生了变化，需要为此而修改公司章程并办理变更登记。

3. 公司设立。这种情况发生在新设合并的情况下，在原公司均告解散的基础上成立一个新的公司，并办理设立登记，从法律上确认新公司的主体资格。

（二）公司债权债务的转移

我国《公司法》第175条规定："公司合并时，合并各方的债权、债务，应当由合并后存续的公司或者新设的公司承继。"《合同法》第90条规定："当事人订立合同后合并的，由合并后的法人或者其他组织行使合同权利，履行合同义务。"

根据上述法律规定，在实际操作过程中，负责公司减资实务的管理人员需要把握的是：公司合并采取吸收合并方式的，被吸收方的债权债务应当由吸收方公司承继；采取新设合并方式的，合并各方的债权债务由合并后的新设公司承继。

（三）解散公司股东身份的变化

随着公司合并的完成及解散公司的消灭，解散公司股东的身份将发生变化。公司合并采取的方法不同，解散公司股东身份的变化也会有所不同。在新设合并中，参与合并的各公司解散，除异议股东外，赞同合并的股东都会丧失原来的股东身份成为新设公司的股东。在吸收合并中，解散公司股东身份的变化相对复杂，在实际操作过程中，负责公司合并实务的管理人员需要特别把握的是：

1. 以购买股权法合并的，解散公司股东因获得对方支付的股权购买价款而丧失其股东身份；

2. 以置换股权法合并的，解散公司股东因股权转换而成为合并各方以外的其他公司的股东；

3. 以吸收股权法合并的，解散公司股东变更为存续公司的股东；

4. 以债务承担法合并的，解散公司股东因原公司资产和债务基本相等而丧失股东身份。

■教学与训练任务二：公司合并过程中的法律实务

我国《公司法》对公司合并的程序作出了法律规定，公司合并需按照法律规定的程序进行。负责合并实务的管理人员应当掌握《公司法》对合并程序的法律要求，注重对相关主体利益的保护，具备制作公司合并所需法律文件的能力。

一、掌握公司合并的法律要求

（一）董事会制定合并方案

我国《公司法》第47条规定，董事会应对股东会负责，依法行使包括制订变更公司形式方案在内的各项职权。《公司法》第109条第4款规定："本法第47条关于有限责任公司董事会职权的规定，适用于股份有限公司董事会。"由上述规定可以看出，无论有限责任公司还是股份有限公司，制订公司合并方案，都是董事会的职权。因此，如果公司有合并意向，首先应由董事会制订相应的公司合并方案。

在实际操作过程中，负责公司合并实务的管理人员需要注意的是合并方案的内容。合并方案一般包括：①合并各方的名称、住所；②合并的目的意义；③合并的方式；④合并后存续公司或新设公司的名称、住所；⑤合并各方的资产状况及其处理办法；⑥合并各方的债权债务处理方法；⑦存续公司或新设公司因合并所发行的股份总额、种类和数量；⑧合并各方职工安置办法；⑨违约责任及争议的解决办法等。合并方案往往表现为合并协议。

（二）合并各方股东（大）会作出合并决议

根据我国《公司法》第44条的规定，有限责任公司作出公司合并、分立、解散或者变更公司形式的决议，必须经股东会代表2/3以上表决权的股东通过。第104条规定，股份有限公司合并、分立、解散或者变更公司形式的决议，必须经出席会议的股东所持表决权的2/3以上通过。由上述规定可以看出，无论有限责任公司还是股份有限公司，董事会制订的公司合并方案，均要提交股东（大）会依照《公司法》的规定表决通过，方可实施。

在实际操作过程中，负责合并实务的管理人员需要注意的是表决权的计算方式。表决权的计算方式在前述训练项目一增资部分已讲述，在此不再赘述。

（三）合并各方签订合并协议

公司合并是合并各方意思表示一致的结果，合并各方须签订合并协议。《公司法》第174条规定："公司合并，应当由合并各方签订合并协议"。

在实际操作中，负责合并实务的管理人员需要注意的是合并协议的主要内容。合并协议应当包括下列内容：①合并协议各方的名称；②合并形式；③合并后公司的名称；④合并后公司的注册资本；⑤合并协议各方债权、债务的承继方案；⑥合并各方职工安置办法；⑦签约日期、地点；⑧违约责任；⑨争议的解决办法；⑩合并协议各方认为需要规定的其他事项。

国有独资公司的合并必须由国有资产监督管理机构决定。重要的国有独资公司合并应当由国有资产监督管理机构审核后，报本级人民政府批准，才能进行。

（四）清理与公司合并相关的资产

根据《公司法》第174条规定，公司合并应当由合并各方编制资产负债表及财产清单。资产负债表是反映公司资产及负债状况的公司重要的会计报表，会计合并中必须编制的报表。

在实际操作过程中，负责公司合并实务的管理人员需要注意，合并各方应当认真编制资产负债表及财产清单，以客观、公正地反映公司的财产情况，对公司的债权、债务不得有任何隐瞒。

（五）通知公告债权人

公司应当自作出合并决议之日起10日内通知债权人，并于30日内在报纸上公告。债权人自接到通知书之日起30日内，未接到通知书的自公告之日起45日内，可以要求公司清偿债务或者提供相应的担保。

在实际操作中，负责合并实务的管理人员需要注意的是通知、公告方式的使用。以通知方式告知是针对已知债权人，以公告方式告知是针对未知的或者不能通过一般联系方式告知的债权人。通知和公告的目的主要是使公司债权人知晓公司要合并，以便他们是否对公司合并提出异议作出决定，此外，公告也可以起到通知未参加股东会（大会）的股东的作用。

（六）办理因公司合并而需要的公司变更、注销或设立登记

根据《公司法》第180条规定，合并后存续的公司，其登记事项发生变更的，应当依法向公司登记机关办理变更登记；因合并而被解散的公司，应当依法办理公司注销登记；因合并而设立新公司的，应当依法办理新公司的设立登记。

在实际操作中，负责合并实务的管理人员需要注意的是公司办理公司变更、注销或设立登记时应提交的法律文件。具体详见本项目的教学与训练任务三。

二、注意合并中相关主体利益的保护

公司合并主要涉及的是股东、债权人和职工利益，为了使公司合并不损害他们的利益，负责公司合并实务的管理人员要保护好相关主体的利益。

（一）公司合并中股东利益的保护

这里所说的股东，既包括合并后存续公司的股东，也包括解散公司的股东。从上述采取的不同方法进行的公司合并对解散公司的股东所产生的不同影响看，解散公司的股东或是发生身份上的变化，转变为存续公司的股东；或是因得到相应的对价和解散公司的资产而丧失股东身份。存续公司原股东虽然其身份没有发生变化，但因为存续公司的权利义务关系发生了变化，原股东自身的利益也受到不同程度的影响。由于公司合并必然涉及各股东的切身利益，如何保护股东的利益，也必然成为公司合并中必须关注的问题。

在实际操作过程中，不得因公司合并而损害股东，特别是中小股东的利益。对股东权益的保护，公司要做好以下几个方面的工作：

1. 履行对股东的信息披露义务。为了防止公司合并中可能出现的大股东"暗箱操作"，操纵合并事项损害中小股东的利益，各国法律通常都将对公司股东的信息披露作为公司合并中的一项法定义务。信息披露的义务不仅是内容方面的要求，还包括形式方面的要求，即信息披露必须真实、准确、完整、及时。

公司合并中，股份有限公司（尤其是上市公司）的情况远比有限责任公司复杂，大股东通过"暗箱操作"操纵合并事项造成的危害也更大。为避免立法的重复，并考虑到上市公司的合并对上市公司股票交易价格产生的重大影响，我国仅在《证券法》中对公司信息披露义务作了较为系统的规定。《证券法》第3章第3节是对"持续信息公开"的相关问题的专节规定，其第67条明确要求上市公司在作出公司合并的决定等可能对上市公司股票交易价格产生较大影响的重大事件，投资者尚未得知时，应当立即将有关该重大事件的情况向国务院

证券监督管理机构和证券交易所报送临时报告，并予公告，说明事件的起因、目前的状态和可能产生的法律后果。

虽然我国《公司法》对公司信息披露的相关问题规定较少，不够系统，但对公司合并中信息披露的要求，仍然可以透过一些相关条文得到体现。例如，《公司法》第 34 条第 1 款规定："股东有权查阅、复制公司章程、股东会会议记录、董事会会议决议、监事会会议决议和财务会计报告。"第 98 条规定："股东有权查阅公司章程、股东名册、公司债券存根、股东大会会议记录、董事会会议决议、监事会会议决议、财务会计报告，对公司的经营提出建议或者质询。"通过规定股东对公司作出的有关公司合并的决议有查询、建议、质询等权利，也能在一定程度上保证公司在合并中尽到对股东披露相关信息的义务。

在实际操作过程中，负责合并实务的管理人员需要注意保证公司依法向股东履行信息披露义务。

2. 赋予异议股东股份回购的请求权。公司重大事务的决定是依照"资本多数决"的原则作出，但这不可避免地出现以大股东意志为公司意志，中小股东意志受到漠视、压制甚至剥夺的情况。为兼顾效率和公平，我国《公司法》规定了公司合并中异议股东享有股份回购请求权。该法第 75 条规定，在发生公司合并的情形时，"对股东会该项决议投反对票的股东可以请求公司按照合理的价格收购其股权"，并规定"自股东会决议通过之日起 60 日内，股东与公司不能达成股权收购协议的，股东可以自股东会会议决议通过之日起 90 日内向人民法院提起诉讼"。

在实际操作过程中，负责合并实务的管理人员需要注意，在不动摇"资本多数决"原则的前提下，通过异议股东向公司以公正价格转让股权，达到保护中小股东利益的目的。

3. 建立其他保护性制度。我国法律对公司合并中股东的利益，尤其是中小股东利益的保护制度，除了上述的信息披露和异议股东股份回购请求权外，在其他一些保护性制度中也有所体现。例如，规定公司合并决议必须由股东（大）会通过，实际上赋予了股东对合并决议的否决权；又如，规定董事和控制股东的诚信义务等，以保护合并过程中股东的权益。

在实际操作过程中，负责合并实务的管理人员需要注意确保法律规定的制度得以贯彻执行。

（二）公司合并中债权人利益的保护

公司合并涉及公司主体的设立、变更、解散，以及公司资产、债权债务的划分、转移、承继等问题，都会影响债权人的利益。我国《公司法》对公司合并过程中债权人利益的保护问题作了相应规定。在实际操作过程中，保护好债权人的利益，公司需做好以下工作：

1. 履行对债权人的告知义务。实施合并的公司，有义务将公司合并的事实和债权人享有的权利及时向债权人告知。我国《公司法》第174条规定："公司应当自作出合并决议之日起10日内通知债权人，并于30日内在报纸上公告"。对不履行告知义务的公司，《公司法》还规定了相应的处罚措施。《公司法》第205条第1款规定："公司在合并、分立、减少注册资本或者进行清算时，不依照本法规定通知或者公告债权人的，由公司登记机关责令改正，对公司处以1万元以上10万元以下的罚款。"

在实际操作过程中，负责合并实务的管理人员需要注意的是：公司合并必须履行告知义务，使公司债权人知晓公司要合并，以便他们对公司合并是否提出异议作出决定。

2. 建立债务转移制度。为保护债权人的利益，应建立将公司合并中被解散公司的债务依法转由合并后存续或者新设的公司承继，或者以债权人同意的其他方式处理的制度。我国《公司法》第175条规定："公司合并时，合并各方的债权、债务，应当由合并后存续的公司或者新设的公司承继。"

在实际操作过程中，负责合并实务的管理人员需要注意的有：一般情况下的债务转移，必须征得债权人同意才能成立。如《合同法》第84条就规定："债务人将合同的义务全部或者部分转移给第三人的，应当经债权人同意。"而公司合并中的债务转移，则没有规定必须征得债权人同意。之所以如此，是因为与因公司合并而解散的公司相比较，新设公司或合并后仍存续的原公司通常情况下其资产和偿债能力并不会减少和降低，债权人的风险和对债权人的利益也不会因此而加大和造成损害。

3. 建立债权申报协商制度。实施合并的公司有义务通知债权人申报债权，双方应当就债务的妥善安排进行协商。我国《公司法》第174条规定："公司合并，应当由合并各方签订合并协议，并编制资产负债表及财产清单。公司应当自作出合并决议之日起10日内通知债权人，并于30日内在报纸上公告。债权人自接到通知书之日起30日内，未接到通知书的自公告之日起45日内，可以要求公司清偿债务或者提供相应的担保。"

在实际操作过程中，负责合并实务的管理人员需要注意的是：本条规定赋予了债权人有异议权，但它并不是一项义务。债权人在收到公司合并的通知或公告后可以答复，也可以不答复。不答复依法应被视为对公司合并无异议，但并不会因此而导致求偿权的丧失。任何在通知或公告中将答复设定为债权人的义务，甚至规定不答复即丧失求偿权的做法都是无效的。

4. 执行减资异议制度。公司合并中的减资异议制度，是指在公司合并过程中，债权人有权对减少注册资本的公司决议提出异议，或者要求公司清偿债务，或者要求提供相应担保的制度。

我国《公司法》第178条第2款规定："公司应当自作出减少注册资本决议之日起10日内通知债权人，并于30日内在报纸上公告。债权人自接到通知书之日起30日内，未接到通知书的自公告之日起45日内，有权要求公司清偿债务或者提供相应的担保。"通常情况下减资会导致公司资产和偿债能力的减少和降低，加大债权人的风险，损害债权人的利益，因此，法律赋予债权人对减资行为提出异议的权利是必要的。

在实际操作过程中，负责合并实务的管理人员需要注意的是：保证公司依法执行减资异议制度。

（三）公司合并职工权益的保护

公司合并中对职工的利益也会产生影响，为有效地保护职工的利益，法律有必要对公司合并中劳动合同的承继等问题作出明确的规定。

我国《公司法》对公司合并后的原公司中的劳动关系是否存续，如何承继等问题没有作出明确规定，但是在其他一些法律和规章中却有相应的规定。例如，《劳动合同法》第34条规定："用人单位发生合并或者分立等情况，原劳动合同继续有效，劳动合同由承继其权利和义务的用人单位继续履行。"又如，《关于企业兼并的暂行办法》第9条规定，被兼并方企业的职工，包括固定工、合同工和离、退休职工，原则上由兼并方企业接收，被兼并方企业职工的所有制身份也可以暂时不变。在确定资产转让价格时，应将对被兼并方企业职工的安置作为一项成本因素一并考虑。

在实际操作过程中，负责合并实务的管理人员需要注意：妥善安排合并各方的职工，不得因合并而损害职工利益。

三、提交、制作合并的法律文件

合并是一种法律行为，必须按照法律规定进行，依法提交一系列法律文件，作为负责公司合并实务的管理人员应知晓合并需要提交的法律文件，具备制作相关法律文件的能力。

（一）公司合并应当提交的材料

1. 公司合并应当提交的有关材料：

（1）合并公司各方签署的合并协议（加盖合并各方公章及法定代表人签字）；

（2）合并各方公司的股东会或股东大会关于公司合并的决议；

（3）合并各方的营业执照复印件；

（4）依法刊登公告的报纸报样；

（5）合并后的验资报告；

（6）因合并而注销的合并方的注销证明。

2. 因合并办理设立登记、变更登记、注销登记提交的材料：

（1）新设合并按照《公司设立登记提交材料规范》填写有关表格并提交有关材料。

（2）吸收合并由合并后存续的公司按照《公司注册资本、实收资本变更登记提交材料规范》填写有关表格并提交有关材料；吸收合并后涉及其他登记事项变更的，还应当按照相关变更登记提交材料规范提交相关材料，重复的材料可不再提交。合并后不再保留的公司应当在合并后存续的公司的变更登记前或者与合并后存续的公司的变更登记同时办理公司注销登记，其《准予注销登记通知书》作为合并后存续公司的变更登记的材料。

另外，负责公司合并实务的管理人员应注意以下几点：①合并涉及注销登记的，根据合并协议中载明的合并公司的债权、债务承继方案，可以不进行清算，注销登记可以不提交清算报告；但是如果合并协议中载明需注销合并方须先行办理清算事宜的除外。②因合并新设的公司的经营范围、吸收合并存续公司新增的经营范围中，涉及法律法规规定应当在登记前报经有关部门审批的，应当在登记前报有关部门审批，凭有关部门的许可文件、证件办理登记注册。③因合并申请设立登记、变更登记、注销登记，应当在合并公告 45 日之后。

（二）制作公司合并的法律文件

【实训背景】

新城宏发电气有限公司 2010 年 10 月 16 日从工商银行新城支行借款 100 万元，年利率 8%，期限 2 年，2012 年 10 月 15 日到期。2011 年 8 月 15 日新城宏发电气有限公司与新城宏宇电器有限公司签订合并协议，商定由新城宏宇电器有限公司对新城宏发电气有限公司进行吸收合并。新城宏宇电器有限公司同意为新城宏发电气有限公司欠工商银行新城支行的 100 万元债务提供连带责任保证担保，工商银行新城支行同意。

【实训内容】

1. 请以实训材料提供的背景信息为主，根据相关法律规定，起草一份新城宏发电气有限公司、新城宏宇电器有限公司合并及公司合并后与工商银行新城支行相关债务安排的协议。

2. 请根据上述背景资料，起草一份新城宏发电气有限公司、新城宏宇电器有限公司合并公告。

【参考样本】

合并协议书

_____有限责任公司（以下称甲方）与_____有限责任公司（以下称乙方）董事会代表就甲方吸收合并乙方事宜，经协商一致达成协议如下：

一、合并协议各方的名称、地址、法定代表人：

_____有限责任公司

地址：　　　　　　　　　法定代表人：

_____有限责任公司

地址：　　　　　　　　　法定代表人：

二、甲乙双方实行吸收合并，甲方吸收乙方而继续存在，乙方解散。

三、甲乙双方合并后公司的名称_____，地址_____，法定代表人_____。

四、甲方现有资本总额_____元，乙方现有资本总额_____元，合并后公司注册资本增至_____元。

五、乙方于合并期日的所有财产及权利义务，均由甲方承受。

六、乙方全体员工，于合并后当然成为甲方员工，其工作年限、工资及其他劳动条件不变。

七、合并后甲公司董事会成员包括：_____。

八、违约责任：_____。

九、争议解决办法：本协议执行过程中如发生争议，应协商解决，如协商不成，向法院提起诉讼。

十、本协议未尽事项，由甲乙双方代表协商决定。

十一、本协议于____年____月____日由甲乙公司法定代表人签订。

本协议一式____份，甲乙双方各执_____份，_____份有同等效力。

甲方：

名称：

住所：

法定代表人：（签名盖章）

乙方：

名称：

住所：

法定代表人：（签名盖章）

　　　　　　　　　　　　　　　　　　　　　　　年　月　日

■教学与训练任务三：模拟公司合并程序

【实训背景】

某市有两家生产儿童家具的企业，一家是东方儿童家具有限责任公司，另一个是向阳儿童家具有限责任公司。东方儿童家具有限公司，由于设计理念先进，产品质量好，企业效益好，产品畅销海内外；而向阳儿童家具有限责任公司由于经营不善，企业效益不好。东方儿童家具有限公司的产品不能满足市场需求，需扩大生产规模。两家公司的董事会经商谈后，分别作出决议，决定将两家公司合并，双方签订了合并协议，合并后的公司使用东方儿童家具公司的名称。协议签订后，东方儿童家具公司的部分股东因向阳儿童家具有限责任公司债务过多，提出异议，不同意合并。而东方儿童家具有限公司董事会以合同已签约生效为由否定了部分股东的意见。随后东方儿童家具有限责任公司发出公告，两公司合并后，东方儿童家具有限责任公司不承担向阳儿童家具有限责任公司的债务。两家公司遂进行了合并，资产、财务、人员进行了相应的交接。

【实训任务】

1. 根据背景资料查找与本案相关的法律规定。

2. 根据背景资料，按照法律规定的合并要求，分析两家公司的合并是否符合法律规定。

3. 根据背景资料，按照法律规定的合并程序要求，分小组进行，每组分别扮演股东会、董事会、监事会、公司债权人等角色进行模拟，分小组模拟公司合并程序。

【考评标准】

1. 学生收集的法律条款和本案的关联度。

2. 学生分析过程及形成意见是否抓住重点、分析是否能有效应用法学知识、意见是否正确合法。

3. 学生的模拟是否符合法律规定的公司合并程序、是否掌握每个操作步骤的注意事项、是否具备团队合作意识。

■训练项目四：公司分立实务

公司分立是公司在经营过程中，分散经营风险，扩大经营范围，提高市场竞争力的重要手段，也是公司变更的重要表现形式。

■教学与训练任务一：公司分立前的准备工作

公司分立前，一般来讲，了解公司分立及其方式、分立是否需要按照法律程序进行，认识公司分立后产生的法律后果，是公司法务技能必须具备的常识性知识。

一、认识、理解分立的特征和方式

（一）公司分立的特征

公司分立是指原有公司依照法律规定的条件和程序将其财产作相应分割，分成两个或两个以上具有法人资格的公司的法律行为。公司分立具有以下特征：

1. 公司分立是原有公司"一分为二"或"一分为多"的行为。从形式上看，分立后的公司由原来的一个变更为两个或两个以上，并且分别成为完全独立的企业法人。

2. 公司分立是在原有公司将其财产作相应分割的基础上进行的。公司分立不仅是形式和名义上的公司债权债务的转移，也应当是实质上的。分立的过程也是对原有公司财产清理分割的过程。分立后的公司之间不仅在法定的主体资格上相互独立，在资产和股权上也相互独立。应当注意这里所说的"财产分割"不仅是指对原有公司的债权在内的全部资产的清理和分割，也包括对原有公司的全部债务的清理和分割。

3. 公司分立是依照法律规定的条件和程序而进行的行为。公司分立必然引起原有公司的主体资格、财产关系及相应权利义务的变更，进而对原有公司的债权人、股东和公司职工的利益产生影响。为维护交易安全，保护各方的合法权益，公司分立必须依照法律规定的条件和程序进行。应依照法律规定的条件和程序对原有公司财产进行清理和分割，并依照法律规定的条件和程序进行工商登记。

（二）公司分立的方式

公司分立的方式可以划分为新设分立和派生分立两种。

1. 新设分立。公司的新设分立，是指原有公司将其全部财产清理分割后分别归入新设立的两个或两个以上的公司，原有公司解散的分立形式。

新设分立是一个原有公司因分立而解散，其法人资格消灭，新公司因分立而成立的过程。依照法律规定或协议的约定，原有公司对其资产和债权债务进行清理分割并将相应的部分转移至新设公司，实现新设分立。从法理上讲，原有公司的解散和新公司的设立可以是两个相互分开、各自独立的行为，但在实际操作中通常是一个融为一体的连续操作的过程。

2. 派生分立。公司的派生分立，是指原有公司分离出部分财产和业务用于设立一个或若干个新公司，原有公司仍继续存续的分立形式。

与新设分立不同，派生分立的特点是虽然通过分立有新公司成立，但原有公司仍然存续。与转投资不同，分立后的新设公司与仍然存续的原有公司不仅是各自独立的法人，它们之间也不存在产权联结关系和控股或参股关系。

二、认识公司分立程序

公司分立与公司合并一样，也属于公司的重大法律行为，必须严格按照法律规定的程序进行。为确保公司分立有效、公正地进行，切实维护当事人、股东、债权人等相关各方的利益，我国公司法对公司分立的程序作了严格的规定。根据我国《公司法》的规定，公司分立程序主要包括以下六个阶段，如图所示：

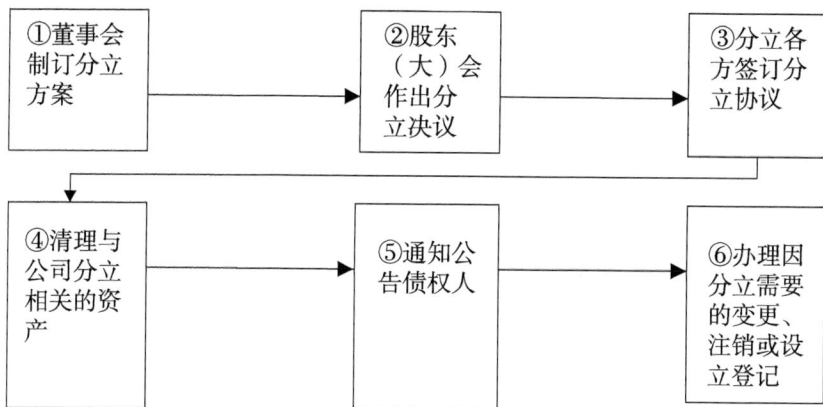

三、把握公司分立的法律后果

依法进行的公司分立，所产生的法律后果主要体现在以下几个方面：

（一）公司主体的变化

因公司分立方式的不同，导致公司主体的变化也会有所不同。概括地说，公司分立而导致公司主体变化大致可分为三种情况。在实际操作过程中，负责分立实务的管理人员要准确把握这三种情况：

1. 在新设分立的情况下，原有公司的法人资格归于消灭，应当依法办理注销登记。

2. 在派生分立的情况下，原有公司的股东、资本都可能发生变化。在发生变化的情况下，应当修改公司章程并办理变更登记。

3. 无论新设分立还是派生分立，都有新的公司设立。新公司应当办理设立登记。

（二）股东身份及持股情况的变化

在公司分立过程中，一些股东的身份及持股情况也将发生变化。公司分立的方式不同，股东身份及持股情况的变化也会有所不同。在实际操作过程中，负责公司分立实务的管理人员需要特别把握的是：原有公司的股东可能变为新设公司的股东；即使是留在原公司的股东，其持股金额和比例也可能发生变化。

（三）债权债务的变化

随着公司的分立，原有公司的债权债务可能被分割为两个或两个以上公司的债权债务。我国《公司法》第177条规定："公司分立前的债务由分立后的公司承担连带责任。但是，公司在分立前与债权人就债务清偿达成的书面协议另有约定的除外。"《合同法》第90条规定："当事人订立合同后分立的，除债权人和债务人另有约定的以外，由分立的法人或者其他组织对合同的权利和义务享有连带债权，承担连带债务。"

在实际操作过程中，负责分立实务的管理人员需要注意的是：公司分立债权债务的承继，不得以公司分立的方式逃避债务。

■教学与训练任务二：公司分立过程中的法律实务

公司法对公司分立的程序作出了法律规定，公司分立必须按照法律规定的程序进行。负责分立实务的管理人员应当掌握公司法对公司分立程序的法律要求，注重公司分立过程中对相关主体利益的保护，具备制作公司分立所需法律文件的能力。

一、掌握公司分立的法律要求

公司分立的法律要求及实际操作事项可参照公司合并的法律要求及实际操作事项，相同内容不再赘述。

（一）董事会制订分立方案

如果公司有分立意向，首先应由董事会制订相应的公司分立方案。分立方案内容可参考公司合并方案。

（二）股东（大）会作出分立决议

我国《公司法》第44条规定，有限责任公司作出公司合并、分立、解散或者变更公司形式的决议，必须经股东会代表2/3以上表决权的股东通过。《公司法》第104条规定，股份有限公司合并、分立、解散或者变更公司形式的决议，必须经出席会议的股东所持表决权的2/3以上通过。由上述规定可以看出，无论有限责任公司还是股份有限公司，董事会制订相应的公司分立方案，均要提交股东（大）会依照《公司法》的规定表决通过，方可实施。

（三）分立各方签订分立协议

《公司法》并没有规定公司分立的各方应当签订分立协议。原因是从法理上讲，无论是新设分立还是派生分立，在新设的公司被设立之前，公司的分立行为，都只能是原有公司自己的内部行为，即使想签订分立协议，也没有对应的对方当事人。但为了使分立工作能够平稳、有序地进行，实践中的做法往往是在公司被设立之前，先以分立后各公司的名义草签分立协议，待分立后再以分立后各公司的名义签订正式协议予以追认。

公司分立协议的主要内容应当包括：①协议各方当事人的姓名或名称及其他基本情况；②分立后各公司的名称、住所，分立后各公司股东的姓名、住所、在分立后享有的出资比例或享有的股份的种类、数额；③分立各方当事人对原公司财产的分割；④分立后各公司对原公司债权债务的承受；⑤分立后各公司的营业范围；⑥协议各方当事人的权利义务；⑦分立后职工安置办法；⑧违约责任；⑨争议的解决办法；⑩分立各方认为需要载明的其他事项。

（四）清理与公司分立相关的资产

根据《公司法》第176条的规定，公司分立应当对其财产作相应的分割，并编制资产负债表及财产清单。

（五）通知公告债权人

公司应当自作出分立决议之日起10日内通知债权人，并于30日内在报纸上公告。

（六）办理因公司分立而需要的公司变更、注销或设立登记

《公司法》第180条规定，公司分立，登记事项发生变更的，应当依法向公

司登记机关办理变更登记；公司解散的，应当依法办理公司注销登记；设立新公司的，应当依法办理公司设立登记。公司增加或者减少注册资本，应当依法向公司登记机关办理变更登记。

二、注意公司分立中相关主体利益的保护

公司分立中相关主体利益的保护，主要涉及的是对公司分立中相关股东、债权人和职工利益的保护。

（一）公司分立中股东利益的保护

分立中被解散的原公司的股东或丧失其股东身份，或转变为新设公司的股东，无论发生哪种情况，其身份都会改变，利益也会受到影响；分立后仍存续的原公司的股东虽然其身份没有改变，但由于原公司的资产、股本等发生了变化，其利益也会受到影响。总之，在通常情况下，无论是派生分立后仍存续的原公司的股东，还是新设分立中被解散的原公司的股东，或者是派生分立或新设分立后新设公司的股东，其利益都会因公司分立而受到影响。如何保护股东的利益，也必然成为公司分立中需要关注的问题。

在实际操作过程中，公司要正确处理股东利益保护问题，不得因公司分立而损害股东，特别是中小股东的利益。对股东权益的保护集中体现在以下几个方面：

1. 对股东履行信息披露义务。基于和公司合并中对股东的信息披露相同的考虑，为了防止公司分立中可能出现的大股东"暗箱操作"，操纵分立事项损害中小股东的利益，我国法律对公司股东的信息披露作为公司分立中的一项法定义务加以规定，要求信息披露在内容和形式上都必须真实、准确、完整、及时。

公司分立中，股份有限公司（尤其是上市公司）的情况远比有限责任公司复杂，大股东通过"暗箱操作"操纵分立事项造成的危害也更大。有鉴于此，特别考虑到上市公司的分立对上市公司股票交易价格产生的重大影响，我国仅在《证券法》中对公司信息披露的义务作了系统规定。《证券法》第3章第3节对"持续信息公开"的相关问题作了专节规定，其中第67条明确要求上市公司在作出公司分立的决定等可能对上市公司股票交易价格产生较大影响的重大事件，投资者尚未得知时，应当立即将有关该重大事件的情况向国务院证券监督管理机构和证券交易所报送临时报告，并予公告，说明事件的起因、目前的状态和可能产生的法律后果。

虽然我国《公司法》对公司信息披露的相关问题规定较少，不够系统，但对公司分立中信息披露的要求，仍然可以透过一些相关条文得到体现。例如，我国《公司法》规定，股东有权查阅、复制公司章程、股东会或股东大会会议记录、董事会会议决议、监事会会议决议和财务会计报告，对公司的经营提出

建议或者质询。股东通过行使对公司作出的有关分立的决议进行查询、建议、质询等权利，可在一定程度上保证公司在分立中尽到对股东披露相关信息的义务。

在实际操作过程中，负责分立实务的管理人员需要注意，公司只要按照法律规定向股东披露相关信息，就能在一定程度上保证公司在分立过程中尽到对股东披露相关信息的义务。

2. 赋予异议股东享有股份回购请求权。公司重大事务的决定有必要依照"资本多数决"的原则来作出，但这会不可避免地出现以大股东意志为公司意志，中小股东意志受到漠视、压制甚至剥夺的情况。为兼顾效率和公平，我国法律规定了公司分立中的异议股东享有股份回购请求权。我国《公司法》第75条规定，在发生公司分立的情形时，"对股东会该项决议投反对票的股东可以请求公司按照合理的价格收购其股权"，并规定"自股东会会议决议通过之日起60日内，股东与公司不能达成股权收购协议的，股东可以自股东会会议决议通过之日起90日内向人民法院提起诉讼"。

在实际操作过程中，负责分立实务的管理人员需要注意，在不动摇"资本多数决"原则的前提下，通过异议股东向公司以公正价格转让股权，达到保护中小股东利益的目的。

3. 建立其他的保护性规定。我国法律对公司分立中股东的利益，尤其是中小股东利益的保护制度，除了上述的信息披露和异议股东股份回购请求权外，在其他方面也有所体现。例如，规定公司分立决议必须由股东（大）会通过，实际上赋予了股东对分立决议的否决权；又如，规定董事和控制股东的诚信义务，表决权排除制度等。

在实际操作过程中，负责分立实务的管理人员需要注意确保将法律规定的制度严格贯彻执行。

（二）公司分立中债权人利益的保护

公司分立涉及公司主体的设立、变更、解散，以及公司资产、债权债务的划分、转移、承继等问题，直接影响债权人的利益。我国《公司法》对公司分立过程中债权人利益保护作了相应规定。在实际操作过程中，保护好债权人的利益，公司需做好以下工作：

1. 对债权人履行告知义务。实施分立的公司，有义务将公司分立的事实和债权人享有的权利及时向债权人告知。

我国《公司法》第176条规定："公司应当自作出分立决议之日起10日内通知债权人，并于30日内在报纸上公告"。《公司法》对不履行告知义务的公司，还规定了相应的处罚措施。该法第205条规定："公司在合并、分立、减少注册资本或者进行清算时，不依照本法规定通知或者公告债权人的，由公司登记机关责令改正，对公司处以1万元以上10万元以下的罚款"。

在实际操作过程中，负责分立实务的管理人员需要注意的是：公司必须履行告知义务，使公司债权人知晓公司要分立，以便他们对公司分立是否提出异议作出决定。

2. 建立债务转移制度。公司分立中的债务转移制度，是指为保护债权人的利益，将公司分立中被解散的原公司的债务依法转由分立后新设的公司承继，或者以债权人同意的其他方式处理的制度。

我国《公司法》第177条规定："公司分立前的债务由分立后的公司承担连带责任。但是，公司在分立前与债权人就债务清偿达成的书面协议另有约定的除外。"在实际操作过程中，负责分立实务的管理人员应当注意，一般情况下的债务转移，必须征得债权人同意才能成立。如《合同法》第84条就规定："债务人将合同的义务全部或者部分转移给第三人的，应当经债权人同意。"而公司分立中的债务转移，则没有规定必须征得债权人同意。这样规定是否适当很值得商榷，因为与公司分立中解散的原公司相比较，新设公司的资产和偿债能力通常会减少和降低，这种情况下将公司分立中被解散的原公司的债务转由分立后新设的公司承继，势必加大债权人的风险，对债权人的利益造成损害。

3. 建立减资异议制度。公司分立中的减资异议制度，是指在公司分立过程中，债权人有权对存续的原公司减少注册资本的决议提出异议，或者要求公司清偿债务，或者要求提供相应担保的制度。

我国《公司法》第178条第2款规定："公司应当自作出减少注册资本决议之日起10日内通知债权人，并于30日内在报纸上公告。债权人自接到通知书之日起30日内，未接到通知书的自公告之日起45日内，有权要求公司清偿债务或者提供相应的担保。"

在实际操作过程中，负责分立实务的管理人员需要注意的是：通常情况下，减资会导致公司资产和偿债能力的减少和降低，加大债权人的风险，损害债权人的利益，因此，赋予债权人对减资行为提出异议的权利是必要的。

（三）公司分立中职工权益的保护

公司分立会对职工的利益产生影响，为有效地保护职工的利益，许多国家的法律都对公司分立中的劳动合同承继等相关问题作出了明确的规定。

我国《公司法》对公司分立后的原公司中的劳动关系是否存续，如何承继等问题没有作出明确规定，但是在其他一些法律和法规中却有相应的规定。例如，《劳动合同法》第34条就规定："用人单位发生合并或者分立等情况，原劳动合同继续有效，劳动合同由承继其权利和义务的用人单位继续履行。"

在实际操作过程中，负责分立实务的管理人员需要注意，妥善安排分立各方的职工，不得因公司分立损害职工利益。

三、提交、制作公司分立的法律文件

公司分立是一种法律行为，必须按照法律的规定进行，依法提交相关法律文件。作为负责公司分立实务的管理人员应掌握分立应提交的法律文件种类及具备制作相关法律文件的能力。

（一）提交公司分立的法律文件

1. 公司分立的有关材料：

（1）公司的股东会或股东大会关于公司分立的决议；

（2）依法刊登公告的报纸报样；

（3）因分立而注销的注销证明（采取解散分立的提交）。

2. 因分立办理设立登记、变更登记、注销登记提交的材料：

（1）采取存续分立的，存续的公司按《公司注册资本、实收资本变更登记提交材料规范》填写有关表格并提交有关材料，办理减资手续，存续分立后涉及其他登记事项变更的，还应当按照相关变更登记提交材料规范提交相关材料，重复的材料可不再提交；因分立而新设的公司按《公司设立登记提交材料规范》填写有关表格并提交有关材料，办理设立登记。

（2）采取解散分立的，原公司按《公司注销登记提交材料规范》提交有关材料，办理注销登记；原公司注销后，分立后新设的公司按《公司设立登记提交材料规范》填写有关表格并提交有关材料，办理设立登记。

另外，负责公司分立实务的管理人员应注意以下几点：①分立涉及注销登记的，提交分立协议中载明的有关内资公司财产处置方案的债权、债务承继方案，视为注销登记所需提交的清算报告；如分立协议中载明有关注销方需先行办理清算事宜的，应进行清算。②自公告45日后，登记机关方受理分立的申请（包括注销登记）。

（二）制作公司分立的法律文件

【实训背景】

A有限责任公司于2008年5月与B银行签订了一份为期5年的借款合同，借款金额为人民币1000万元。A有限责任公司公司于2012年4月分立为C有限责任公司和D有限责任公司，A公司被注销。至2012年5月借款到期后，C公司和D公司拒绝承担原A公司的债务，B银行经多次向C公司和D公司催还贷款未果，遂以C公司和D公司为被告起诉至法院，请求法院判令两被告偿还本金及利息。两被告均辩称，借款合同为A公司与B银行签订，本公司不是借款人，没有偿还贷款的义务。

请分析：C 公司和 D 公司的答辩能否成立？欠 B 银行的债务应当由谁承担？如何承担？为什么？

【实训内容】

1. 请以实训材料提供的背景信息为主，根据相关法律规定，分析上述问题。

2. 请以实训材料提供的背景信息为主，并根据自己的理解、补充和法律规定，为 A 公司分立起草一份公司分立公告。

3. 请以实训材料提供的背景信息为主，根据相关法律规定，为 A 公司起草公司分立协议。（分立协议可参见合并协议）

【参考样本】

公司分立公告

根据公司_____年____月____日股东会议决议，_____有限公司拟新设分立为_____有限公司和_____有限公司。分立前公司的债务由分立后的公司承担连带责任或由_____有限公司与债权人另行签订债务清偿协议。

根据公司法和相关法律法规的规定，请债权人自接到通知之日起 30 日内，未接到通知的自本次公告之日起 45 日内，对自己是否要求本公司清偿债务或者提供相应的担保作出决定，并于该期间内通知本公司，否则，本公司将视其为没有提出要求。特此公告！

联 系 人：_____

联系电话：_____

地　　址：_____

_____有限公司

2012 年 1 月 9 日

■教学与训练任务三：分析公司分立行为的法律效力

【实训背景】

2007 年 4 月 1 日，永泰纺织品生产有限责任公司经董事会 2/3 以上董事决议，分立为同方服装加工有限责任公司和永丰纺织品贸易有限责任公司。其中，永泰纺织品生产有限责任公司的厂房、机器设备和人员等主要资源都分给了永丰纺织品贸易有限责任公司，只有一小部分资产分给了同方服装加工有限责任公司，永泰纺织品生产有限责任公司同时终止。公司在 2007 年 4 月 15 日，通知永泰纺织品生产有限责任公司的债权人张某和李某，并分别于 4 月 10 日、4 月 30 日、5 月 10 日三次在报纸上公告了其分立事项。李某于 2007 年 4 月 16 日向永泰纺织品生产有限责任公司发出公函，要求对其所持有的 20 万元债权提供担保。鉴于永泰纺织品生产有限责任公司与张某的债权已到期，2007 年 6 月 5 日，张某要求永泰纺织品生产有限责任公司清偿 25 万元的债务。但永泰纺织品生产有限责任公司对两个债权人的要求未予理睬。同方服装加工有限责任公司和永丰纺织品贸易有限责任公司于 2007 年 6 月 10 日正式营业，未进行登记。张某和李某为了维护其权益，要求永泰纺织品生产有限责任公司偿还其债务，但永泰纺织品生产有限责任公司辩称公司已分立，故不承担清偿义务。

【实训任务】

1. 请以实训材料提供的背景信息为主，根据相关法律规定，小组讨论，分析永泰纺织品生产有限责任公司的分立程序是否符合法律规定。

2. 请以实训材料提供的背景信息为主，根据相关法律规定，分析永泰纺织品生产有限责任公司的辩称是否有法律依据，张某、李某的债务应由谁承担。

3. 请以实训材料提供的背景信息为主，并根据自己的理解、补充和法律规定，列出公司分立需提交的法律文件。

【考评标准】

1. 学生讨论分析过程及形成意见是否符合法律规定的分立程序，是否具备团队合作意识。

2. 学生收集的法律条款和本案的关联度，是否抓住重点、分析是否能有效应用法学知识、意见是否正确合法。

3. 学生是否掌握公司分立所需的法律文件制作。

■训练项目五：公司形式变更实务

公司在经营过程中，为了谋求长远发展，在不影响公司经营连续性的前提下，可以从由一种公司类型变更为另一种公司类型。公司形式变更也是公司变更的表现形式之一。

■教学与训练任务一：公司形式变更前的准备工作

公司形式变更前，一般来讲，了解公司形式变更及其条件，掌握公司变更程序及法律要求，是公司法务技能必须具备的常识性知识。

一、了解公司形式变更及其意义

（一）公司形式变更

公司形式，也称公司的组织形式、公司的类型等。公司形式的分类有理论上的分类，如学者们在其论著中从理论上将公司划分为有限责任公司、股份有限公司、无限公司、两合公司等。也有依据法律规定所作出的分类，如我国公司法将公司分类为有限责任公司、股份有限公司；有限责任公司中又可分为一般的有限责任公司、一人有限责任公司、国有独资公司；股份有限公司又可分为没有上市的股份有限公司、上市公司。

公司形式变更，是指依照法律规定的条件和程序，在保持公司的法人资格存续的前提下，其法定组织形式由一种类型变更为另一种类型的法律行为。

（二）公司形式变更制度的意义

设立公司形式变更制度的意义在于简化新设公司的程序和节约成本。

公司成立后，可能会由于某种原因（如公司上市）需要从一种公司形式变更为另一种形式的公司。法律对不同的公司形式的设立条件和程序，要求不同。如果为满足拟转换的另一种公司形式的条件和程序要求而将现有的公司解散，再设立一个符合拟转换的公司形式要求的新公司，不仅因程序原因而增加成本、耗费时间，而且会影响公司经营的连续性，造成更大的损失。

公司形式变更制度的实质是将公司的解散和重新设立这两个可以分别单独进行的法律行为合并为一个法律行为，在不经过清算、解散、重新设立等工商登记程序的情况下，实现公司从一种形式向另一种形式的转换。

设立公司形式变更制度的意义在于使现有公司能够在不中断其公司法人人格的前提下，从现有的公司形式转换为另一种公司形式，以保持其经营活动的连续性，并节约成本、提高效率。

二、掌握公司形式变更的条件

公司法等相关法律中规定的各类法定公司形式应当具备的条件，即为另一类型公司向该类型公司形式变更的条件。

我国《公司法》仅在第 9 条中对有限责任公司与股份有限公司之间的形式变更条件明文作了原则性规定，要求"有限责任公司变更为股份有限公司，应当符合本法规定的股份有限公司的条件。股份有限公司变更为有限责任公司，应当符合本法规定的有限责任公司的条件"。除此之外，公司法没有对公司形式变更的条件再作进一步的具体规定。而对其他公司形式之间相互变更的条件，如同一般的有限责任公司、一人有限责任公司、国有独资公司相互之间的变更条件，同为股份有限公司的上市公司、非上市公司相互之间的变更条件等，则没有作出规定。但是，没有明文的具体规定，甚至没有明文的原则性规定，并不等于没有条件要求。由于公司形式变更的条件实际上等同于拟变更的那类公司的设立条件，只要具备了设立拟变更的那类公司应当具备的条件，即具备了公司形式变更应当具备的条件，而拟变更的各类形式的公司均为公司法等相关法律中已有的法定公司形式，公司法等相关法律中对各类法定形式的公司的设立条件均已经作了明确、具体的规定，这些对设立各类法定形式的公司应当具备的条件的明文具体规定，也就是对各类公司形式之间变更的条件的明文具体规定，没有必要再重复规定。

关于公司设立的条件已经在综合训练项目一公司设立实务中进行了详细阐述，这里不再赘述。

三、认识公司形式变更程序

根据我国《公司法》的规定，公司形式变更的程序大致包括以下几个阶段：

```
┌──────────────┐      ┌──────────────┐      ┌──────────────┐
│①董事会制订   │      │②股东（大）   │      │③变更公       │
│公司形式变更   │─────▶│会作出公司形   │─────▶│司章程         │
│方案          │      │式变更决议     │      │              │
└──────────────┘      └──────────────┘      └──────────────┘
        │                                            │
        ▼                                            ▼
┌──────────────┐      ┌──────────────┐      ┌──────────────┐
│              │      │⑤办理公       │      │⑥办理公       │
│④股份折换     │─────▶│司形式变       │─────▶│司形式变       │
│              │      │更登记         │      │更公告         │
└──────────────┘      └──────────────┘      └──────────────┘
```

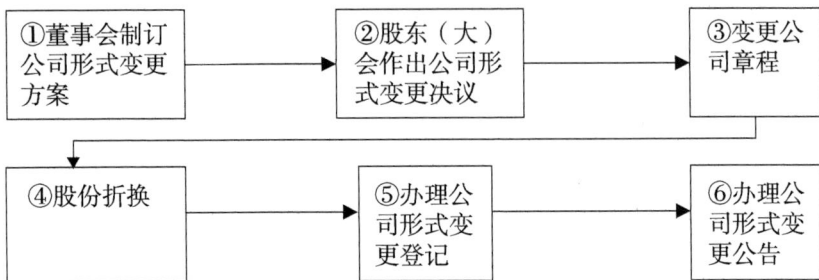

四、把握公司形式变更的法律后果

公司形式变更主要有两个法律后果：

（一）股东责任方式的改变

在公司形式变更前，作为有限责任公司的股东，仅以其出资额为限对公司承担责任，而公司形式变更为股份有限公司后，股东应以其所持有的股份为限对公司承担责任。反之，股份有限公司变更为有限责任公司，股东承担责任的方式由所持股份对公司承担责任变更为以出资额为限对公司承担责任。

（二）公司债权、债务的继承

公司形式的变更，其法人主体资格并没有中断，因此，原公司的债权债务由变更后的公司概括继承。

■教学与训练任务二：公司形式变更过程中的法律实务

公司形式变更使现有公司能够在不中断其公司法人人格的前提下，从现有的公司形式转换为另一种公司形式，以保持其经营活动的连续性，节约成本、提高效率。《公司法》对公司形式变更程序作出了法律规定，公司形式变更需按照法律规定的程序进行。负责变更实务的管理人员应当掌握《公司法》对公司形式变更程序的法律要求，具备制作公司形式变更所需法律文件的能力。

一、掌握公司形式变更的法律要求

（一）董事会制订公司形式变更方案

我国《公司法》第47条规定，董事会应对股东会负责，依法行使包括制订变更公司形式的方案的职权在内的各项职权。《公司法》第109条第4款规定："本法第47条关于有限责任公司董事会职权的规定，适用于股份有限公司董事会。"由上述规定可以看出，无论有限责任公司还是股份有限公司，制订变更公司形式的方案，都是董事会的职权。因此，如果公司有变更公司形式的意向，首先应由董事会制订相应的变更公司形式的方案。

在实际操作过程中，负责公司形式变更的管理人员应注意的是变更方案的内容。形式变更方案的内容一般应当包括：①变更后公司的名称和经营范围；②变更的规定和条件；③在有限公司转为股份公司的情况下，将原有限责任公司股东的投资份额转换成股份有限公司股份的方式和依据；④变更公司章程的声明；⑤有关公司变更的其他条款。

（二）股东（大）会作出公司形式变更决议

根据我国《公司法》第44条的规定，有限责任公司作出变更公司形式的决议，必须经股东会代表2/3以上表决权的股东通过。第104条规定，股份有限公司变更公司形式的决议，必须经出席会议的股东所持表决权的2/3以上通过。由上述规定可以看出，无论有限责任公司还是股份有限公司，董事会制订相应的变更公司形式的方案，均应当依照《公司法》的规定提交股东（大）会表决通过，方可实施。

在实际操作过程中，负责公司形式变更的管理人员应注意的是表决权的计算方式，表决权的计算方式本书已多次提到，不再赘述。

（三）变更公司章程

变更公司章程是公司组织形式变更的必需程序，《公司法》第44条把公司章程的变更规定为公司特别决议事项，即公司章程的变更必须经代表2/3以上表决权的股东通过。

在实际操作过程中，负责公司形式变更的管理人员应注意的是在公司内部做好章程文本变更工作。变更公司章程经公司登记机关审查登记后，章程的变更才发生法律效力。

（四）股份折换

有限责任公司变更为股份有限公司，在修改章程后，将原股东出资折换成股份。

在实际操作过程中，负责公司形式变更的管理人员需要注意的是：有限责任公司转变为股份有限公司，必须对公司资产状况进行准确的评估，确定公司的实有财产，再如实地折合为股份，折合的实收股本总额不得高于公司净资产额。

（五）办理公司形式变更登记

公司形式变更，除名称变更外，公司的其他登记事项如组织机构、股东构成、注册资金等也可能伴随着公司形式的变更而需要变更。

在实际操作过程中，负责公司形式变更的管理人员需要注意的是：凡涉及的变更事项，都应当依照《公司法》规定办理相应的变更登记。上述登记事项的变更需要公司章程作相应的修改，应当办理公司章程的变更登记。

（六）变更公告

公司变更后，应当进行公告。公告方式依有关法律规定或公司章程的规定进行。

在实际操作过程中，负责公司形式变更的管理人员需要注意的是：一般情况下，公告采取登报方式公布。

二、提交、制作公司形式变更的法律文件

（一）公司形式变更需提交的法律文件

公司形式发生变更需要到工商局办理变更登记，办理变更登记时需提交下列文件：

1. 法定代表人签署的《公司变更登记申请书》（公司加盖公章）。

2. 公司签署的《指定代表或者共同委托代理人的证明》（公司加盖公章）及指定代表或委托代理人的身份证件复印件；证明应标明指定代表或者共同委托代理人的办理事项、权限、授权期限。

3. 关于变更公司类型及修改公司章程的决议、决定。

有限责任公司提交由代表 2/3 以上表决权的股东签署的股东会决议；股份有限公司提交由出席会议的股东所持表决权的 2/3 以上通过的股东大会会议决议；一人有限责任公司提交股东签署的书面决定；国有独资公司提交国务院、地方人民政府或者其授权的本级人民政府国有资产监督管理机构的批准文件。

4. 修改后的公司章程或者公司章程修正案（公司法定代表人签署）。

5. 有限责任公司变更为股份有限公司的，提交验资报告。

6. 法律、行政法规和国务院决定规定变更公司类型必须报经批准的，提交有关的批准文件或者许可证书复印件。

7. 公司营业执照副本。

公司变更类型，涉及其他登记事项变更的，应当同时申请变更登记，按相应的提交材料格式规范提交相应的材料。

以上各项未注明提交复印件的，应当提交原件。提交复印件的，应当注明"与原件一致"并由公司签署，或者由其指定的代表或委托的代理人加盖公章或签字；涉及股东签署的，自然人股东由本人签字；自然人以外的股东加盖公章。

提交的申请书与其他申请材料应当依照公司变更登记机关的要求提交。

（二）制作公司形式变更的法律文件

【实训背景】

甲、乙、丙三人出资设立北京永泰服装有限责任公司，注册资本 150 万元，甲出资 100 万，乙以实物出资，折合人民币 20 万元，丙以商标权出资，折合人民币 30 万元。公司成立后，开展了一些经营活动，效益良好，公司资产为 1000 万人民币。为提高公司募集资金的能力，进一步扩大经营规模，现公司拟变更为股份有限公司。

【实训内容】

1. 请以实训材料提供的背景信息为主，并根据自己对背景信息的理解、补充和法律规定，起草一份公司形式变更的股东会决议。

2. 请以实训材料提供的背景信息为主，并根据自己对背景信息的理解、补充和法律规定，填写一份有限责任公司变更登记申请书。

【参考样本】

＿＿＿＿＿有限责任公司变更股份有限公司股东会决议

＿＿＿＿＿＿＿＿＿有限责任公司于＿＿＿年＿＿月＿＿日在＿＿市＿＿区＿＿路＿＿号（＿＿会议室）召开股东会会议，本次会议是根据公司章程规定召开的临时会议，于召开会议前依法通知了全体股东，会议通知的时间及方式符合公司章程的规定。出席本次股东会会议的有股东＿＿＿＿、股东＿＿＿＿、股东＿＿＿＿，全体股东均已到会。会议由本公司董事长＿＿＿＿召集和主持。

1. 全体股东同意＿＿＿＿公司进行形式变更，以＿＿＿＿年＿＿＿月＿＿＿日为基准日。以整体净资产作为折股基数，投入到股份公司，原有限责任公司不再存续。原＿＿＿＿有限责任公司的全体股东将作为变更后的股份公司的发起人，并按照原持有有限公司的股权比例持有股份公司的股权，股份公司的股本总数按照评估机构出具的企业净资产评估价值确定。

2. 全体股东同意聘请＿＿＿＿会计师（审计师）事务所进行资产评估，对＿＿＿＿有限责任公司＿＿＿＿年＿＿＿＿月＿＿＿＿日账面净资产进行审计与评估，以评估后净资产作为折股依据，不高于净资产。

全体股东签字或盖章：

（自然人股东签字、非自然人股东盖章）

＿＿＿＿年＿＿＿＿月＿＿＿＿日

指定代表或者共同委托代理人的证明

申　请　人：＿＿＿＿＿＿＿＿＿＿＿＿＿＿＿＿＿＿＿＿＿＿＿＿＿

指定代表或者委托代理人：＿＿＿＿＿＿＿＿＿＿＿＿＿＿＿＿＿＿＿＿＿

委托事项及权限：

1. 办理＿＿＿＿＿＿＿＿＿＿＿＿＿＿＿＿＿（企业名称）的□设立□变更□注销□备案□＿＿＿＿＿＿手续。

2. 同意□　不同意□　核对登记材料中的复印件并签署核对意见。

3. 同意□　不同意□　修改企业自备文件的错误。

4. 同意□　不同意□　修改有关表格的填写错误。

5. 同意□　不同意□　领取营业执照和有关文书。

指定或者委托的有效期限：自　　年　月　日至　　年　月　日。

指定代表或委托代理人或者经办人信息	签　　字：
	固定电话：
	移动电话：
（指定代表或委托代理人、具体经办人身份证明复印件粘贴处）	

（申请人盖章或签字）

年　月　日

注：1. 手工填写表格和签字请使用黑色或蓝黑色钢笔、毛笔或签字笔，请勿使用圆珠笔。

2. 设立登记，有限责任公司申请人为全体股东；国有独资公司申请人为国务院或地方人民政府国有资产监督管理机构；股份有限公司申请人为董事会；非公司企业申请人为出资人；变更、注销登记申请人为本企业；企业集团登记申请人为母公司。

3. 委托事项及权限：第 1 项应当选择相应的项目并在□中打√，或者注明其他具体内容；第 2~5 项选择"同意"或"不同意"并在□中打√。

4. 指定代表或者委托代理人可以是自然人，也可以是其他组织；指定代表或者委托代理人是其他组织的，应当另行提交其他组织证书复印件及其指派具体经办人的文件、具体经办人的身份证件。

5. 自然人申请人由本人签字，非自然人申请人加盖公章。

■教学与训练任务三：解决公司形式变更的债务承担问题

【实训背景】

2008 年 12 月，广州美华实业有限责任公司（以下简称"美华公司"）签署了一份保证书，向 A 银行保证，愿作为主债务人广州振华贸易有限责任公司（以下简称"振华有限公司"）的连带保证人，就该公司对该银行现在及将来所负的一切借款债务在 400 万元人民币限额范围内，负连带保证责任。

2009 年 6 月 8 日，振华有限公司经有关部门批准，依法变更登记为振华贸易股份有限公司（以下简称"振华股份公司"）。同年 9 月、10 月，该公司向 A 银行分别借款 250 万元、60 万元，并于同年 9 月 20 日至 10 月 19 日先后 5 次开出美元信用证，除 10% 自备款外，其余均由 A 银行垫付完毕。到 2011 年 7 月止，该公司共欠 A 银行人民币 290 万元及美元 1 万元。A 银行多次向振华贸易股份有限公司催款未果，遂向人民法院起诉要求美华公司作为连带保证人，承担给付责任。

【实训任务】

1. 请以实训材料提供的背景信息为主，根据相关法律规定，分析振华有限公司变更前的债务承担问题。

2. 请以实训材料提供的背景信息为主，并根据自己的理解和法律规定，分小组模拟振华有限责任公司变更为振华贸易股份有限公司的程序。

3. 请以实训材料提供的背景信息为主，并根据自己的理解和法律规定，为振华有限公司办理公司形式变更登记。

【考评标准】

1. 学生是否掌握公司形式变更的债务承担问题及是否能运用法律知识解决实际问题。

2. 学生掌握公司形式变更程序的法律要求是否准确、是否能够正确运用法律。

3. 学生是否清楚公司形式变更需提交的法律文件，能否完成变更登记。

■训练项目六：公司变更案例分析与实务处理

【考评背景】

北京怡康化妆品有限责任公司是由北京大方纺织品有限责任公司、北京东方陶瓷有限责任公司、王东和张强出资组建，注册资本200万元。4个股东分别持有北京怡康化妆品有限责任公司35%、30%、20%和15%的股权。随着市场需求的扩大，北京怡康化妆品有限责任公司需要增资100万。于2008年10月18日召开股东会，讨论董事会增资方案并进行表决。方案内容：各股东按出资比例出资增资，或引入新股东出资增资，并于2008年11月12日前完成各自的增资数额，否则视为自动放弃。北京大方纺织品有限责任公司、王东和张强同意以引入新股东的方式增资。北京东方陶瓷有限责任公司则表示反对，提出其可以认缴其他股东不能认缴的增资。后经表决股东会形成决议：北京怡康化妆品有限责任公司以吸收合并方式进行增资。决议形成后，北京怡康化妆品有限责任公司开始与北京天琪化妆品有限责任公司进行商洽，北京天琪化妆品有限责任公司同意与北京怡康化妆品有限责任公司合并，北京怡康化妆品有限责任公司采用吸收合并方式增加资本。

【考评任务】

1. 请以实训材料提供的背景信息为主，根据相关法律规定，分析北京怡康化妆品有限责任公司增资行为的法律性质及其合法性。

2. 请以实训材料提供的背景信息为主，并根据自己的理解和法律规定，撰写一份公司增资工作基本流程。

3. 请以实训材料提供的背景信息为主，并根据自己的理解和法律规定，模拟撰写一份北京怡康化妆品有限责任公司与北京天琪有限责任公司的合并工作基本流程。

4. 请以实训材料提供的背景信息为主，并根据自己的理解和法律规定，说明为北京怡康化妆品有限责任公司办理变更手续需做哪些工作？

【考评标准】

1. 学生是否理解股东权利保护、优先认购权、股东会决议效力、公司增资、公司合并等相关法律知识，是否具备综合运用公司变更基本法律知识解决实际问题的能力。

2. 学生是否掌握增资工作的基本流程，起草的增资工作基本流程的内容是否全面，写作是否规范。

3. 学生是否掌握公司合并工作的基本流程，起草的公司合并基本流程是否准确、合法。

4. 学生是否清楚公司办理增资、吸收合并所需准备的法律文件，检验其顺利完成变更登记的能力。

综合训练项目五： 公司终止实务

■ 学习目标

公司作为市场经济中的重要市场主体，有设立、存续的过程，也有终止的可能或现实结局。公司的终止除了破产外，还有一个重要的原因就是解散。本训练项目根据公司法的规定，结合公司终止的实际操作，学习公司终止的基本法律知识，通过一系列的技能训练，掌握公司终止的基本操作技能，重点训练如何操作公司解散和清算程序。

■训练项目一：公司的解散与清算实务

公司解散、清算是指已经成立的公司基于一定事由的发生，基于自愿或外部强制原因决定停止经营活动并进行清算的行为，以及导致公司法人资格归于消灭的状态或过程。正确理解、掌握、使用这一法律制度，能够有效地保护公司股东及其他债权人、债务人的权益。

■教学与训练任务一：解散、清算前的准备工作

公司解散必须基于一定事由的发生，并且会导致公司人格消灭。因此，公司解散也是公司人格消灭的过程，在对公司进行解散前，公司法务人员有必要掌握相关法律的规定，以及司法实践中具体的实务操作知识。

一、认知解散的法律规定

根据我国公司法的规定，公司解散是指已经成立的公司基于一定事由的发生，基于自愿或外部强制原因决定停止经营活动并进行清算的行为以及导致公司法人资格归于消灭的状态或过程。

公司解散既可以被解释为一种行为，也可以被解释为一个行为过程。其特征主要有如下几点：

1. 公司解散必须基于一定事由的发生。这些事由可以是法定的、强制性的事由，如法院判决或行政主管机关的命令；可以是约定的、自愿的事由，如股东会决议或公司章程约定。

2. 将公司解散作为一种导致公司人格消灭的行为理解时，决定解散行为的实施并不意味着公司人格立刻终止或消灭而直接导致公司进入清算程序，经营中的公司成为清算中的公司，公司的权利能力和行为能力受到限制的法律后果。而仅限于公司债权、债务的清结等方面，不能再开展新的经营业务。公司的法人资格只有在公司依法进行清算并公告注销后才告终结。

3. 将公司解散作为一个导致公司人格消灭的过程理解时，清算程序是这个

过程的主要内容。只有公司清算程序完成后，公司才得以最终解散。公司清算的目的是为了维护债权人和所有股东的利益，以公平地清偿债务和分配公司财产。当然，并非所有公司解散都需要清算，根据公司法的规定，公司在合并和分立时，无需进行清算。

按照不同的标准，对公司解散可作不同的划分。一般地，公司解散有以下几种情况：

第一，以解散意志产生的主体为标准，可分为自愿解散和强制解散。自愿解散，亦称为主动解散、任意解散，是指公司基于股东的意志而自愿终止公司经营活动，消灭公司主体资格的解散。强制解散，又称为被动解散，属非自愿的公司解散，是指由于法定事由的出现，由行政主管机关或人民法院通过行政命令或判决的方式命令终止经营活动，消灭公司法人资格的解散。强制解散具体又包括行政解散和司法解散两类。

第二，以解散是否需要清算为标准，可分为须经清算的解散和无需清算的解散。所谓无需清算的解散是特指因合并或分立而被解散的公司虽然依法应注销，但由于有相应的公司对其债权债务概括性的承担而依法不需要对其进行清算的解散。除此之外，其他任何情形解散都须经清算，此即为需经清算的解散。

（一）解散的情形

《公司法》规定了公司解散的原因。根据原因的产生，公司解散的原因分为公司自愿解散的原因和公司强制解散的原因两类。

1. 自愿解散的原因。

（1）公司章程规定的营业期限届满。我国《公司法》没有规定公司的营业期限，也没有强制要求公司章程规定营业期限，营业期限是我国公司章程的任意记载事项。如果公司章程中规定了营业期限，在营业期限届满时，公司进入解散程序。但是依照公司法的规定，在营业期限届满前，股东会可以通过股东会决议修改公司章程，延长公司营业期限。

我国《中外合资经营企业法》第13条规定："合营企业的合营期限，按不同行业、不同情况，作不同的约定。有的行业的合营企业，应当约定合营期限；有的行业的合营企业，可以约定合营期限，也可以不约定合营期限。约定合营期限的合营企业，合营各方同意延长合营期限的，应在距合营期满6个月前向审查批准机关提出申请。审查批准机关应自接到申请之日起1个月内决定批准或不批准。"其中，对于特定的行业或经营项目，我国前对外经济主管部门对外经济贸易部曾发文要求中外合营企业必须约定合营期间[1]。

（2）公司章程规定的其他解散事由出现。其他解散事由也不是章程绝对必要记载事项。同营业期限一样，公司章程可以规定，也可以不规定，完全取决于公司股东会或股东大会。一般说来，章程规定的其他解散事由主要指公司已经达到了营业目的或者实现了营业宗旨，也可以是因自然灾害等不可抗力或者其他原因无法实现公司的设立宗旨等。

与公司营业期限届满相同，在其他解散事由出现之后，股东会或股东大会可以依照《公司法》第182条的规定，股东会或股东大会通过决议修改公司章程，决议延长公司的经营期限。

（3）股东会形成公司解散的决议。有限责任公司经代表2/3以上表决权的股东通过，股份有限公司经出席股东大会的股东所持表决权的2/3以上通过，股东大会可以做出解散公司的决议。国有独资公司、一人有限责任公司、中外合资有限责任公司等不设股东会的特殊类型公司的解散则由行使股东权的股东、机构或该公司的权力机构作出。

（4）公司合并或分立。公司的合并、分立依法由股东会或股东大会决议作出。在公司的合并和分立中，吸收合并会导致被吸收方解散、新设合并导致合并各方均解散、新设分立导致原公司解散。

2. 强制解散。根据《公司法》第181条第4、5项和第183条的规定，公司强制解散的原因主要有：

（1）行政解散。行政解散指依据《公司法》第181条第4项规定，公司因依法被吊销营业执照、责令关闭或者被撤销而被强制解散。吊销营业执照、责令关闭或者被撤销是一种行政处罚，属于公司解散的法定事由，一旦出现必然引起公司解散。如我国《公司法》第212条规定，公司成立后无正当理由超过6个月未开业的，或者开业后自行停业连续6个月以上的，可以由公司登记机关吊销营业执照。但应当指出，公司被吊销营业执照、责令关闭或被撤销的具体事由主要并不是由公司法规定。公司作为市场经济主体，在经营中严重违反了工商、税收、劳动、市场、环境保护等规范公司行为的法律法规时，有关主管机关可以对公司作出吊销营业执照、责令关闭或者被撤销等行政处罚，终止其

---

[1] 参见1990年9月30日国务院批准、1990年10月22日对外经济贸易部发布的《中外合资经营企业合营期限暂行规定》（已被修订）第3条："举办合营企业，属于下列行业或者情况的，合营各方应当依照国家有关法律、法规的规定，在合营合同中约定合营期限：①服务性行业的，如饭店、公寓、写字楼、娱乐、饮食、出租汽车、彩扩洗像、维修、咨询等；②从事土地开发及经营房地产的；③从事资源勘查开发的；④国家规定限制投资项目的；⑤国家其他法律、法规规定需要约定合营期限的。"

法人资格。如，《产品质量法》规定在产品中掺杂、掺假，以假充真，以次充好，或者以不合格产品冒充合格产品，情节严重的，吊销营业执照。这也是公司解散的事由之一，必然导致行政解散。

（2）司法解散。在国外，司法解散是指法院依股东和股东以外的他人请求而为的判决或命令解散。在我国，司法解散专指当公司经营管理发生严重困难时，继续经营会导致股东利益受到重大损失，通过其他途径不能解决时，法院根据股东的申请而为的强制解散公司的行为。我国《公司法》第183条对此规定如下："公司经营管理发生严重困难，继续存续会使股东利益受到重大损失，通过其他途径不能解决的，持有公司全部股东表决权10%以上的股东，可以请求人民法院解散公司。"

如公司内部管理出现僵局导致公司的意思形成机构股东会或股东大会的运作出现严重困难，并导致公司经营决策机构董事会的运作严重困难，以至于公司的运行机制完全失灵，对公司的重大事项无法形成决议，公司运作陷入僵局，公司事务处于瘫痪。而通过公司内部的协商、表决、调解等方式已无法解决，公司继续存在损失就会不断扩大的情况下，自愿解散又不能通过，持有公司全部股东表决权10%以上的股东可以向法院请求解散公司。这实质上是赋予公司少数股东的利益保护的一项特别权利。

（二）运用司法解散要注意的问题

并非所有关于司法解散的请求都会得到法院的支持。需要注意的是：单独或者合计持有公司全部股东表决权10%以上的股东，以下列事由之一提起解散公司诉讼，并符合《公司法》第183条规定的，人民法院应予受理：

1. 公司持续2年以上无法召开股东会或者股东大会，公司经营管理发生严重困难的；

2. 股东表决时无法达到法定或者公司章程规定的比例，持续2年以上不能做出有效的股东会或者股东大会决议，公司经营管理发生严重困难的；

3. 公司董事长期冲突，且无法通过股东会或者股东大会解决，公司经营管理发生严重困难的；

4. 经营管理发生其他严重困难，公司继续存续会使股东利益受到重大损失的情形。

股东以知情权、利润分配请求权等权益受到损害，或者公司亏损、财产不足以偿还全部债务，以及公司被吊销企业法人营业执照未进行清算等为由，提起解散公司诉讼的，人民法院不予受理。

人民法院审理解散公司诉讼案件，应当注重调解。当事人协商同意由公司或者股东收购股份，或者以减资等方式使公司存续，且不违反法律、行政法规强制性规定的，人民法院应予支持。当事人不能协商一致使公司存续的，人民法院应当及时判决。

经人民法院调解公司收购原告股份的，公司应当自调解书生效之日起6个月内将股份转让或者注销。股份转让或者注销之前，原告不得以公司收购其股份为由对抗公司债权人。

二、认知清算的法律规定

公司清算，是指公司解散后由清算组依照法定程序对公司财产进行清理和分配，并最终消灭公司法人资格的必经程序。

（一）清算的法律意义

公司进入清算程序后，经营中的公司成为清算中的公司，进入终止前的特殊阶段，在法律上有重大的意义。

1. 开始清算后，公司的代表机构产生变化。清算开始前，公司的代表还是董事会。清算开始后，成立公司清算组，清算组成为公司的代表机构。董事会应将公司的全部财产、财务文件及印章等移交给清算组接管。清算组负责处理公司未了结的事务，代表公司对外进行诉讼。

2. 清算开始后，公司人格受到限制，公司的权利能力、行为能力受到限制。公司不再进行新的经营活动，不得开展与清算无关的经营活动。公司的全部活动应局限于完成已经发生但尚未了结的事务，依法清理与分配公司财产，包括清偿债务、实现债权以及处理公司内部事务等。

3. 清算过程中，公司财产必须按照法定程序进行分配。按照公司法的规定，公司财产必须按顺序支付清算费用、职工的工资、社会保险费用和法定补偿金，缴纳所欠税款，清偿公司债务，而后剩余的财产才可以按照股东出资比例或股东持股比例分配。否则，无效。

4. 公司清算目的是导致公司法人资格消灭，公司终止。公司清算结束后，清算组应当制作清算报告，报股东会、股东大会或者人民法院确认，并报送公司登记机关，申请注销公司登记，公告公司终止。

（二）清算的种类

按照不同的标准，公司清算可以做不同的划分。一般而言，清算的情况有如下几种：

1. 任意清算和法定清算。按照清算程序的依据不同，清算可分为任意清算和法定清算。任意清算和法定清算是对非破产清算程序所作的划分。

（1）任意清算，是指依照公司章程的规定或者股东会决定的清算方法和程序进行的清算。由于任意清算是按照股东的意志而不是按照法律规定的程序进行的清算，所以，任意清算主要适用于无限责任公司和两合公司，即股东对公司承担无限责任的公司。而对于股东承担有限责任的公司，各国法律一般都明确规定其清算的程序以保护债权人和相关利害关系人的利益，以使公司财产公平分配，也为了提高公司清算的效率。此种清算一般没有先后程序规定，也无论是否能足额清偿，不能清偿的债权不因清算结束而消灭。

（2）法定清算，是指公司按照法律规定的程序和方法进行的清算。法定清算对公司财产的清算有顺序规定，法定清算结束，公司法人资格依程序消灭。我国公司法规定的清算均是法定清算。我国《公司法》只设立了有限责任公司和股份有限公司两种形式，因此我国《公司法》所讲的公司清算，是指法定清算。

2. 普通清算和特别清算。按法定清算过程是否受到司法机关的干预，分为普通清算和特别清算。

（1）普通清算，是指公司在解散后自行组织清算机构进行的清算。普通清算的原因主要是由基于任意解散和强制解散的原因而引发的清算，是指公司在解散后自行组织清算机构进行的清算。

根据《公司法》第 181 条和 184 条的规定，适用普通清算的有四种情况：①公司章程规定的营业期限届满或者公司章程规定的其他解散事由出现；②股东会或者股东大会决议解散；③依法被吊销营业执照、责令关闭或者被撤销；④公司经营管理发生严重困难，继续存续会使股东利益受到重大损失，通过其他途径不能解决的，持有公司全部股东表决权 10% 以上的股东，请求人民法院解散公司的。进行普通清算时，公司应当在解散事由出现之日起 15 日内成立清算组，开始清算。有限责任公司的清算组由股东组成，股份有限公司的清算组由董事或者股东大会确定的人员组成。

（2）特别清算，是指公司在普通清算发生显著障碍无法继续时，或者被宣告破产后，由法院介入而进行的清算。特别清算包括普通清算遇阻后引发的特别清算和破产法规定的特别清算两种。普通清算遇阻后引发的特别清算才是公司法规定的特别清算。

普通清算遇阻后引发的特别清算并不同于破产法规定的清算，这表现在：首先，两者的清算原因不同。前者是在普通清算无法适用时才进行的；而后者是由于公司资不抵债，被依法宣告破产而进行的。其次，两者适用的法律程序不同。前者是依照公司法规定的法律程序进行的；而后者是依照破产法规定的法律程序进行的。最后，债权人在两种清算中的法律地位和作用不同。在破产清算程序中，债权人可以组成债权人会议，对清算组进行监督，对清算中的重大事项起决定作用；而在普通清算遇阻后引发的特别清算中，债权人并不具有这种法定地位和作用。

3. 破产清算与非破产清算。根据清算的原因不同，可将公司清算划分为破产清算和非破产清算。

（1）破产清算是指在公司不能清偿到期债务被依法宣告破产后，依照破产法的规定进行的清算；而普通清算主要是基于任意解散和强制解散的原因而引发的清算。根据《公司法》第181、184条的规定，适用普通清算的有四种情况，鉴于上文已做了详细介绍，此处不再重复。

（2）非破产清算则是指公司非因破产原因解散，依照公司法的规定所进行的清算。非破产清算是正常清算，也称公司清算，是指公司除因合并、分立或破产的原因解散外，公司被其他一切原因解散而适用的清算程序。

正常清算（非破产清算、公司清算）和破产清算虽然都是终结现存公司的法律关系，消灭法人资格的行为，但它们两者有以下的区别：①发生清算的原因不同。适用公司清算的原因是自愿解散和强制解散；破产清算的原因是破产解散。②决定清算组成员的机关不同。公司清算组成员，如果是自愿解散的有限责任公司，是由全体股东组成，股份公司由董事或股东大会确定的人员组成；强制解散的，由作出强制解散的主管机关决定清算组人选；破产清算组的组成人员必须由人民法院决定。③适用清算的程序不同。正常清算适用一般的清算程序，破产清算适用破产清算程序。④适用的法律不同。正常清算适用公司法，破产清算适用破产法。

三、公司解散前准备工作训练

【实训背景】

2006年7月12日，成钢与梁宝、何文、何勇共同出资组建北京瑞辰化学制剂有限公司（以下简称瑞辰公司），何勇担任法定代表人。依据公司章程规定，成钢以实物出资13.5万元，占出资总额的27%。2006年8月17日，瑞辰公司依法登记成立。公司开业后到2010年5月，没有召开过一次股东会，没有分配过盈利利润，股东成钢认为公司严重侵犯了股东对公司的知情权和管理收益权。

瑞辰公司经营的是易燃易爆、具有高腐蚀性的化学制剂，属于高度危险化学品，没有依法办理安全生产许可证；聘用生产、管理人员时，不与员工签署劳动合同，且不为职工办理社会保险，违反了劳动法的规定；法定代表人何勇将成钢放假在家，停发工资，且没有将承租的办公房屋的拆迁补偿款按比例分配给成钢，再一次侵犯了成钢的权利。

公司生产所用厂房因拆迁无法继续租用，现已全面停产，搬运机器设备时，法定代表人曾几度私下转卖，后经成钢报警才得以阻止。上述情况证明，瑞辰公司股东之间矛盾日渐激化，运行管理机制失灵，股东会名存实亡，公司一切事务处于瘫痪、僵持局面，股东之间各自为政，不顾公司整体利益恣意侵犯公司财产。无论生产经营还是企业管理，都具备了依法解散的法律条件。如果继续存在会对股东利益产生直接影响，因此成钢要依法提起诉讼，请求法院判令瑞辰公司解散，按投资比例分割清算财产。

【实训内容】

1. 运用所学知识分析北京瑞辰公司是否具备解散条件。
2. 运用所学知识分析北京瑞辰公司是否具备清算条件。
3. 如果你是成钢的代理人，你会以谁为被告提起诉讼主张权利？

■教学与训练任务二：公司解散、清算过程中的法律实务

清算组织，又称清算机构，是公司清算事务的执行人。公司在清算开始时，应依法组成清算组替代公司董事会的职能，对外代表公司和执行公司事务。我国《公司法》规定了清算组作为公司的清算机构，履行公司的清算事务。在实务中，相关人员应当具备上述知识以及制作起草相关法律文件的技能。

一、建立清算组织

清算组织，又称清算机构，是公司清算事务的执行人。公司在清算开始时，应依法组成清算组替代公司董事会的职能对外代表公司和执行公司事务。我国《公司法》规定了清算组作为公司的清算机构，履行公司的清算事务。

（一）清算组的成立

根据《公司法》第184条的规定，公司因《公司法》第181条第1、2、4、5项规定而解散的，应当在解散事由出现之日起15日内成立清算组，有限责任公司的清算组由股东组成，股份有限公司的清算组由董事或股东大会确定的人员组成。因破产而清算的，依据《公司法》第191条的规定，按照企业破产的有关法律规定，应由法院组织股东、有关部门、机构的人员成立清算组。

（二）清算组的法律地位

清算组或清算人是指法人解散事由出现后在清算过程中具体负责清算事务的机关或者人员。按照基本的公司法理，公司是依照公司法律设立的企业法人，而法人不过是拟人化的组织而已，所以其从事各种活动时必须依赖于公司机关。当然在公司的不同阶段，会存在不同的机关。在公司清算阶段，虽然股东会或股东大会依然存在，即它仍然是公司的权力机关，但因此时公司不得开展与清算无关的经营活动，所以它只能行使与清算有关的职权。而董事会与经理一样，因公司不再开展与清算无关的经营活动，其对公司经营管理负责的职权也就不再行使。故随着清算中公司的清算事务取代了经营事务，对清算的决定取代了对

经营的决策，清算组也就取代了董事会在清算中公司里的地位。此时，清算组即代表公司享有权利、承担义务、参加诉讼，但毫无疑问须以公司的名义进行，这是因为，基于公司在清算期间其民事主体资格依然存续的基本观点，其在性质上是清算中公司的机关而非原公司的延续。所以，《公司法》第185条规定，清算组在清算期间代表公司参与民事诉讼活动。

因此，应依法成立清算组织进行清算，待清算完毕并办理注销登记后，公司方告终止。清算组只是执行公司清算事务，而不是脱离公司并与之对立的主体。因此，在涉及解散的公司的有关民商事纠纷中，清算中的公司仍应以自己的名义参加诉讼活动，而清算组仅能作为清算中的公司的机关，由其具体负责人代表公司参与诉讼活动。

（三）清算组的职权

根据《公司法》第185条的规定，清算组在清算期间行使下列职权：

1. 清理公司财产，分别编制资产负债表和财产清单；

2. 通知、公告债权人；

3. 处理与清算有关的公司未了结的业务；

4. 清缴所欠税款以及清算过程中产生的税款；

5. 清理债权、债务；

6. 处理公司清偿债务后的剩余财产；

7. 代表公司参与民事诉讼活动。

清算组未按照其职权规定履行通知和公告义务，导致债权人未及时申报债权而未获清偿，债权人主张清算组成员对因此造成的损失承担赔偿责任的，人民法院应依法予以支持。公司自行清算的，清算方案应当报股东会或者股东大会决议确认；人民法院组织清算的，清算方案应当报人民法院确认。未经确认的清算方案，清算组不得执行。执行未经确认的清算方案给公司或者债权人造成损失，公司、股东或者债权人主张清算组成员承担赔偿责任的，人民法院应依法予以支持。

有限责任公司的股东、股份有限公司的董事和控股股东因怠于履行义务，导致公司主要财产、账册、重要文件等灭失，无法进行清算，债权人主张其对公司债务承担连带清偿责任的，人民法院应依法予以支持。

上述情形系实际控制人原因造成，债权人主张实际控制人对公司债务承担相应民事责任的，人民法院应依法予以支持。

有限责任公司的股东、股份有限公司的董事和控股股东，以及公司的实际控制人在公司解散后，恶意处置公司财产给债权人造成损失，或者未经依法清算，以虚假的清算报告骗取公司登记机关办理法人注销登记，债权人主张其对公司债务承担相应赔偿责任的，人民法院应依法予以支持。公司解散应当在依法清算完毕后，申请办理注销登记。

公司未经清算即办理注销登记，导致公司无法进行清算，债权人主张有限责任公司的股东、股份有限公司的董事和控股股东，以及公司的实际控制人对公司债务承担清偿责任的，人民法院应依法予以支持。

二、掌握清算程序

根据公司法的规定，清算组组成后，公司的清算程序具体包括：

（一）清理公司财产，编制资产负债表和财产清单

即对公司的全部财产进行清理，包括各种固定资产和流动资产、有形资产和无形资产、债权债务，并在清理后，编制资产负债表和财产清单。

（二）通知、公告债权人并进行债权登记

为了清理公司债务，根据《公司法》第186条规定，清算组应当自成立之日起10日内通知债权人，并于60日内在报纸上公告。债权人应当自接到通知书之日起30日内，未接到通知书的自公告之日起45日内，向清算组申报其债权。债权人申报债权，应当说明债权的有关事项，并提供证明材料。清算组应当对债权进行登记。在申报债权期间，清算组不得对债权人进行清偿。

（三）制定清算方案，并报经确认

清算组在清理公司财产、编制资产负债表和财产清单后，应当制定清算方案，并报股东会、股东大会或者人民法院确认。

（四）分配财产

分配财产是公司清算的核心工作。公司财产的分配顺序依公司法规定依次为：①支付清算费用；②支付职工工资、社会保险费用和法定补偿金；③清缴所欠税款；④清偿企业债务；⑤公司剩余财产由有限责任公司股东按照出资比例分配，股份有限公司按照股东持股比例分配。但公司财产在未依照上述规定顺序清偿之前，不得分配给股东。

（五）清算的中止与终止

如果清算组在清理公司财产、编制资产负债表和财产清单后，发现公司资产不足清偿债务的，应当依法向人民法院申请宣告破产。经人民法院裁定宣告公司破产后，清算组应当将清算事务移交人民法院，进入破产清算程序。此为公司清算的中止。

公司清算结束后，清算组应当制作清算报告，报股东会、股东大会或者人民法院确认，并报送公司登记机关，申请注销公司登记，公告公司终止。此为公司清算的终止。

三、公司解散清算实操训练

（一）训练一：制作一份清算报告

【实训背景】

2008年9月，某中级人民法院对九江公司（2008年6月成立清算组）诉中贸公司（华润公司，系中贸公司的开办单位，中贸公司注册资金为人民币500万元，全部由华润公司划拨。）外贸代理协议纠纷一案作出一审民事判决。判决后，中贸公司不服，依法提起上诉。2010年1月，高级法院作出二审民事判决，中贸公司返还九江公司开证保证金及预付款1850万元，逾期偿付按国家有关逾期付款规定处理，并承担案件受理费83 424元。判决生效后，中贸公司未履行判决，九江公司向一审法院申请强制执行。法院于2010年6月向中贸公司发出执行通知，责令中贸公司按期履行生效法律文书所确定的义务，但中贸公司未按执行通知履行法律文书确定的义务。2011年8月，华润公司作出《关于注销中贸公司的决定》，称："中贸公司于2004年2月由总公司出资成立。2008年停业进行清理整顿，作为非持续经营处理至今，有关债权债务已结清，损失已由总公司承担，经总公司管委会决定，进入清算注销程序，请各有关部室办理相关法律手续。"该决定留存在工商登记部门。2011年10月，华润公司委托会计师事务所对中贸公司资产进行审计，会计师事务所作出审计报告，载明：截至2011年9月30日，中贸公司资产总额为7232万余元，负债总额为6742万余元，所有者权益为490万余元，资产负债率为93.22%，已连续三年以上亏损。2011年12月，中贸公司向工商机关申请办理注销登记，华润公司在企业注销登记申请书主办单位或清算组织证明清理债权债务情况一栏中盖章，并注明：已清理完毕，无债务纠纷。

【实训内容】

请以实训材料提供的背景信息为主，根据相关法律规定，为该公司制作一份清算报告。

【参考样本】

＿＿＿＿＿＿＿＿＿公司股东会：

根据＿＿＿＿＿＿＿＿公司＿＿＿＿＿年＿＿＿＿月＿＿＿＿日召开的股东会决议，本清算组自＿＿＿＿＿年＿＿＿＿月＿＿＿＿日正式成立，现将本清算组成立后开展的清算工作报告如下：

（一）清算工作的步骤

（简要写明清算工作的全过程，包括分为几个阶段进行清算，每个阶段做了哪些工作等）

（二）公告情况

公司分别于_____年____月____日、_____年____月____日、_____年____月____日在《_____》上已公告三次。

（三）资产及负债清理情况

1. 截至_____年____月____日，共有总资产_____万元，总负债_____万元，净资产_____万元。

2. 债务偿还情况。

公司共有多少债务，债务的具体偿还情况。

（四）剩余财产的分配情况

1. 偿还债务后剩余的净资产情况。

2. 上述剩余净资产的分配情况。

特此报告。

_____公司清算组

_____年____月____日

经全体股东审查确认，一致通过该清算报告。

全体股东签字盖章：_____

_____公司（盖章）

_____年____月____日

（二）训练二：制作公司解散的股东会决议

【实训背景】

亿阳市宏达科技发展有限责任公司是一家从事电脑销售的专业公司。公司共有张三、李四、王五、陈一、胡二共五位股东，分别出资 30 万、40 万、50 万、10 万、20 万共计 150 万元。成立三年后，公司资产共计 300 万元，其中对外欠债 80 万。但由于当前电脑销售市场竞争激烈，且公司所代理的电脑品牌市场占有率下滑，公司生存相当艰难，于是五位股东决定解散公司，进行清算。

【实训内容】

1. 请按照题中的背景资料并根据公司法关于公司解散清算的法律规定，为公司解散清算工作制作一份公司解散股东决议。

2. 假定公司工作组清理公司财产后初步确定清算费用 10 万，尚未支付的职工工资、社会保险费用和法定补偿金 15 万，欠税款 20 万以及企业债务 80 万。请根据公司法的规定，计算各股东应分得的财产有多少。

【参考样本】

会议时间：

会议地点：

会议性质：

参加会议人员：

会议议题：

根据《中华人民共和国公司法》及本公司章程的有关规定，本次股东会会议由董事召集，由_____董事长主持，一致通过并决议如下：

一、本公司因经营期限届满，股东会同意公司解散，决定公司停止营业，进行清算。

二、公司成立清算组，清算组由全体股东组成，_____任组长，_____任副组长。

三、清算组依照《公司法》行使职权，进行清算。

四、公司自作出解散之日起停止营业。

五、其他事项

（三）训练三：利用所掌握的知识进行案例分析

【实训背景】

原告巩建国诉称，2007 年 2 月，北京康爱科技生物有限公司（以下简称康爱公司）欠原告劳务费发生纠纷，原告起诉了康爱公司，大兴法院判决原告胜诉，康爱公司应支付原告 30 500 元。之后，康爱公司不服提起上诉，经第一中级人民法院调解，康爱公司应于 2007 年 5 月 31 日前支付原告 28 000 元，逾期不支付 28 000 元，仍要支付原告 30 500 元。调解书生效后，康爱公司一直未履行。原告申请法院强制执行过程中，康爱公司被恶意注销，当时被告马佳是清算组组长。由于康爱公司被注销，致使原告的债权不能实现，被告马佳作为清算组成员，在之前劳务费纠纷的一审、二审中都是康爱公司的委托代理人，明知尚拖欠原告劳务费，仍恶意注销康爱公司，造成原告损失。对此，被告马佳应予以赔偿。故向法院提起诉讼，要求被告赔偿拖欠的劳务费 30 500 元及利息（自 2007 年 6 月 1 日至给付之日止，按照法律规定的逾期利息的双倍支付），案件受理费由被告承担。

被告马佳未做出答辩，亦未参加本院庭审。

经审理查明，2007 年 2 月，原告巩建国与康爱公司之间因劳务合同纠纷，原告巩建国将康爱公司诉至法院，要求康爱公司支付劳务费、出差补助费、赔偿金等。2007 年 2 月 2 日，法院作出民事判决书，判决康爱公司给付原告巩建国劳务费 30 500 元。之后，康爱公司不服提起上诉，经北京市第一中级人民法院调解，一中院作出民终字第 4384 号民事调解书，约定：康爱公司应于 2007 年 5 月 31 日前支付原告 28 000 元，逾期不支付 28 000 元，仍需支付原告巩建国劳务费 30 500 元。调解书生效后，康爱公司未按调解书约定内容履行付款义务。

2007 年 4 月 25 日，康爱公司作出股东会决议，同意成立清算组，由郝笑东、邹庆芳、马佳三人任清算组成员，被告马佳担任清算组负责人。同时，股东会决议向工商登记机关申请注销登记。之后，清算组作出康爱公司清算报告："公司已无经营项目可做，经股东商议注销该公司；公司资产总计 0.7 万元，流动负债为 0 万元，净资产为 0.7 万元；本公司对外没有任何债权债务及未了结的业务，全部处理完毕。并按时交纳应交税款，税款已结清……" 2007 年 6 月 11 日，康爱公司又作出股东会决议，同意清算组作出的清算报告内容。2007 年 6 月 24 日，北京市工商行政管理局作出注销核准通知书，准予康爱公司注销。在康爱公司注销过程中，原告巩建国未收到关于申报债权的通知。

另查，原告巩建国将康爱公司诉至本院，要求康爱公司支付劳务费、出差补助费、赔偿金及后来双方在北京市第一中级人民法院达成调解，康爱公司的委托代理人均为被告马佳。

【实训内容】

1. 运用所学知识分析郝笑东、邹庆芳、马佳三人任清算组成员应履行哪些职责？

2. 分析在本案中清算组的成员有何失职之处？

3. 试对清算组对原告巩建国的赔偿作出分析。

■教学与训练任务三：制作公司终止的法律文件

【实训背景】

2006 年 11 月北京兴盛畜牧有限责任公司（以下简称畜牧公司）与北京吉胜自动门技术有限责任公司（以下简称吉胜公司）签订了企业转让出售合同，约定畜牧公司将其下属的北京肉用种鸡场转让出售给吉胜公司，转让金额为 680 万元人民币；合同签订 5 个月内，吉胜公司向畜牧公司支付 80 万元预定金；畜牧公司于 2006 年 12 月 31 日前向吉胜公司交付已变更登记的国有土地使用证和已建成房屋的所有权证及相关资产证明；吉胜公司收到两证的 7 日内支付 300 万元转让款，另 300 万元转让款于 2008 年 9 月 30 日前付清。在畜牧公司如期交付约定的所有资产证明后，吉胜公司先后支付了 380 万元。但，最后还有 50 万元没有支付。

2010 年 1 月 8 日，吉胜公司召开股东会形成决议，注销吉胜公司，2010 年 1 月 31 日至 2 月 12 日，吉胜公司清算组（由甲、乙两个股东组成）在《中国工商报》上刊登公告，通知债权人于 2010 年 1 月 31 日起 90 日内向本公司清算组申报债权。相关债权人先后申报债权，并全部足额受偿，且甲、乙仍有剩余财产，并按甲、乙二人的出资比例进行分配。2010 年 4 月 25 日，吉胜公司向工商管理部门提交了由股东甲、乙签字的《公司注销登记申请书》，在公司债权债务清理情况一栏载明：公司债权债务已清理完毕，未尽事宜，由清算组成员负责。5 月 27 日，吉胜公司被注销。

另查，吉胜公司成立于 2006 年 6 月，企业性质为有限责任公司，注册资本 80 万元人民币，甲、乙系公司股东，分别出资 56 万元和 24 万元。

2010 年 7 月 1 日，畜牧公司向吉胜公司发出《催款通知书》，要求吉胜公司支付 50 万元。因交涉无果，起诉至法院请求法院判决判令甲、乙支付转让款 50 万元及按同期存款利率支付自 2010 年 1 月 1 日至实际支付日止的利息，并承担本案诉讼费用。

甲、乙二人辩称，清算组已按法定程序公告通知债权人申报债权，但在公告期内，畜牧公司没有向清算组申报债权，应视为其已放弃债权。吉胜公司是有限责任公司，其二人作为股东出资均全部到位，已完成对公司应尽的责任，对公司的债权人不再负任何财产责任，公司的债权人也不可以直接向其二人主张债权。目前吉胜公司已经注销，诉讼主体已不存在，畜牧公司也放弃了债权，二人不应成为被告。故请求法院驳回畜牧公司的诉讼请求。

【实训任务】

1. 请以实训材料提供的背景信息为主，根据相关法律规定，为此次临时股东大会制做一份公司解散的决议（对必要的欠缺信息可自行补充）。

2. 以实训材料提供的背景信息为主，根据相关法律规定，为该公司成立清算组（对必要的欠缺信息可自行补充）。

3. 请以实训材料提供的背景信息为主，根据相关法律规定，针对该公司制作一份清算工作报告（对必要的欠缺信息可自行补充）。

【考评标准】

1. 学生是否了解股东会议召开的法律相关规定。

2. 学生是否掌握清算组的人员构成及职能。

3. 学生是否掌握清算报告应具备的内容。

■训练项目二：公司的破产与清算实务

公司在运营过程中，需要根据市场及公司自身情况来调整存在和消亡的法律状态，在特定的情况下，根据法律的规定，主动或被动地申请破产，对建立健康的市场秩序有着积极的作用，这对保护公司债权人及债务人的利益具有十分重要的意义。

■教学与训练任务一：公司破产前的准备工作

一、认知破产的法律规定

随着中国经济市场化步伐加快，有效的退出机制的设立与执行，是经济发展的重要保证。破产是指企业法人不能清偿到期债务，并且资产不足以清偿全部债务或者明显缺乏清偿能力，依照破产法的规定清理债务的状态。破产制度不仅仅是保护债务人的制度，也是保护债权人及维护社会经济秩序的一个有效制度。

（一）破产的条件

1. 资产不足以清偿全部债务；

2. 明显缺乏清偿能力。

关于是否丧失清偿能力要特别注意以下问题：

相关当事人以对债务人的债务负有连带责任的人未丧失清偿能力为由，主张债务人不具备破产原因的，人民法院一般不予支持。如果同时有以下情形的，司法实践中一般应当认定债务人不能清偿到期债务：①债权债务关系依法成立；②债务履行期限已经届满；③债务人未完全清偿债务。

债务人的资产负债表，或者审计报告、资产评估报告等显示其全部资产不足以偿付全部负债的，司法实践中也应当认定债务人资产不足以清偿全部债务，但有相反证据足以证明债务人资产能够偿付全部负债的除外。

另外，债务人账面资产虽大于负债，但存在下列情形之一的，司法实践中也认定其明显缺乏清偿能力：①因资金严重不足或者财产不能变现等原因，无法清偿债务；②法定代表人下落不明且无其他人员负责管理财产，无法清偿债务；③经人民法院强制执行，无法清偿债务；④长期亏损且经营扭亏困难，无法清偿债务；⑤导致债务人丧失清偿能力的其他情形。

（二）破产案件的管辖

1. 地域管辖。《企业破产法》第3条规定，企业破产案件由债务人住所地人民法院管辖。所谓债务人住所地，根据司法解释，指企业主要办事机构所在地。因此，当企业的注册地与主要办事机构所在地不一致时，应当以后者为准。债务人无办事机构的，由其注册地人民法院管辖。

2. 级别管辖。《企业破产法》未规定破产案件的级别管辖。根据司法解释，破产案件的级别管辖，按如下原则确定：①基层人民法院一般管辖县、县级市或者区的工商行政管理机关核准登记企业的破产案件；②中级人民法院一般管辖地区、地级市（含本级）以上的工商行政管理机关核准登记企业的破产案件；③纳入国家计划调整的企业破产案件，由中级人民法院管辖。

3. 移送管辖。根据司法解释，上级人民法院审理下级人民法院管辖的企业破产案件，或者将本院管辖的企业破产案件移交下级人民法院审理，以及下级人民法院需要将自己管辖的企业破产案件交由上级人民法院审理的，依照《民事诉讼法》第38条的规定办理；省、自治区、直辖市范围内因特殊情况需对个别企业破产案件的地域管辖作调整的，须经共同上级人民法院批准。

（三）破产申请人

破产申请人有四类：

第一，债务人。债务人不能清偿到期债务，并且资产不足以清偿全部债务或者明显缺乏清偿能力的时候，债务人可以申请破产（还可以申请和解或者重整）。

第二，债权人。债务人不能清偿到期债务时，债权人可以申请破产清算。这里注意不包括债务人资产不足以清偿全部债务或者明显缺乏清偿能力，这是因为债务人的资产情况，债权人作为外人无法知晓，所以只要债务人不能清偿到期债务，债权人就可以向法院申请债务人破产（还可以申请重整）。

第三，依法负有清算责任的人。企业法人已解散但未清算或者未清算完毕，资产不足以清偿债务的时候，依法负有清算责任的人应当向人民法院申请破产清算。

第四，国务院金融监督管理机构。商业银行、证券公司、保险公司等金融机构不能清偿到期债务，并且资产不足以清偿全部债务或者明显缺乏清偿能力的，国务院金融监督管理机构可以向人民法院提出对该金融机构进行破产清算的申请（还可以申请重整）。

企业法人已解散但未清算或者未在合理期限内清算完毕，债权人申请债务人破产清算的，除债务人在法定异议期限内举证证明其未出现破产原因外，人民法院应当受理。

债权人申请债务人破产的，应当提交债务人不能清偿到期债务的有关证据。债务人对债权人的申请未在法定期限内向人民法院提出异议，或者异议不成立的，人民法院应当依法裁定受理破产申请。受理破产申请后，人民法院应当责令债务人依法提交其财产状况说明、债务清册、债权清册、财务会计报告等有关材料，债务人拒不提交的，人民法院可以对债务人的直接责任人员采取罚款等强制措施。

（四）破产申请资料

破产申请人向人民法院提出破产申请时，应提交申请书和相应的破产证据资料。破产申请书应当载明：申请人、被申请人基本资料，申请目的，申请的事实和理由，人民法院认为应当载明的其他事项。

债务人提出申请的，还应当向人民法院提交财产状况说明、债务清册、债权清册、有关财务会计报告、职工安置预案以及职工工资的支付和社会保险费用的缴纳情况说明。

二、破产案件的受理

人民法院收到破产申请时，应当向申请人出具收到申请及所附证据的书面凭证。人民法院收到破产申请后应当及时对申请人的主体资格、债务人的主体资格和破产原因，以及有关材料和证据等进行审查，并依据《企业破产法》第10条的规定作出是否受理的裁定。人民法院认为申请人应当补充、补正相关材料的，应当自收到破产申请之日起5日内告知申请人。当事人补充、补正相关材料的期间不计入《企业破产法》第10条规定的期限。

破产案件的诉讼费用，应根据《企业破产法》第43条的规定，从债务人财产中拨付。相关当事人以申请人未预先交纳诉讼费用为由，对破产申请提出异议的，人民法院不予支持。

申请人向人民法院提出破产申请，人民法院未接收其申请，或者未按相关规定执行的，申请人可以向上一级人民法院提出破产申请。上一级人民法院接到破产申请后，应当责令下级法院依法审查并及时作出是否受理的裁定；下级法院仍不作出是否受理裁定的，上一级人民法院可以径行作出裁定。上一级人民法院裁定受理破产申请的，可以同时指令下级人民法院审理该案件。

三、破产财产及管理

由于破产清算既要维护债权人的利益，也要考虑到债务人及其原企业的劳动者的权益，因此厘清破产财产和破产债权，对处理好破产清算的法律实务至关重要。

（一）破产财产

根据最高人民法院《关于审理企业破产案件若干问题的规定》，破产财产指的是：

1. 债务人在破产宣告时所有的或者经营管理的全部财产；

2. 债务人在破产宣告后至破产程序终结前取得的财产；

3. 应当由债务人行使的其他财产权利。

债务人与他人共有的物、债权、知识产权等财产或者财产权，应当在破产清算中予以分割，债务人分割所得属于破产财产；不能分割的，应当就其应得部分转让，转让所得属于破产财产。

债务人的开办人注册资金投入不足的，应当由该开办人予以补足，补足部分属于破产财产。

企业破产前受让他人财产并依法取得所有权或者土地使用权的，即便未支付或者未完全支付对价，该财产仍属于破产财产。

债务人的财产被采取民事诉讼执行措施的，在受理破产案件后尚未执行的或者未执行完毕的剩余部分，在该企业被宣告破产后列入破产财产。因错误执行应当执行回转的财产，在执行回转后列入破产财产。

债务人依照法律规定取得代位求偿权的，依该代位求偿权享有的债权属于破产财产。

债务人在被宣告破产时未到期的债权视为已到期，属于破产财产，但应当减去未到期的利息。

除了从正面理解哪些属于破产财产外，公司的法务人员还应当注意从反面理解哪些不属于破产财产。根据司法解释的规定，以下财产不属于破产财产：

1. 债务人基于仓储、保管、加工承揽、委托交易、代销、借用、寄存、租赁等法律关系占有、使用的他人财产；

2. 抵押物、留置物、出质物，但权利人放弃优先受偿权的或者优先偿付被担保债权剩余的部分除外；

3. 担保物灭失后产生的保险金、补偿金、赔偿金等代位物；

4. 依照法律规定存在优先权的财产，但权利人放弃优先受偿权或者优先偿付特定债权剩余的部分除外；

5. 特定物买卖中，尚未转移占有但相对人已完全支付对价的特定物；

6. 尚未办理产权证或者产权过户手续但已向买方交付的财产；

7. 债务人在所有权保留买卖中尚未取得所有权的财产；

8. 所有权专属于国家且不得转让的财产；

9. 破产企业工会所有的财产。

（二）破产债权

根据相关司法解释，破产债权指的是：

1. 破产宣告前发生的无财产担保的债权；

2. 破产宣告前发生的虽有财产担保但是债权人放弃优先受偿的债权；

3. 破产宣告前发生的虽有财产担保但是债权数额超过担保物价值部分的债权；

4. 票据出票人被宣告破产，付款人或者承兑人不知其事实而向持票人付款或者承兑所产生的债权；

5. 清算组解除合同，对方当事人依法或者依照合同约定产生的对债务人可以用货币计算的债权；

6. 债务人的受托人在债务人破产后，为债务人的利益处理委托事务所发生的债权；

7. 债务人发行债券形成的债权；

8. 债务人的保证人代替债务人清偿债务后依法可以向债务人追偿的债权；

9. 债务人的保证人按照《担保法》第 32 条的规定预先行使追偿权而申报的债权；

10. 债务人为保证人的，在破产宣告前已经被生效的法律文书确定承担的保证责任；

11. 债务人在破产宣告前因侵权、违约给他人造成财产损失而产生的赔偿责任；

12. 人民法院认可的其他债权。

除了从正面理解哪些属于破产债权外，公司的法务人员还应当注意从反面理解哪些不属于破产债权。根据司法解释，下列债权不属于破产债权：

1. 行政、司法机关对破产企业的罚款、罚金以及其他有关费用；

2. 人民法院受理破产案件后债务人未支付应付款项的滞纳金，包括债务人未执行生效法律文书应当加倍支付的迟延利息和劳动保险金的滞纳金；

3. 破产宣告后的债务利息；

4. 债权人参加破产程序所支出的费用；

5. 破产企业的股权、股票持有人在股权、股票上的权利；

6. 破产财产分配开始后向清算组申报的债权；

7. 超过诉讼时效的债权；

8. 债务人开办单位对债务人未收取的管理费、承包费。

（三）债务人的义务

人民法院受理破产申请后，债务人对个别债权人进行债务清偿的行为无效。自破产案件受理起至破产程序结束，企业的法定代表人、财务负责人、经营管理人员及相关人员承担以下义务：

1. 妥善保管其占有和管理的财产、印章和账簿、文书等资料；

2. 根据法院和管理人的要求进行工作，并如实回答询问；

3. 列席债权人会议并如实接受询问；

4. 未经法院许可不许离开住所地；

5. 不得新任其他企业的董事、监事、高级管理人员。

四、破产管理人职责

破产管理人是破产程序中的关键角色。由于管理人的特殊地位及其在破产程序中所起到的作用，各国破产法都赋予了管理人以充分的职责与权利。我国《企业破产法》第 25 条规定其具体职权如下：

1. 接管债务人的财产、印章和账册、文书等资料。破产程序一经开始，债务人失去对其管理与处分权，应由管理人接收。未经管理人的同意，任何人不得管理和处分债务人的财产，即使管理人所接收的财产中有属于取回权的标的物，取回权人也必须经管理人才能行使权利。对管理人接收财产及簿册的权利，债务人有移交的义务，违反此义务者应承担法律责任。

当债务人拒绝交付财产及有关财产的簿册时，管理人可以直接凭法院受理破产案件的裁定及任职书，向法院请求强制执行。

2. 调查债务人财产状况，制作财产状况报告。管理人在清理债务人的财产时，有权询问债务人、公司董事、经理或其他有关人员，并就相关事宜开展调查，最终制作财产状况报告。债务人等对管理人的询问有如实陈述与回答的义务。债务人违反此义务时，应承担相应法律责任。对债务人财产的收集、清理、核对，是管理人掌握债务人财产真实状况的重要手段，虽然在破产程序开始的裁定前，也令债务人提交财产状况说明书、债权债务清册等，但债务人所提交的以上文件同债务人的实际财务状况一般会有出入，仅凭债务人提供的文件，难以辨明债务人的真实财产状况，因此管理人必须收集、清理、核对债务人的财产。管理人对债务人财产进行清理、核对后，应制成财产目录表。

关于破产清算案件中，破产审计是否是必经程序，目前尚有争议。注册会计师普遍赞同此程序，但从法律角度看，应注意破产程序不应增加债权人的负担，且以当事人意思自治为原则。

3. 决定债务人的内部管理事务。管理人在破产程序中的职责之一是诸如决定债务人的内部管理事务，决定债务人的日常开支和其他必要开支，聘用管理人员、专业人员及其他工作人员，管理和处分债务人的财产，接受第三人交付和给付等。对债务人财产的管理，也是破产管理人的一项重要职责。财产的管理，即对财产的保全，其目的在于防止财产被侵害或发生意外的损失。为保管债务人的财产，管理人应尽善良管理人的注意，采取积极妥善的措施。

4. 撤销权的行使和抵销权、取回权的承认。撤销权是指《企业破产法》第31条规定的管理人对债务人在破产程序开始前法律规定的期间内所为的减少财产或其他有害于债权人利益的行为，有请求法院予以撤销并使因该行为转让的财产或权益收归破产财产的权利。第32条规定管理人有权请求撤销债务人在法院受理破产案件前6个月内对个别债权人进行清偿，损害其他债权人利益的行为。

抵销权是指债权人在破产程序开始时，对债务人负有债务的，有权要求予以抵销的权利。与一般民法上的抵销权不同的是，管理人一般不能主动向债权人主张抵销。但债权人欲主张抵销时，应由管理人为之。

取回权是指管理人在接管债务人占有的财产时，很有可能把原本不属于债务人财产的财产，也归入债务人财产进行管理和使用，但是在债务人被宣告破产后，管理人所占有的他人财产，并不能作为破产财产加以分配，而应允许真正的权利人取回其财产。

5. 营业决定权。我国《企业破产法》在管理人的职责中明确规定，在第一次债权人会议召开之前，由管理人决定债务人是否继续营业。法律赋予管理人以经营管理权，该项职责主要在重整程序中适用。《企业破产法》第73条中规定，在重整期间，经债务人申请，人民法院批准，债务人可以在管理人的监督下自行管理财产和营业事务。在该章中管理人主要履行监督的职责，但在特殊情况下债务人如不能自行管理财产，管理人即接管并参与营业活动。第80条规定，管理人负责管理财产和营业事务的，由管理人制作重整计划草案。

6. 诉讼权。《企业破产法》规定，管理人可代表债务人参加诉讼、仲裁或其他法律程序。

破产程序开始后，与债务人有关的一切民事诉讼与仲裁程序均应中止，其目的在于防止债务人恶意放弃权利或作出不利于债权人的妥协。当管理人被选任后，诉讼与仲裁程序应继续进行，原债务人的诉讼地位由管理人继受。除此之外，在管理人执行职务期间，若关于债务人的财产或对债务人的债权发生争议时，管理人可以主动提起诉讼。

7. 召集债权人会议请求权。《企业破产法》规定，管理人有请求召集债权人会议的职责。第一次债权人会议是法定债权人会议，是在破产程序开始后在法律规定的期限内必须召开的债权人会议。那么，债权人会议的任意召开可在破产程序进行中，根据实际需要由管理人请求或法院决定召开债权人会议。应当指出，管理人申请召开债权人会议，应由法院批准。

8. 拟定和提出破产分配方案。破产宣告后，管理人负责破产财产的变价和分配等事宜，《企业破产法》第111条规定，管理人应当适当时准备破产财产变价方案，提交债权人会议讨论。管理人应当按照债权人会议通过的或者人民法院裁定的破产财产变价方案，适时变卖破产财产。

9. 接受并处理债权人申报的债权。《企业破产法》规定债权人应当在人民法院确定的债权申报期限内向管理人申报债权。破产企业所欠的职工债权不必申报，由管理人列出清单并予以公示。职工对清单记载有异议的，可以要求管理人更正；管理人不予更正的，职工可以向人民法院提起诉讼。第57条规定，管理人收到债权申报材料后，应当登记造册，对申报的债权进行审查，并编制债权表。

五、债权人会议

依法申报债权的债权人有权参加债权人会议，享有表决权。债权人会议设有主席一人，由法院在有表决权的债权人中指定。第一次债权人会议由法院主持召开。

（一）债权人会议的职权

《企业破产法》第61条规定了债权人会议的职权："债权人会议行使下列职权：①核查债权；②申请人民法院更换管理人，审查管理人的费用和报酬；③监督管理人；④选任和更换债权人委员会成员；⑤决定继续或者停止债务人的营业；⑥通过重整计划；⑦通过和解协议；⑧通过债务人财产的管理方案；⑨通过破产财产的变价方案；⑩通过破产财产的分配方案；⑪人民法院认为应当由债权人会议行使的其他职权。债权人会议应当对所议事项的决议作成会议记录。"

（二）债权人会议的决议

根据《企业破产法》第64条的规定，债权人会议的决议应当由出席会议的有表决权的债权人过半数通过，并且其所代表的债权额占无财产担保债权总额的1/2以上。但是，根据《企业破产法》第84、97条的规定，法律对债权人会议通过和解协议与重整计划的决议有更为严格的规定。债权人会议的决议，对于全体债权人均有约束力。同时，立法为反对债权人会议决议者提供了救济渠道。债权人认为债权人会议的决议违反法律规定，损害其利益的，可以自债权人会议作出决议之日起15日内，请求人民法院裁定撤销该决议，责令债权人会议依法重新作出决议。

《企业破产法》还对可能出现的债权人会议僵局设置了解决办法。其第65

条规定："本法第61条第1款第8项、第9项所列事项，经债权人会议表决未通过的，由人民法院裁定。本法第61条第1款第10项所列事项，经债权人会议二次表决仍未通过的，由人民法院裁定。对前两款规定的裁定，人民法院可以在债权人会议上宣布或者另行通知债权人。"

第66条规定："债权人对人民法院依照本法第65条第1款作出的裁定不服的，债权额占无财产担保债权总额1/2以上的债权人对人民法院依照本法第65条第2款作出的裁定不服的，可以自裁定宣布之日或者收到通知之日起15日内向该人民法院申请复议。复议期间不停止裁定的执行。"

六、请草拟一份公司破产申请文件

【实训背景】

某市新华区纺织品贸易公司为集体企业，因长期管理不善，造成企业严重亏损，资不抵债，数额较大，无力清偿到期债务。在此情况下，该公司经其主管部门批准，于2011年4月14日向该市新华区人民法院提出破产申请。

新华区人民法院在接到申请人的破产申请后，认真审查了该企业的经营状况，发现该企业因管理不善而严重亏损、资不抵债，数额达64万余元，并难以扭转亏损局面；同时还听取了该公司上级主管部门的意见，认为符合立案条件。

【实训内容】

1. 按照题中的背景资料并根据公司法关于公司破产的法律规定，为公司申请破产工作制作破产申请书。

2. 按照题中的背景资料并根据公司法关于公司破产的法律规定，为公司申请破产工作制作其他相关文件。

【参考样本】

破产申请书（格式1）

债务人：＿＿＿＿＿＿＿＿＿＿＿＿贸易公司

营业地址：＿＿＿＿市＿＿＿＿大街＿＿＿＿号

申请人：＿＿＿＿＿，上述债务人公司经理

申请目的：＿＿＿＿＿＿＿＿＿＿＿＿

请求决定＿＿＿＿＿＿为破产人。

事实和理由：

一、债务人公司是以经营轻工纺织品为主的贸易公司，创立于＿＿＿＿＿年。由于经营不善，迄今已负担有附表记载的＿＿＿＿＿元债务，而本公司资产只有财产目录中记载的不动产＿＿＿＿＿元，动产＿＿＿＿＿元，商品＿＿＿＿＿元，合计＿＿＿＿＿元，实际已超过债务，不能清偿全部债务。

二、继续经营只能增加债务，经本公司上级主管部门_____贸易公司的同意，申请破产。

附录：

1. 商业登记簿抄本，不动产登记表抄本；

2. 资产负债对照表；

3. 财产目录；

4. 债务与债务清册；

5. _____贸易总公司同意破产证明书；

6. 本公司工会及职工代表大会申请破产意见书。

此致

_____市_____区人民法院

申请人：_____贸易公司（章）

法定代表人：_____（章）

_____年___月___日

破产申请书（格式2）

申请人

名称：_____股份有限公司

住所：_____省_____市_____区_____街_____号（邮编：_____电话：_____电传：_____）

法定代表人：_____董事长

申请内容：请人民法院宣告公司破产

申请事实及理由如下：

本公司由于缺乏应变能力，在市场发生巨大变化情况下，无力及时调整产业结构，加上管理混乱，导致产品大量积压。公司不得不以低价抛售。现公司有净资产_____元，债务_____元，已有____名债权人索还到期债务。本公司既无还债财产，又不能以自己信用筹措资金还债，也不能以经营所得还债。经_____年度第_____次临时股东大会（股东会）讨论，同意本公司向人民法院申请破产。

申请附件：

1. 股东大会（股东会）记录；

2. 公司亏损情况说明；

3. 公司会计报表；

4. 债权清册及债务清册。

此致

_____人民法院

_____股份有限公司

（公章）

董事长_____（签名）

_____年_____月_____日

■教学与训练任务二：公司破产重整、和解过程中的法律实务

公司破产意味着作为法律意义上的人格的消亡，会涉及债权人及债务人的利益，为了保护债权人和债务人的利益，我国《公司法》和《企业破产法》对公司破产重整与和解的程序进行了程序严格的法律规定。负责公司破产事务的管理人员应当掌握该程序的法律要求，具备制作所需法律文件的能力。

一、认知破产重整的法律规定

破产重整是《破产法》新引入的一项制度，是对可能或已经发生破产原因但又有希望再生的债务人，通过各方利害关系人的协商，并借助法律强制性地调整他们的利益，对债务人进行生产经营上的整顿和债权债务关系上的清理，以期摆脱财务困境，重获经营能力的特殊法律程序。破产重整制度作为公司破产制度的重要组成部分，已为多数市场经济国家采用。它的实施，对于弥补破产和解、破产整顿制度的不足，防范大公司破产带来的社会问题，具有不可替代的作用。

（一）重整制度是债务清偿法与企业法的有效结合

破产重整制度兼有债务清偿法和企业法的性质。在这里，所谓债务清偿法，指的是在债务人无力清偿到期债务的情况下，依法在债务人现有财产的范围内，实现多数债权人之间的公平分配和债务了结。这里所说的企业法，指的是对陷入经济困境的企业，进行从产权、资本结构到内部管理、经营战略等多方面的调整和变更，使之恢复生机。重整制度的这种双重属性，是它有别于破产清算制度和传统的和解制度的一个重要特点；和解制度一般被认为属于债务清偿法的范畴。重整制度把清理债务与拯救企业紧密地结合在一起。一方面，它把债权人权利实现，建立于企业复兴的基础上，力图使企业的营运价值得以保留，

从而使债权人得到比在破产清算分配的情况下更为有利的清偿结果。另一方面，通过债务调整，消除破产原因，使企业摆脱经济困境，获得复兴的机会。这样，就在债务清偿法和企业法之间，建立起一种相互配合、相互补充的关系。

（二）重整制度是程序法与实体法的结合

基于拯救企业的需要，重整制度有必要采取一些保护性措施，来维护企业的继续营业。而这些保护性措施所针对的，首先是来自债权人的"攻击"，即债权人行使权利的行为，例如，追索债务的诉讼和强制执行，有财产担保的债权人行使对担保物的处分权，以及其他单独索取清偿支付和单独对债务人的财产实施的行为。其次，保护性措施还要针对企业在无力偿债的情况下从事营业所面临的困难，例如，因信用下降而难以获得贷款，待履行合同的相对人要求解除合同或者要求继续履行合同，因裁减人员所引起的劳动争议等。所以，重整制度对债务人企业的营业保护，不仅需要有程序法上的安排，还要有实体法上的措施。如果说，通过重整实现企业拯救的一个关键是维持生产经营，那么，可以说，设立强有力的保护性措施是建立行之有效的重整制度的至关重要的环节，而设立一套强有力的保护性措施，则离不开一系列的实体法规定。例如，对债务人或者管理人的继续营业授权以及占有、使用和处分财产的授权，赋予为企业继续营业提供贷款或者供应货物的新债权人以优先受偿权，对债权人行使担保物处分权的限制，确认重整企业享有待履行合同的解除权和履行权，以及劳动合同的变更或解除权，等等，都涉及对既存的实体权利的处置和新的实体权利设置。因此，重整立法必须突破程序规范与实体规范截然分立、不可混合的教条和偏见，本着重实际、讲实效的务实精神，把各种有用的程序规则和实体规则冶于一炉，融为一体，使之能够适应现实需要，解决实际问题。

（三）制定、执行重整计划的几个主要环节

宣告债务人破产前，债权人、债务人或出资额占债务人注册资本 1/10 以上的出资人，可以向人民法院申请重整。

重整人提出重整计划建议，经债权人会议通过后成立，经法院认可后生效。

1. 重整计划的主要内容：

（1）变更全部或部分股东或债权人的权利。例如，对于股东，可以减少其股份；对普通债权人，可以减少其债权额或延长清偿期；对于担保债权人，可以放弃其担保权。在变更权利时，应贯彻等差原则和平等原则。以股东、普通债权人、担保债权人为变更权利的前后顺序人；在同一顺序人之间，按同一比例减少同一性质的权利。

（2）变动公司营业范围、财产、管理机构、职工、章程等。

（3）与其他公司合并或请求其他公司援助等。

如果重整计划在制定上不可能，例如，重整人提出的协定遭到关系人会议否决，或关系人会议通过的重整计划法院不予认可，这时，法院依职权裁定终止重整，符合破产规定者，法院依职权宣告其破产。

2. 重整人执行重整计划。重整计划由重整人执行。如果重整计划在执行上不可能，例如，第三人对公司所负的债务经强制执行而无效果，使得重整计划事实上无从执行，这时，法院依职权裁定终止重整，符合破产规定者，法院依职权宣告其破产。

3. 重整人召集重整后的股东会。重整人召集重整后的股东会，股东会选任重整后的董事、监事。

4. 董事、监事申请登记或变更登记并报请裁定。重整后的董事、监事就任后，应即向政府主管机关申请登记或变更登记，并会同重整人报请法院作出重整完成的裁定。一经法院作出重整完成的裁定，重整程序即告结束，公司恢复正常状态。

在重整期间，出现下列情形，经管理人和利害关系人的请求，法院应裁定终止重整程序，并宣告债务人破产：

（1）债务人财产状况和经营状况进一步恶化，缺乏挽救的可能性；

（2）债务人有欺诈、恶意减少财产或者其他显著不利于债权人的行为；

（3）由于债务人的行为，致使管理人无法执行职务。

二、认知和解与破产清算的法律规定

（一）公司破产过程中的和解

人民法院受理企业破产案件后，在破产程序终止前，债务人可以向人民法院申请和解。人民法院在破产案件审理过程中，可以根据债权人、债务人具体情况向双方提出和解建议。

人民法院作出破产宣告裁定前，债权人会议与债务人达成和解协议并经人民法院裁定认可的，由人民法院发布公告，中止破产程序。

人民法院作出破产宣告裁定后，债权人会议与债务人达成和解协议并经人民法院裁定认可，由人民法院裁定中止执行破产宣告裁定，并公告中止破产程序。

债务人不按和解协议规定的内容清偿全部债务的，相关债权人可以申请人民法院强制执行。债务人不履行或者不能履行和解协议的，经债权人申请，人民法院应当裁定恢复破产程序。和解协议系在破产宣告前达成的，人民法院应当在裁定恢复破产程序的同时裁定宣告债务人破产。

（二）破产清算

1. 破产财产的收回、处理和变现。清算组应当向破产企业的债务人和财产持有人发出书面通知，要求债务人和财产持有人于限定的时间向清算组清偿债务或者交付财产。

破产企业的债务人和财产持有人有异议的，应当在收到通知后的 7 日内提出，由人民法院作出裁定。

破产企业的债务人和财产持有人在收到通知后既不向清算组清偿债务或者交付财产，又没有正当理由不在规定的异议期内提出异议的，由清算组向人民法院提出申请，经人民法院裁定后强制执行；破产企业在境外的财产，由清算组予以收回。

2. 破产债权人的时效。债权人享有的债权，其诉讼时效自人民法院受理债务人的破产申请之日起，适用《民法通则》第 140 条诉讼时效中断的规定。债务人与债权人达成和解协议，中止破产程序的，诉讼时效自人民法院中止破产程序裁定之日起重新计算。

经人民法院同意，清算组可以聘用律师或者其他中介机构的人员追收债权。

3. 破产企业其他财产的法律规定。债务人设立的分支机构和没有法人资格的全资机构的财产，应当一并纳入破产程序进行清理。

债务人在其开办的全资企业中的投资权益应当予以追收。全资企业资不抵债的，清算组停止追收。

债务人对外投资形成的股权及其收益应当予以追收。对该股权可以出售或者转让，出售、转让所得列入破产财产进行分配。股权价值为负值的，清算组停止追收。

债务人开办的全资企业，以及由其参股、控股的企业不能清偿到期债务，需要进行破产还债的，应当另行提出破产申请。

清算组处理集体所有土地使用权时，应当遵守相关法律规定。未办理土地征用手续的集体所有土地使用权，应当在该集体范围内转让。

破产企业的职工住房，已经签订合同、交付房款，进行房改给个人的，不属于破产财产。未进行房改的，可由清算组向有关部门申请办理房改事项，向职工出售。按照国家规定不具备房改条件，或者职工在房改中不购买住房的，由清算组根据实际情况处理。

债务人的幼儿园、学校、医院等公益福利性设施，按国家有关规定处理，不作为破产财产分配。

4. 破产财产的评估。处理破产财产前，可以确定有相应评估资质的评估机构对破产财产进行评估，债权人会议、清算组对破产财产的评估结论、评估费用有异议的，参照最高人民法院《关于民事诉讼证据的若干规定》第 27 条的规定处理。

债权人会议对破产财产的市场价格无异议的，经人民法院同意后，可以不进行评估。但是国有资产除外。

破产财产的变现应当以拍卖方式进行。由清算组负责委托有拍卖资格的拍卖机构进行拍卖。

依法不得拍卖或者拍卖所得不足以支付拍卖所需费用的，不进行拍卖。

前款不进行拍卖或者拍卖不成的破产财产，可以在破产分配时进行实物分配或者作价变卖。债权人对清算组在实物分配或者作价变卖中对破产财产的估价有异议的，可以请求人民法院进行审查。破产财产中的成套设备，一般应当整体出售。

依法属于限制流通的破产财产，应当由国家指定的部门收购或者按照有关法律规定处理。

（三）破产费用及清算顺序

1. 破产费用。

（1）破产案件的诉讼费用。包括：①破产申请费用；②破产管理人为收回破产财产提起诉讼或进行其他法律程序所发生的费用，以及破产管理人以破产企业名义应诉而发生的诉讼费用等；③破产案件在诉讼过程中产生的其他费用，如证据保全费、调查费、财产保全费、公告费、鉴定费、送达费、勘验费，以及人民法院认为其他应当支付的诉讼费用。

（2）管理、变价和分配债务人财产的费用。包括但不限于债务人财产的保管费用、保养与修缮费用、拍卖或变价变卖费用、变更权属费用、仓储费用、运输费用、保险费用、评估费用、公告及通知债权人受领财产的送达邮寄费用、提存预分配财产费用等。

（3）管理人执行职务的费用、报酬和聘用工作人员的费用。其中需要注意的是，破产管理人报酬的支付必须要向人民法院提出书面申请并经过审查批准程序，以防出现自己给自己支付报酬的局面。

2. 破产财产的分配。关于破产财产的分配。破产财产分配方案经债权人会议通过后，由清算组负责执行。财产分配可以一次分配，也可以多次分配。

破产财产分配方案应当包括以下内容：

（1）可供破产分配的财产种类、总值，已经变现的财产和未变现的财产；

（2）债权清偿顺序、各顺序的种类与数额，包括破产企业所欠职工工资、劳动保险费用和破产企业所欠税款的数额和计算依据，纳入国家计划调整的企业破产，还应当说明职工安置费的数额和计算依据；

（3）破产债权总额和清偿比例；

（4）破产分配的方式、时间；

（5）对将来能够追回的财产拟进行追加分配的说明。

列入破产财产的债权，可以进行债权分配。债权分配以便于债权人实现债权为原则。

将人民法院已经确认的债权分配给债权人的，由清算组向债权人出具债权分配书，债权人可以凭债权分配书向债务人要求履行。债务人拒不履行的，债权人可以申请人民法院强制执行。

债权人未在指定期限内领取分配的财产的，对该财产可以进行提存或者变卖后提存价款，并由清算组向债权人发出催领通知书。债权人在收到催领通知书一个月后或者在清算组发出催领通知书两个月后，债权人仍未领取的，清算组应当对该部分财产进行追加分配。

（四）破产终结

破产财产分配完毕，由清算组向人民法院报告分配情况，并申请人民法院终结破产程序。

人民法院在收到清算组的报告和终结破产程序申请后，认为符合破产程序终结规定的，应当在七日内裁定终结破产程序。

破产程序终结后，由清算组向破产企业原登记机关办理企业注销登记。破产程序终结后仍有可以追收的破产财产、追加分配等善后事宜需要处理的，经人民法院同意，可以保留清算组或者保留部分清算组成员。

破产程序终结后出现可供分配的财产的，应当追加分配。《企业破产法》第123条对追加分配作出了规定。

破产程序终结后，破产企业的账册、文书等卷宗材料由清算组移交破产企业上级主管机关保存；无上级主管机关的，由破产企业的开办人或者股东保存。

三、运用所掌握的知识进行案例分析

【实训背景】

2007年7月30日，人民法院受理了甲公司的破产申请，并同时指定了管理人。管理人接管甲公司后，在清理其债权债务过程中，有如下事项：

（1）2006年4月，甲公司向乙公司采购原材料而欠乙公司80万元货款未付。2007年3月，甲乙双方签订一份还款协议，该协议约定：甲公司于2007年9月10日前偿还所欠乙公司货款及利息共计87万元，并以甲公司所属一间厂房作抵押。还款协议签订后，双方办理了抵押登记。乙公司在债权申报期内就上述债权申报了债权。

（2）2006年6月，丙公司向A银行借款120万元，借款期限为1年。甲公司以所属部分设备为丙公司提供抵押担保，并办理了抵押登记。借款到期后，丙公司未能偿还A银行贷款本息。经甲公司、丙公司和A银行协商，甲公司用

于抵押的设备被依法变现，所得价款全部用于偿还 A 银行，但尚有 20 万元借款本息未能得到清偿。

（3）2006 年 7 月，甲公司与丁公司签订了一份广告代理合同，该合同约定：丁公司代理发布甲公司产品广告；期限 2 年；一方违约，应当向另一方承担违约金 20 万元。至甲公司破产申请被受理时，双方均各自履行了部分合同义务。

（4）2006 年 8 月，甲公司向李某购买一项专利，尚欠李某 19 万元专利转让费未付。李某之子小李创办的戊公司曾于 2006 年 11 月向甲公司采购一批电子产品，尚欠甲公司货款 21 万元未付。

人民法院受理甲公司破产申请后，李某与戊公司协商一致，戊公司在向李某支付 19 万元后，取得李某对甲公司的 19 万元债权。戊公司向管理人主张以 19 万元债权抵销其所欠甲公司相应债务。

（5）甲公司共欠本公司职工工资和应当划入职工个人账户的基本养老保险、基本医疗保险费用 37.9 万元，其中，在 2006 年 8 月 27 日新的《企业破产法》公布之前，所欠本公司职工工资和应当划入职工个人账户的基本养老保险、基本医疗保险费用为 20 万元。甲公司的全部财产在清偿破产费用和共益债务后，仅剩余价值 1500 万元的厂房及土地使用权，但该厂房及土地使用权已于 2006 年 6 月被甲公司抵押给 B 银行，用于担保一笔 2000 万元的借款。

【实训内容】

根据公司法、破产法相关知识处理该企业破产时的各项债务。

（1）管理人是否有权请求人民法院对甲公司将厂房抵押给乙公司的行为予以撤销？并说明理由。

（2）A 银行能否将尚未得到清偿的 20 万元欠款向管理人申报普通债权，由甲公司继续偿还？并说明理由。

（3）如果管理人决定解除甲公司与丁公司之间的广告代理合同，并由此给丁公司造成实际损失 5 万元，则丁公司可以向管理人申报的债权额应为多少？并说明理由。

（4）戊公司向管理人提出以 19 万元债权抵销其所欠甲公司相应债务的主张是否成立？并说明理由。

（5）甲公司所欠本公司职工工资和应当划入职工个人账户的基本养老保险、基本医疗保险费用共计 37.9 万元应当如何受偿？

【考评标准】

（1）学生能否正确理解破产开始后抵押权的行使。

（2）进入破产程序后普通债权如何认定。

（3）进入破产程序后尚未履行完毕的合同如何处理。

（4）学生对进入破产程序后的撤销权如何理解。

（5）学生对企业进入破产程序后的所欠职工各项保险费如何处理。

■教学与训练任务三：草拟一份破产清算报告

【实训背景】

天雅织造厂有限公司是由原中外合资企业添福织造厂有限公司于2008年10月股权转让后，经工商变更登记而成立的港商独资企业。经营范围是生产加工餐巾、毛巾、医用纱布等。该公司由于变更前后各方股东对变更前的债务及重大决策无法达成一致意见，变更后的独资公司面对沉重的债务无法偿还，于2010年向A市中级人民法院申请破产还债。A市中级人民法院于2010年5月10日受理此案。经查该公司到期债务400多万元人民币，而申请人资产账面值只有130多万人民币，已实属资不抵债。法院依法裁定宣告该公司破产还债，并在裁定送达后成立清算组接管该公司。

本案经审核具有债权人资格的共计13家，有效债权合计为416.7万元。清算组在接管企业时，该企业仍在运作，承揽一些来料加工合同，机器设备为六七十年代的国产设备，陈旧落后，不宜搬迁，并且有员工80多人，欠发工人工资10多万元。清算组根据企业当时的生产情况及资产状况，征得法院同意，要求破产企业股东：①提供担保；②保证在清算过程中，不得以原企业名义进行业务往来，不发生新的债务这一前提下，清算组请求法院不查封该公司的机器设备，不停止生产。用加工费支付工人工资的办法，使企业在整个清算工作过程中，没有遣散员工，同时在没有发生新的债务情况下将破产财产整体变卖，对破产企业从机器设备到生产人员整体转让，是破产清算工作的一个新探索。最高人民法院《关于审理企业破产案件若干问题的规定》第86条规定：破产财产中的成套设备，一般应当整体出售。清算组律师考虑到该破产企业资产特点，同时，又有80多名员工是生产熟练工，该破产企业除财务状况恶化外，生产销售等组织较为完善这一因素，如果将设备拍卖，人员遣散，所有生产设备无法实现最大价值，而且对80多名工进行遣散工作，又需要发放10万元的工资、遣散费及其他费用，这无疑增加了破产费用，也使劳动力资源趋于闲置和浪费。这是目前诸多破产企业及濒于破产的企业所面临的较为严重的问题，给社会劳动力就业增加许多压力，因此，也是一项政策性强、敏感复杂、政府部门急待解决的社会问题。

综合上述诸多因素，清算组将从机器设备到生产人员整体转让这一思路和利弊提交债权人会议讨论，债权人会议一致通过并授权清算组全权处理资产变现等工作。债权人会议之后，清算组全力协调各方关系，在债权人的支持配合下，将破产企业财产及人员在破产宣告两个月得以整体转让，使债权人的利益得到了最大限度的保护，同时没有产生因员工失业而造成的社会震荡。如此，在破产程序上加快了进程，减少了不必要的清算费用开支。这样，一方面实现了破产的最大价值，最大限度地保护了债权人利益；另一方面也收到了较好的社会效益，是破产清算实务中的一次尝试。

清算组根据债权、债务清册对该企业在外债权进行追收，通过法院发出几十个催款通知，责令限期支付，共追回人民币 7.3 万元。同时，清算组对存货进行变卖，对企业的机器设备在公开、公平、公正和价高者得这一原则指导下，进行整体变卖，累计变现 60.5 万元，扣除清算费用、国家税收、诉讼费等开支，可供分配的财产为 47.5 万元，分配率为 13%。

【实训内容】

请按照题中的背景资料并根据公司法、破产法关于公司破产的法律规定，为公司申请破产工作制作清算报告。

【参考样本】

清算报告

（一）破产清算组的成立情况。

（二）清算组完成的主要工作：

全面接管破产企业，接管的具体时间，接管的具体内容，参加接管的人员等；

指定留守人员，明确留守人员工作职责等；

对破产企业的财务状况进行审计及审计结果情况，包括资产负债情况等；

对破产企业的财产进行清理、评估、处理及结果情况；

对破产企业对外债权的清理情况和追讨的结果及追讨中遇到的问题；

对破产企业对外投资的清理情况和处理情况以及处理的结果；

对破产企业的清理和审核情况及审核结果，包括对破产债权总额、有财产担保的债权总额、无财产担保的债权总额等；

对破产企业涉诉案件的清理情况及清算组参与诉讼情况；

对破产企业签订合同的清理情况及解除合同情况和继续履行合同情况；

对破产企业职工安置情况、拖欠工资、社会保险费的清偿情况；

破产财产分配方案的制定情况及对通过的破产财产分配方案的执行情况。

（三）破产企业大宗资金的走向及回收情况；

（四）破产企业法定代表人及经营管理人员的离职在职审计情况；

（五）企业破产原因分析，是经营管理和经营机制问题，还是市场环境或决策问题等导致企业破产的，谁应对企业破产负主要责任；

（六）待研究和待完善、待解决的问题。如职工的安置费问题、工资问题、住房问题究竟应怎样处理。

训练项目三：公司破产纠纷的处理

【考评背景】

2007 年 8 月 20 日，甲公司就自己不能支付到期债务向人民法院提出破产申请，人民法院于 2007 年 9 月 1 日裁定受理甲公司的破产申请，同时指定某会计师事务所为破产管理人。管理人接管甲公司后，对甲公司的资产、负债进行了清理，有关清理情况如下：

1. 人民法院受理破产申请时，甲公司的资产总额为 1650 万元（全部财产的变现价值）。其中，全部厂房变现价值 520 万元，办公楼变现价值为 650 万元，全部机器设备变现价值 480 万元。

2. 人民法院受理破产申请时，负债总额为 11 000 万元。其中，流动负债的情况为：

（1）应付职工工资 180 万元，未交税金 220 万元。

（2）短期借款 900 万元。其中，2007 年 3 月 5 日，以甲公司全部厂房作抵押，向中国工商银行贷款 500 万元。2007 年 6 月 1 日，以全部机器设备作抵押，向中国建设银行贷款 400 万元。

（3）应付账款 760 万元，其中包括但不限于：①应付乙公司到期货款 380 万元。乙公司经多次催要无效后向人民法院提起诉讼，2007 年 8 月 10 日，人民法院终审判决甲公司支付乙公司欠款及违约金和赔偿金等共计 400 万元。乙公司申请强制执行，人民法院对甲公司办公楼予以查封。人民法院受理甲公司破产申请时，此判决尚未执行。②应付丙公司 2005 年 9 月 18 日到期货款 180 万元，2006 年 8 月 18 日应丙公司的要求，甲公司与丙公司签订了一份担保合同，担保合同约定：以甲公司全部机器设备作抵押，若 2007 年 8 月 18 日前甲公司仍不能支付丙公司 180 万元的货款，则以甲公司机器设备变卖受偿。③应付丁公司 2007 年 8 月 1 日到期货款 200 万元。

3. 2006 年 7 月，甲公司为逃避债务而隐匿 230 万元的财产。

4. 2007 年 6 月，甲公司已经知道自己不能清偿到期债务、即将破产，仍向债权人戊公司清偿了 90 万元。

5. 甲公司的股东用于出资的房产在出资时作价 600 万元，而当时的实际价值仅为 520 万元。

6. 人民法院的诉讼费用 30 万元，管理人报酬 20 万元，为继续营业而支付的职工工资及社会保险费用 150 万元。

经查：甲公司用于抵押的厂房、机器设备于合同签订的当天全部办理了抵押登记手续。

【考评内容】

根据以上事实，在不考虑债权利息的情况下，对下述问题进行解释、处理：

（1）人民法院查封的甲公司的办公楼可否用于偿还所欠乙公司的货款？并说明理由。

（2）哪些属于破产费用？哪些属于共益债务？

（3）对于甲公司向丙公司设定的抵押担保，管理人能否向人民法院申请撤销？并说明理由。

（4）对于甲公司隐匿 230 万元财产的行为，管理人是否有权追回？并说明理由。根据《刑法》的规定，其直接责任人员应承担何种刑事责任？

（5）对于甲公司向其债权人戊公司清偿债务的行为，管理人能否向人民法院申请撤销？并说明理由。

（6）甲公司的股东出资不实应如何处理？并说明理由。

（7）甲公司的破产财产额是多少？并说明如何分配？

（8）丁公司可分配的财产具体数额为多少？并列出计算过程（金额保留至元）。

【考评标准】

（1）学生能否掌握破产开始后财产保全措施的法律规定。

（2）学生是否掌握破产费用和共益债务的概念。

（3）学生能否理解掌握破产进行中债务的抵押担保。

（4）学生能否掌握隐匿破产企业财产责任人应承担的责任。

（5）学生能否掌握破产过程中撤销权的行使。

（6）学生是否了解破产程序中发现股东出资不实如何处理。

（7）学生能否正确认定企业破产财产的范围。

（8）学生是否掌握破产债权的清偿程序。

综合训练项目六： 公司纠纷处理实务

■ 学习目标

公司的纠纷尤其是重大纠纷通常主要是外聘律师等更为专业的人士来处理，而不是以公司的法务工作者为主来处理，公司的法务工作者通常只是给予必要的协助配合。因此，基于实践需要，作为公司的法务工作者，应当掌握公司的纠纷类型及其处理途径，在此基础上掌握处理涉及诉讼、仲裁等重大纠纷时的基本辅助技能。主要包括：理解和运用《公司法》中有关处理涉公司争议等重大事项的相关条文的技能，涉公司纠纷的相关文件的制作审查技能，应对涉公司仲裁、诉讼等争议所需代理手续等相关文件的制作审查技能等。

公司的纠纷解决途径常见的有和解、调解、仲裁和诉讼等。和解在法律上是指当事人之间自愿协商互相让步，不经法院或没有其他第三方参加以终止争执或防止争执发生的解决纠纷的方式。现实中公司纠纷的解决多数是自行和解的。调解以第三方出面，不以存在书面调解协议为必需，以自愿性和保密性为主要原则。相对于仲裁来说，调解更加省时、省力、省钱，能够调和双方矛盾，解决纠纷，并能尽量保持双方的良好合作关系，创造未来的合作机会，故而在商事纠纷中占据一席之地并且呈发展趋势。

比较几种公司纠纷的解决方式，和解由于具有极大的灵活性、对合作关系保护的充分性、低成本、高效率等特点而广泛应用于纠纷的解决中。商事调解的程序也非常灵活，当事人在不违法的前提下，均可自行拟定规则与挑选调解员，因此，实践中并无完全严格统一的规则可循，公司可以根据实际情况选择适用。基于以上分析，本项目中暂不讨论和解、调解相关的程序和内容。

而以仲裁和诉讼的方式解决公司纠纷，在法律规定和司法实践中都有比较成熟的程序规定和做法。

■训练项目一：仲裁方式解决公司纠纷

仲裁实行一裁终局，具有自愿性、及时性、经济性和保密性等特点，是解决公司纠纷中的常见途径之一。

■教学与训练任务一：认知仲裁方式解决公司纠纷

一、认识与理解仲裁

（一）正确认识仲裁

仲裁是指平等主体即公民、法人与其他组织通过达成书面仲裁协议或者共同签订合同中的仲裁条款，将经济合同纠纷和其他财产权益纠纷提交依法设立的仲裁机构，由双方选定或者仲裁机构指定独立、公正的仲裁员对该纠纷进行审理并作出终局的仲裁裁决的一种争议解决机制。

仲裁活动和法院的审判活动一样，关乎当事人的实体权益，是解决民事争议的方式之一。仲裁在性质上是兼具契约性、自治性、民间性和准司法性的一种争议解决方式。

（二）仲裁的特点

1. 自愿性。当事人的自愿性是仲裁最突出的特点。仲裁以双方当事人的自愿为前提，即当事人之间的纠纷是否提交仲裁，交于谁仲裁，仲裁庭如何组成，由谁组成，以及仲裁的审理方式、开庭形式等都是在当事人自愿的基础上，由双方当事人协商确定的。因此，仲裁是最能充分体现当事人意思自治原则的争议解决方式。

2. 灵活性。由于仲裁充分尊重当事人的意思自治，仲裁中的诸多具体程序和规则都是由当事人协商确定与选择的，因此，与诉讼相比，仲裁程序更加灵活，更具有弹性。

3. 保密性。仲裁以不公开审理为原则。这一点严格区别于诉讼。有关的法律和仲裁规则也同时规定了仲裁员及仲裁秘书人员的保密义务。因此当事人的商业秘密和贸易活动不会因仲裁活动而泄露。仲裁表现出极强的保密性。

4. 专业性。实践中民商事纠纷往往涉及许多知识领域，不仅会遇到复杂的法律问题，更会遇到许多复杂的经济贸易和技术问题等，故专家裁判更能体现出专业权威性。因此，由具有一定专业水平和能力的专家担任仲裁员对当事人之间的纠纷进行裁决是仲裁公正性的重要保障。根据我国仲裁法的规定，仲裁机构都备有分专业的、由专家组成的仲裁员名册供当事人进行选择，专家仲裁由此成为民商事仲裁的重要特点之一。

5. 及时性。仲裁实行一裁终局制，仲裁裁决一经做出即发生法律效力。这使得当事人之间的纠纷能够迅速得以解决。

6. 经济性。仲裁的经济性主要表现在时间的快捷性上。节省时间使得仲裁所需费用相对减少；仲裁一裁终局，无需多审级收费，因此解决同一案件仲裁费往往低于诉讼费；仲裁的保密性和自愿性也使当事人之间通常没有激烈的对抗，且商业秘密不必公布于世，对当事人之间今后的商业合作影响较小。

7. 独立性。仲裁机构独立于行政机关，仲裁机构之间是平等的关系，互不隶属。在仲裁过程中，仲裁庭和仲裁员独立进行仲裁，不受任何机关、社会团体和个人的干涉，亦不受仲裁机构的干涉，显示出最大的独立性。

另外，仲裁裁决在国际范围的承认和执行保障性也是目前仲裁深受当事人推崇的重要原因。

（三）仲裁的适用范围

仲裁的适用范围是指哪些纠纷可以通过仲裁解决，哪些纠纷不能以仲裁来解决，也就是我们通常讲的"争议的可仲裁性"。

《仲裁法》第2条规定："平等主体的公民、法人和其他组织之间发生的合同纠纷和其他财产权益纠纷，可以仲裁。"

这里明确了三个原则：一是发生纠纷的双方当事人必须是民事主体，包括国内外法人、自然人和其他合法的组织；二是仲裁的争议事项应当是当事人有权处分的；三是仲裁范围必须是合同纠纷和其他财产权益纠纷。

根据仲裁法的规定，实践中有两类纠纷不能仲裁：

1. 婚姻、收养、扶养、监护、继承纠纷不能仲裁。这类纠纷虽然属于民事纠纷，也不同程度涉及财产权益争议，但这类纠纷往往涉及当事人的身份关系，需要法院作出判决或由行政机关作出决定，不属于仲裁机构的管辖范围。

2. 行政争议不能裁决。行政争议亦称行政纠纷，是指国家行政机关之间，或者国家行政机关与企事业单位、社会团体以及公民之间，由于行政管理而引起的争议。国外法律通常规定这类纠纷应当依法通过行政复议或行政诉讼解决。

（四）仲裁的分类

1. 国内仲裁和涉外仲裁。根据所处理的纠纷是否具有涉外因素，仲裁可分国内仲裁和涉外仲裁。前者是一国当事人之间为解决没有涉外因素的国内民商事纠纷的仲裁；后者是处理涉及外国或外法域的民商事务争议的仲裁。

2. 机构仲裁和临时仲裁。根据是否存在常设的专门仲裁机构，仲裁可以分为机构仲裁和临时仲裁。机构仲裁是当事人根据仲裁协议，将他们之间的纠纷提交给某一常设性仲裁机构所进行的仲裁。临时仲裁是当事人根据仲裁协议，将他们之间的争议交给临时组成的仲裁庭而非常设性仲裁机构时进行审理并作出裁决的仲裁。我国大陆目前不承认临时仲裁。

二、正确把握商事仲裁

（一）正确认识商事仲裁

商事仲裁（commercial arbitration），是指当事人在自愿的基础上，将有关的商事争议提交给第三者（即仲裁员或公断人）进行审理，并依据法律或公平原则作出对双方当事人均有拘束力的裁决的一种解决争议的法律制度。[1]

商事仲裁最初主要用于解决国内的商事争议，后随着各国商事交往的迅猛发展，才日益受到国际社会的重视并被广泛用于国际商事争议的解决。因此，商事仲裁应当包括国内商事仲裁和国际商事仲裁。加上仲裁本身就是"舶来品"这一原因，我们通常所提到的商事仲裁一般指的是带有涉外因素的商事仲裁。该类商事仲裁通常是指在国际间民事或商业交往中，特别是在对外贸易和海洋运输方面，当事人各方将他们之间发生的争端交由一名或数名仲裁员组成的仲裁庭解决，各方并同意按照仲裁庭作出的裁决予以执行的制度。它以私法方面带有涉外因素的争端为对象，既不同于国家间为某一公法上的争端提请第三方解决的国际仲裁，也不同于一国范围之内企业或私人间争端的国内仲裁。在各国实践中，仲裁的案件绝大多数涉及合同的履行问题。根据最近几年的发展情况，仲裁的对象已扩大到涉外经济和科技等各个领域。

（二）商事仲裁的特点

商事仲裁的特点是指商事仲裁不同于其他争议解决方式的优点，同民事诉讼、调解和国内其他仲裁相比，商事仲裁（尤其是有涉外因素的商事仲裁）具有自己的特点：

1. 自愿性更加突出。商事仲裁机构一般都是民间组织，不具有法定的强制管辖权，只能受理双方当事人根据仲裁协议提交给它处理的案件。

2. 自主性更加突出。商事仲裁中的当事人有较大的自主权，双方当事人可

---

〔1〕 邓杰：《商事仲裁法》，清华大学出版社 2008 年版，第5页。

以自由选择仲裁机构、仲裁地点、仲裁员、仲裁规则、仲裁形式及仲裁应适用的法律等。

3. 保密性更加突出。商事仲裁庭审理案件和裁决一般不公开进行，有利于保护当事人的商业秘密，维护当事人的商业信誉。

4. 国际性更加突出。商事仲裁随着各国之间商事交往日益密切，在解决国际商事争议方面所发挥的作用也是逐渐明显。各国不仅在本国大力发展国际商事仲裁制度，而且积极推动和促进商事仲裁领域的国际合作。因此，国际商事仲裁日益成为国际社会一项非常重要的争议解决制度。

另外，商事仲裁裁决也是终局的，对双方当事人均有拘束力，任何一方当事人如对裁决不服，也不能上诉。

由于本书的受众是一般公司的法务人员等初级法务工作者，而商事仲裁由于具有涉外因素，通常情况下只有相对水平较高的专业律师等才能做好此方面的业务，因此，本书对于此类商事仲裁不做过多涉及。

三、公司纠纷的常见仲裁类型

（一）哪些纠纷可以适用仲裁

根据仲裁法的规定，能够进入仲裁的是两类纠纷：

1. 合同纠纷。合同纠纷是在经济活动中，双方当事人因订立或履行各类经济合同而产生的纠纷，包括国内、国外平等主体的自然人、法人以及其他组织之间的国内各类经济合同纠纷、知识产权纠纷、房地产合同纠纷、期货和证券交易纠纷、保险合同纠纷、借贷合同纠纷、票据纠纷、抵押合同纠纷、运输合同纠纷和海商纠纷等，还包括涉外的，涉及香港、澳门和台湾地区的经济纠纷，以及涉及国际贸易、国际代理、国际投资、国际技术合作等方面的纠纷。

2. 其他财产权益纠纷。主要是指由侵权行为引发的纠纷，这在产品质量责任和知识产权领域的侵权行为见之较多。

（二）公司纠纷实践中涉及的仲裁类型

根据仲裁法的规定，能够进行仲裁的有两类事项，一类是合同纠纷，另一类是其他财产权益纠纷。其中合同纠纷是最主要最常见的仲裁事项。而根据笔者和有关律师所接触的业务案件来看，对于公司经常涉及的合同纠纷最主要、最常见的包括：

1. 股东出资纠纷；

2. 股权转让纠纷；

3. 隐名投资纠纷；[1]

4. 建设工程合同纠纷；

5. 委托合同等其他公司合同纠纷。

■教学与训练任务二：掌握公司纠纷的仲裁程序

一、申请仲裁的条件

（一）申请仲裁的条件

申请仲裁必须具备下列条件：

1. 有仲裁协议；

2. 有具体的仲裁请求和事实、理由；

3. 属于仲裁委员会的受理范围。

（二）仲裁协议的签订

仲裁协议包括合同中订立的仲裁条款和以其他书面方式在纠纷发生前或者纠纷发生后达成的请求仲裁的协议。仲裁协议应当具有下列内容：

1. 请求仲裁的意思表示；

2. 仲裁事项；

3. 选定的仲裁委员会。

示范条款："因本合同引起的或与本合同有关的任何争议，均提请××（须指定明确）仲裁委员会按照该会仲裁规则进行仲裁。仲裁裁决是终局的，对双方均有约束力。"

二、仲裁解决纠纷的程序

公司的合同纠纷或财产权益纠纷能否申请仲裁，除了前述第一个问题中强调的仲裁协议外，在纠纷发生后更要注意以下问题：

（一）仲裁前的准备工作

1. 仲裁时效的认知，是指权利人向仲裁机构请求保护其权利的法定期限，也即权利人在法定期限内没有行使权利，即丧失提请仲裁以保护其权益的权利。仲裁分为商事仲裁和劳动仲裁两个大类。在公司纠纷处理事务中仅指商事仲裁。《仲裁法》第 74 条规定："法律对仲裁时效有规定的，适用该规定。法律对仲裁时效没有规定的，适用诉讼时效的规定。"

---

〔1〕 严格地说，隐名投资纠纷也属于股东出资纠纷的范畴，但由于实践中此类案件相对突出，因此将之单独列为其中一类。

对于商事仲裁时效，纵观中国现行法律的相关规定，并未见涉及商事仲裁时效的特别规定，由此，依照《仲裁法》第74条的规定，商事仲裁时效适用相关诉讼时效的规定，具体包括：

《民法通则》第135条规定：向人民法院请求保护民事权利的诉讼时效期间为2年，法律另有规定的除外。第136条：下列的诉讼时效期间为1年：①身体受到伤害要求赔偿的；②出售质量不合格的商品未声明的；③延付或者拒付租金的；④寄存财物被丢失或者损毁的。

《合同法》第129条规定：因国际货物买卖合同和技术进出口合同争议提起诉讼或者申请仲裁的期限为4年。

《劳动争议调解仲裁法》第27条规定，劳动争议申请仲裁的时效期间为1年。

2. 仲裁时效的计算。仲裁时效期间应从权利人知道或者应当知道权利被侵害时起计算。同样，《民法通则》有关诉讼时效中止及中断的规定也应适用于商事仲裁时效和劳动仲裁时效。在仲裁时效期间的最后6个月内，权利人因不可抗力或者其他障碍不能行使请求权的，仲裁时效中止，从中止的原因消除之日起，仲裁时效期间继续计算；权利人提出要求或者义务人同意履行的行为可构成仲裁时效中断，从中断时起，仲裁时效期间得以重新计算。

（二）具体仲裁程序

1. 提出仲裁申请。提出申请是仲裁程序开始的首要手续。各国法律对申请书的规定不一致。在我国，根据《中国国际经济贸易仲裁委员会仲裁规则》（2012版），当事人一方申请仲裁时，应向该委员会提交包括下列内容的仲裁申请书：

（1）申请人和被申请人的名称和住所，包括邮政编码、电话、传真、电子邮件或其他电子通讯方式；

（2）申请仲裁所依据的仲裁协议；

（3）案情和争议要点；

（4）申请人的仲裁请求；

（5）仲裁请求所依据的事实和理由。

在提交仲裁申请书时，附具申请人请求所依据的证据材料和其他证明文件。还需按照仲裁委员会制定的仲裁费用表的规定预缴仲裁费。

2. 组织仲裁庭。根据我国仲裁规则规定，当事人约定由3名仲裁员组成仲裁庭的，当事人各自在仲裁委员会仲裁员名册中选定或各自委托仲裁委员会主任指定1名仲裁员，并由仲裁委员会主任指定1名仲裁员为首席仲裁员或由当事人共同选定1名首席仲裁员，共同组成仲裁庭审理案件；双方当事人亦可在仲裁委员名册共同指定或委托仲裁委员会主任指定 1 名仲裁员为独任仲裁员，成立仲裁庭，单独审理案件。

3. 审理案件。仲裁庭审理案件的形式有两种：一是不开庭审理，这种审理一般是经当事人申请，或由仲裁庭征得双方当事人同意，只依据书面文件进行审理并做出裁决；二是开庭审理，这种审理按照仲裁规则的规定，采取不公开审理，如果双方当事人要求公开进行审理时，由仲裁庭做出决定，也可以公开审理。

4. 作出裁决。裁决是仲裁程序的最后一个环节。根据《中国国际经济贸易仲裁委员会仲裁规则》（2012 版），仲裁庭应在组庭后 6 个月内作出裁决书。经仲裁庭请求，仲裁委秘书长认为确有正当理由和必要的，可以延长该期限。程序中止的期间不计入上述 6 个月的期限内。裁决作出后，审理案件的程序即告终结，因而这种裁决被称为最终裁决。根据我国仲裁规则，除最终裁决外，仲裁庭认为有必要或接受当事人之提议，在仲裁过程中，可就案件的任何问题作出中间裁决或者部分裁决。中间裁决是指对审理清楚的争议所做的暂时性裁决，以利于对案件的进一步审理；部分裁决是指仲裁庭对整个争议中的一些问题已经审理清楚，而先行作出的部分终局性裁决。这种裁决是构成最终裁决的组成部分。

仲裁裁决书和调解书与法院的判决书具有同等的效力，可直接向法院申请强制执行。当事人对于仲裁裁决书，应依照其中所规定的时间自动履行，裁决书未规定期限的，应立即履行。一方当事人不履行的，另一方当事人可以根据中国法律的规定，向中国法院申请执行，或根据有关国际公约、中国缔结或参加的其他国际条约的规定办理。

5. 仲裁裁决的执行。仲裁裁决的执行到被执行人住所地或者被执行的财产所在地的中级人民法院申请；如果涉及域外执行，则应到执行当地法院申请启动执行程序，在纽约公约成员国申请执行将不受实质审查，普遍会得到支持。

按照各国仲裁规则的一般规定，仲裁裁决如系在无仲裁协议的情况下作出或以无效的仲裁协议为依据作出的裁决，仲裁员的行为不当或越权所作出的裁决，以伪造证据为依据所作出的裁决，或裁决的事项是属于仲裁地法律规定不得提交仲裁处理的裁决等，当事人可在法定期限内，请求仲裁地的管辖法院撤销仲裁裁决，并宣布其为无效。

以上仲裁程序可用示意图表示如下：

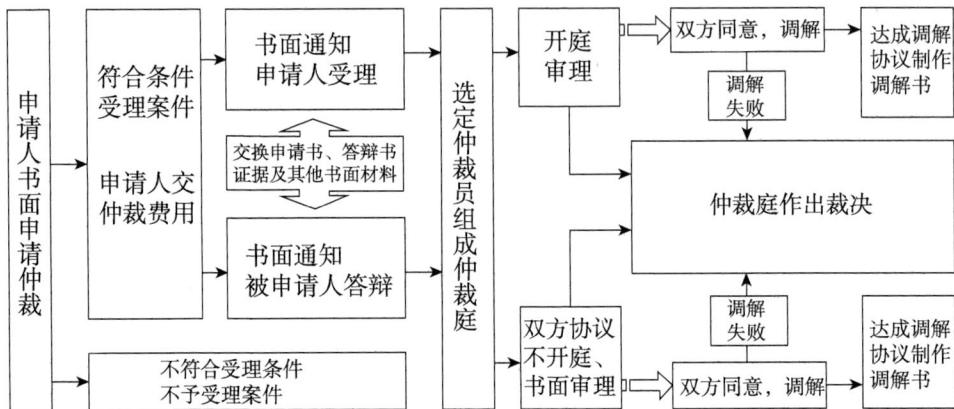

■教学与训练任务三：制作仲裁申请书与答辩书

【实训背景】

2010 年 4 月 9 日，北京某公司（以下称申请人）依据与河北定州某公司（以下称被申请人）签订的《独家销售代理合同》中的仲裁条款向北京仲裁委员会提交仲裁申请书，申请人请求解除与被申请人之间的《独家销售代理合同》，解除被申请人的河北独家销售代理权。

申请人作为甲方、被申请人作为乙方于 2007 年 12 月 7 日订立了《独家销售代理合同》，合同主要约定：①甲方许可乙方作为其河北的某产品的独家销售代理商，合同期限五年，至 2012 年 12 月 31 日止；②乙方在河北区域内有营销、流通和拥有两家直营店后发展加盟店的权利；③本合同的生效条件是乙方于合同订立后的一个月内向甲方支付 50 万元特许经营费；④乙方根据与甲方约定的订购程序进行订货，所有订单都根据本合同的条款及合同附件中的条件，甲方收到乙方订单未确认，该订单对甲方不发生效力；⑤甲方负责将乙方购买的产品运送到乙方目的地一楼，乙方收到产品后两周内向甲方支付货款并向甲方提供汇款凭证；⑥乙方自本合同签订之日起 30 日内向甲方提供对最初商铺的布置、相关计划及店铺开设计划，每三个月向甲方提供市场预测报告；⑦双方在严重违约收到对方通知后 15 日内未改正的情况下可向对方发出书面通知终止合同；⑧乙方收到货后的 15 日内未付货款，甲方有权停止供货，经双方协商后决定合同是否继续履行；⑨就履行本合同发生争议协商无法解决提请北京仲裁委员会仲裁。本合同有附件 A、B、C 三个，附件 A 是销售条件，包括订货软件系统、销售价格、商品调换、结账等；附件 B 是乙方的销售区域；附件 C 是要求乙方制定销售计划及促销计划的空白页。此外，代销合同还对合同中涉及的用语作出界定，对保密、知识产权保护、合同终止后的义务等均有约定。

被申请人在签约后如数支付了特许经营费 50 万元，但没有在签约的 30 日内向申请人提供对最初商铺的布置、相关计划和店铺开设计划；也未每三个月向申请人提供市场预测报告。

双方产生的争议：

2009 年 12 月，双方商谈本案合同的补充协议，补充协议对被申请人权限作出了缩小变更，申请人支付 30 万元的权益补偿金作为对被申请人缩小权限的补偿，其中一条：权益补偿金可从已购货款中冲抵，被申请人依据此条暂停支付所购货款达 16 万元以备冲抵，2010 年 3 月，补充协议未能达成一致。2010 年 3 月 12 日，申请人向被申请人发出催款通知，通知被申请人尽快支付截至 2010 年 3 月 12 日已拖欠的货款 16 万元，要求被申请人严格遵照合同约定处理有关业务。2010 年 3 月 22 日，申请人又向被申请人发出商谈补充协议的文本，将权益补偿金提高到 50 万元，依然从已购货款中冲抵，双方仍未达成补充协议，同时，申请人向被申请人停止供货。被申请人于 2010 年 4 月 7 日向申请人付清拖欠的货款。2010 年 4 月 8 日，申请人委托律师向被申请人发出《律师函》，明确指出被申请人自 2010 年 1 月起已拖欠六批货款达 16 万元，3 月 12 日发出催款通知后，被申请人 15 日内仍未支付欠款，依据双方合同约定，正式通知终止本案合同，而被申请人不同意解除合同，要求申请人履行发货义务，并要求申请人赔偿因停货造成的损失，双方争执不下，于是提请仲裁。

【实训内容】

1. 作为申请人企业的法务人员，根据背景资料，草拟一份仲裁申请书。

2. 作为被申请人企业的法务人员，根据背景资料，草拟一份仲裁答辩书。

【参考样本】

仲裁申请书

申请人名称：＿＿＿＿＿＿＿＿　　地址：＿＿＿＿＿＿＿＿

法定代表人：姓名：＿＿＿＿＿＿　　职务：＿＿＿＿＿

　　　　　　住址：＿＿＿＿＿＿　　电话：＿＿＿＿＿＿

委托代理人：姓名：＿＿＿＿＿　性别：＿＿＿　年龄：＿＿＿

　　　　　　工作单位：＿＿＿＿＿＿　职务：＿＿＿＿＿＿

　　　　　　住址：＿＿＿＿＿＿　　电话：＿＿＿＿＿＿

被申请人名称：＿＿＿＿＿＿＿＿＿＿＿　地址：＿＿＿＿＿＿＿＿＿＿

法定代表人：姓名：＿＿＿＿＿＿＿　职务：＿＿＿＿＿＿

　　　　　　住址：＿＿＿＿＿＿＿　电话：＿＿＿＿＿＿

委托代理人：姓名：＿＿＿＿＿　性别：＿＿＿＿　年龄：＿＿

　　　　　　工作单位：＿＿＿＿＿＿＿　职务：＿＿＿＿＿

　　　　　　住址：＿＿＿＿＿＿＿　电话：＿＿＿＿＿

案由：＿＿＿＿＿＿＿＿＿＿＿＿＿＿＿＿＿＿＿＿＿＿＿＿＿

仲裁请求：

1.＿＿＿＿＿＿＿＿＿＿＿＿＿＿＿＿＿＿＿＿＿＿＿＿＿＿＿＿

2.＿＿＿＿＿＿＿＿＿＿＿＿＿＿＿＿＿＿＿＿＿＿＿＿＿＿＿＿

3.＿＿＿＿＿＿＿＿＿＿＿＿＿＿＿＿＿＿＿＿＿＿＿＿＿＿＿＿

事实和理由：＿＿＿＿＿＿＿＿＿＿＿＿＿＿＿＿＿＿＿＿＿＿

＿＿＿＿＿＿＿＿＿＿＿＿＿＿＿＿＿＿＿＿＿＿＿＿＿＿＿＿＿＿

＿＿＿＿＿＿＿＿＿＿＿＿＿＿＿＿＿＿＿＿＿＿＿＿＿＿＿＿＿＿

　　此致

　　＿＿＿＿＿＿仲裁委员会

　　　　　　　　　　　申请人：＿＿＿＿＿＿＿＿（盖章）

　　　　　　　　　　　法定代表人：＿＿＿＿＿＿（签章）

　　　　　　　　　　　　　＿＿＿＿年＿＿月＿＿日

附：

1.申请书副本＿＿＿＿＿份。

2.其他证明材料＿＿＿＿＿件。

仲裁答辩书

答辩人：

答辩人名称：＿＿＿＿＿＿＿＿＿＿＿　地址：＿＿＿＿＿＿＿＿＿＿

法定代表人：姓名：＿＿＿＿＿＿　职务：＿＿＿＿＿＿

　　　　　　住址：＿＿＿＿＿＿　电话：＿＿＿＿＿＿

委托代理人：姓名：＿＿＿＿＿　性别：＿＿＿＿　年龄：＿＿＿

　　　　　　工作单位：＿＿＿＿＿＿＿　职务：＿＿＿＿＿

　　　　　　住址：＿＿＿＿＿＿＿＿＿＿　电话：＿＿＿＿＿

申诉人因＿＿＿＿＿＿＿＿＿＿＿＿诉我＿＿＿＿＿＿＿＿＿＿一案，

现提出答辩意见如下：

一、

二、

三、

此　致
_____仲裁委员会

答辩人：_____（盖章）

法定代表人：_____（签章）

_____年_____月_____日

附：

1. 答辩书副本_____份。

2. 其他证明材料_____件。

■训练项目二：诉讼方式解决公司纠纷

诉讼是当今社会一种解决社会系统中利益冲突的机制和专门法律活动，是诸多解决纠纷的方式之一。它依靠国家公权力的介入来解决纠纷，而公权力的使用以及对诉讼结果的确认，往往使诉讼成为一种合法的、最有效的、从而也是最终的冲突解决手段。因此，诉讼也是解决公司纠纷最常见和最终的解决途径。

■教学与训练任务一：认知公司纠纷的诉讼类型

众所周知，公司是现代市场经济的主要商事主体之一，公司法是民商法中商法的主要领域。由于公司法非常注重意思自治，因此，在公司的设立、运营、变更及终止过程中存在着大量的纠纷。公司纠纷类型多、涉及的利益主体比较复杂、股东主体的确定、诉讼主体的确定都比普通民商事纠纷复杂。

一、认识与理解公司纠纷的诉讼类型

2011 年 2 月 18 日最高人民法院发布《民事案件案由规定》（法［2011］41号）替代了 2008 年的《民事案件案由规定（试行）》，前者主要是对后者的进一步更新，从公司诉讼的角度看，是拓宽了公司纠纷的主要类型。

新的《民事案件案由规定》中，"与公司有关的纠纷"被列在第八部分，共包括 25 种诉讼类型，具体是：

1. 股东资格确认纠纷。
2. 股东名册记载纠纷。
3. 请求变更公司登记纠纷。
4. 股东出资纠纷。
5. 新增资本认购纠纷。
6. 股东知情权纠纷。
7. 请求公司收购股份纠纷。

8. 股权转让纠纷。

9. 公司决议纠纷：

（1）公司决议效力确认纠纷；

（2）公司决议撤销纠纷。

10. 公司设立纠纷。

11. 公司证照返还纠纷。

12. 发起人责任纠纷。

13. 公司盈余分配纠纷。

14. 损害股东利益责任纠纷。

15. 损害公司利益责任纠纷。

16. 股东损害公司债权人利益责任纠纷。

17. 公司关联交易损害责任纠纷。

18. 公司合并纠纷。

19. 公司分立纠纷。

20. 公司减资纠纷。

21. 公司增资纠纷。

22. 公司解散纠纷。

23. 申请公司清算。

24. 清算责任纠纷。

25. 上市公司收购纠纷。

在上述公司的纠纷中，从公司运转过程的角度看，可分为如下几类：常见的主要有：公司设立过程中的纠纷、公司经营过程中的纠纷、公司变更中的纠纷、公司终止时的纠纷。在公司的设立运营过程中由于各个公司的情况千差万别，也导致了司法实践中公司涉诉纠纷的类型各异。从诉讼当事人的角度来看，初步可分为如下几类：①公司对股东提起的诉讼；②股东对公司提起的诉讼；③股东之间的诉讼；④公司对管理层提起的诉讼；⑤管理层对公司提起的诉讼；⑥债权人对股东提起的诉讼，等等。

二、掌握常见公司纠纷的诉讼类型

结合司法实践中法院审判的案件类型以及笔者作为律师接触到的案件类型，笔者认为常见公司纠纷的诉讼类型主要有以下几种：

（一）股东出资纠纷

1. 股东出资纠纷的相关概念。股东出资是指股东（包括发起人和认股人）在公司设立或者增加资本时，为取得股份或股权，根据协议的约定以及法律和章程的规定向公司交付财产或履行其他给付义务。公司出资纠纷即指公司在设立和增资过程中由于部分股东未按章程约定的认缴额出资，存在虚假出资或抽逃出资等行为，进而引发的对其他股东、公司以及债权人应当承担的一系列责任纠纷，还包括在有第三人帮助瑕疵出资股东进行虚假出资或抽逃出资时，也会被相关方追究责任的纠纷。[1]

实践中股东出资纠纷的原因即出资瑕疵类型主要包括：虚报注册资本、虚假出资、出资不足、逾期出资及抽逃出资等。

虚报注册资本的本质特征是"提供虚假证明文件或者采取其他欺诈手段隐瞒重要事实取得公司登记"。虚假证明文件主要是指虚假验资报告。虚假主要表现在报告是假的。虚假出资指的是以假的银行对账单等，没按公司的章程或规定足额出资，交出的实物资产没有达到章程规定的数额等。逾期出资一般不存在。公司法可以规定分批出资，在第二次出资如果没有按时出资就是逾期。抽逃出资是指股东将已缴纳的出资在公司设立后又通过某种形式巧立名目把资金转归其个人所有的行为。这些都是瑕疵出资。

2. 股东出资纠纷的主要类型。股东出资纠纷，一般发生在公司设立或增资阶段，归结起来，实践中常见的股东出资纠纷主要有但不限于以下几种类型：

（1）公司起诉瑕疵出资股东或所有股东的；

（2）公司其他股东起诉瑕疵出资股东的；

（3）公司债权人起诉公司及瑕疵出资股东的；

（4）公司或其他股东起诉抽逃出资股东及帮助侵权人的；

（5）公司债权人起诉抽逃出资股东及帮助侵权人的；

（6）股东起诉公司要求变更股东名册或退还出资的。

（二）股权转让纠纷

1. 股权转让纠纷的相关概念。股权转让，是指股东将其对公司所有之股权转移给受让人，由受让人继受取得股权而成为公司新股东的法律行为。[2] 因股权转让这一行为而在相关当事人间产生的纠纷，统称为股权转让纠纷。实践中因股份公司的股权流通性很强，股份有限公司的股权转让纠纷数量远远少于有限责任公司，多数股权转让纠纷属于有限责任公司。故此处只重点讨论有限责任公司的股权转让纠纷。

2. 股权转让纠纷的主要类型。股权转让纠纷，是公司诉讼中最多的一类纠纷。按照实践中股权转让纠纷诉讼中当事人不同的诉求，可将股权转让纠纷大致分为以下三类：

---

[1] 刘龙飞：《公司诉讼实务精要》，中国法制出版社2011年版，第34页。

[2] 施天涛：《公司法论》，法律出版社2006年版，第254页。

（1）股权转让协议效力纠纷。此类纠纷主要是指股权转让协议的当事人双方或者其他第三方向法院提起确认股权转让协议无效或撤销股权转让协议的诉讼，实践中占据比重较大。如公司出资瑕疵股东股权的转让协议是否有效、隐名股东或显名股东单方转让股权是否有效、未征求公司其他股东优先购买权的股权转让协议是否有效、国有参股公司和外商投资企业的股权转让各自效力如何认定等。

（2）股权转让协议履行纠纷。股权转让协议在履行中发生纠纷，多限于在股权转让方和受让方之间，如一方请求履行转让合同、请求支付股权转让款并赔偿损失或支付违约金或者一方请求履行工商变更登记或者因违反公司资产承诺导致的相关索赔或者请求解除股权转让合同等。总之，此类纠纷主要适用合同法的相关规定进行处理，但同时个案审理中也要兼顾公司法中的特别规定及原则。

（3）股权转让侵权纠纷。此类纠纷最多的是涉及公司内部其他股东优先购买权的诉讼案件。公司法虽然规定了有限责任公司股东的优先购买权，但对该权利如何具体行使并没有统一认识，因此实践中争议较大，多数享有优先购买权的股东首先会提出确认先前的股权转让协议无效，进而要求以合理的价格受让其他股东拟对外转让的股权。另外一种就是股东被他人冒名签订股权转让协议，实质上是对被冒名的股东权益的侵犯，被冒名的股东往往会要求确认股权转让协议无效并要求冒名人承担相应的法律责任。

（三）隐名投资纠纷

1. 隐名投资纠纷的相关概念。隐名投资指的是实际出资人为了规避法律规定或者隐避财产情况，在公司中实际认购出资并行使股东权利，但在公司章程、股东名册或工商登记中记载他人名称的投资方式。

2. 隐名投资纠纷的主要类型。隐名投资类型主要有两种：一是合法的隐名投资，另一类是非法的隐名投资。合法的隐名投资并没有违反法律的强制规定，只是不想让大家知道自己的财产情况。非法的隐名投资表现形式很多，比如利用犯罪所得出资、出资行为违法等。其中表现较多的有两种，一是由于公务员身份特殊不能出资；二是有的内资企业国内出资人利用合资企业可以有优惠政策来规避法律的强制规定，利用外国投资人的身份设立合资企业。

隐名投资风险很大。隐名投资者的身份往往得不到确认。在司法实践中也是有条件的承认。条件主要有三个：一是要有一个隐名投资的协议来规定双方的权利义务。二是公司内部要知道或应当知道隐名股东的事实。其他股东如果不知道，则违反了有限责任公司人合性，身份就得不到承认。三是要实际参与公司管理、资产收益，参加股东会、参与利润分配等，以实际股东身份行使股权。只有这几个条件都具备了才可以承认隐名股东的身份。

（四）损害公司利益纠纷

1. 损害公司利益纠纷的相关概念。损害公司利益纠纷，是指公司控股股东、实际控制人因损害公司利益，或者董事、监事、高级管理人员执行公司职务时违反法律、行政法规或者公司章程的规定，给公司造成损失而产生的纠纷。股东或公司如果认为公司的利益受损，可以提起诉讼来保护自己的权益，由此产生的诉讼在公司法上被称为直接诉讼和股东代表诉讼。

2. 损害公司利益纠纷的主要类型：

（1）直接诉讼。直接诉讼是指公司在其权利受到公司董事、监事、高级管理人员违反法律、行政法规或公司章程的行为的损害时，以自己的名义向人民法院提起的诉讼。这里也包括公司董事会、监事会或者不设董事会、监事会的公司董事、监事依据《公司法》第152条第1款之规定，作为原告提起诉讼的情形。公司的董事会、监事会本身是公司的内部组织机构，其以自身名义起诉代表了公司行为，诉讼结果也归属于公司，因此应当划归公司直接诉讼范畴。但实践中，由于控股股东或实际控制人在一定程度上控制了董事会，监事会在很多时候也只是个摆设，因此在公司利益遭受上述行为人侵害时，公司能够启动直接诉讼的情形，还是相对比较少的。

（2）股东代表诉讼。股东代表诉讼，又指股东派生诉讼，是指当公司的合法权益受到公司董事、监事、高级管理人员或者第三人的侵害，公司怠于或者不能通过自身行为追究侵害公司权益的人，尤其是大股东的法律责任时，为了维护公司的利益，具备法定资格的股东有权以自己的名义代表公司对侵害人提起诉讼，追究侵害人法律责任，所得赔偿归于公司的一种诉讼制度。我国《公司法》第152条规定了股东代表诉讼制度。其主要目的是维护中小股东的利益，防止控制股东侵害公司利益，从而为小股东提供一种有效的保护措施。

除了以上几种常见公司纠纷外，还有公司僵局纠纷、公司合同纠纷等多种纠纷形式。

■教学与训练任务二：掌握公司纠纷的诉讼程序

一、股东出资纠纷的诉讼程序

（一）诉讼时效

股东瑕疵出资或抽逃出资行为发生后，权利人包括公司、其他股东或公司债权人和其他利害关系人应当在什么时间内行使追究权。笔者认为，与其他民事权利的法律救济一样，该请求权也应受制于诉讼时效，以促使权利人积极行使权利，减少审判因时间太久而带来的调查取证困难，从而有利于社会经济秩序的稳定。

关于此类诉讼的诉讼时效，2011 年最高人民法院《关于适用〈中华人民共和国公司法〉若干问题的规定（三）》（以下简称《公司法解释（三）》）第 20 条规定："公司股东未履行或者未全面履行出资义务或者抽逃出资，公司或者其他股东请求其向公司全面履行出资义务或者返还出资，被告股东以诉讼时效为由进行抗辩的，人民法院不予支持。公司债权人的债权未过诉讼时效期间，其依照本规定第 13 条第 2 款、第 14 条第 2 款的规定请求未履行或者未全面履行出资义务或者抽逃出资的股东承担赔偿责任，被告股东以出资义务或者返还出资义务超过诉讼时效期间为由进行抗辩的，人民法院不予支持。"

因此，基于最高院的这一规定，现实中的很多困扰也被厘清。首先，对于公司内部而言，股东出资存在瑕疵的，公司或者其他股东可以随时要求其承担相应责任而不受诉讼时效的限制。其次，在公司的外部关系上，当债权人请求瑕疵出资股东承担责任时，只要债权人的债权未过诉讼时效期间，同样不受诉讼时效的限制。

（二）诉讼主体

1. 股东未缴纳或未足额缴纳所认缴的出资额的，针对这种情形，可能会发生三种类型的诉讼。

第一种：如果是公司要求股东补缴出资时，公司作原告，瑕疵出资股东作为被告，若同时要求其他股东承担连带责任的，其他股东作为共同被告。

第二种：如果是其他股东要求瑕疵股东承担违约责任时，其他股东为原告，瑕疵出资股东为被告。

第三种：如果是债权人要求公司及瑕疵出资股东承担责任时，公司债权人为原告，公司和瑕疵出资股东为共同被告，若债权人同时要求发起人承担连带责任的，发起人也是共同被告。

2. 公司成立后股东抽逃出资额的，针对这种情形，可能发生两种类型的诉讼：

第一种：如果是公司及其他股东要求抽逃出资股东返还本息的，公司及其他股东为原告，抽逃出资股东为被告。如果同时追究协助其抽逃出资的其他股东、董事、高级管理人员或实际控制人责任的，则这些协助其抽逃出资的人员为共同被告。

第二种：如果是公司债权人要求抽逃出资股东承担补充责任的，公司债权人为原告，公司和抽逃出资股东为共同被告。同第一种情况，如果要追究协助抽逃人员责任的，则这些协助其抽逃出资的其他股东、董事、高级管理人员或实际控制人为共同被告。

3. 发生实际出资与记载出资不符或公司设立失败的。若股东发现其实际出资与公司股东名册上或章程上所记载的出资额不符要求更正的，股东为原告，公司为被告。若股份有限公司未能成立，即公司设立失败，已缴付出资的股东为原告，所有发起人为被告。

（三）起诉前提

由于股东出资纠纷类型多，情况复杂，相关各参与方也多，诉讼主体也因不同的要求有所变化，故公司法及其相关司法解释并未对这类纠纷案件的起诉前提条件作出规制。因此，只要符合《民事诉讼法》第119条之起诉条件，当事人起诉到有管辖权的法院的，人民法院均应立案受理。

（四）管辖法院

同样由于股东出资纠纷类型多，情况复杂，对于其管辖法院的问题，公司法及其相关司法解释包括各地司法文件均未对这类纠纷案件予以特别规定。对此适用民事诉讼法的一般管辖原则即"原告就被告"原则。只要确定了被告，即可向被告住所地人民法院提起诉讼。如果是共同被告的情况，可以适用民事诉讼法中的"共同管辖"原则，即几个被告住所地法院均有权管辖，原告可以在诸多有管辖权的法院中择一提起诉讼。

（五）举证责任

举证责任的分配是审查认定股东瑕疵出资行为的关键。依据民事诉讼法所规定的"谁主张，谁举证"的分配原则，公司、其他股东或利害关系人包括公司债权人主张瑕疵股东承担责任的，理所当然应该承担相应的举证责任。

现实中股东瑕疵出资或抽逃出资行为多以隐蔽方式进行，而且关键证据如公司的业务往来账册包括资产负债表等会计账目均保存于公司内，债权人举证存在事实上的困难。《公司法解释（三）》对此种情况作了明确规定，将举证责任倒置，由被告股东来承担。该司法解释的第21条规定："当事人之间对是否已履行出资义务发生争议，原告提供对股东履行出资义务产生合理怀疑证据的，被告股东应当就其已履行出资义务承担举证责任。"当然，从最高院这一规定上看，被告股东举证责任倒置义务仅限于虚假出资或出资不实阶段，对于抽逃出资因为该规定另有规定，故不应当简单类推适用。此处，转移给瑕疵出资股东的举证责任，其主要证明其公司间的合理出资及对价关系即可。

股东虚假出资行为的证明：如果股东是以自身财产出资的，则重点查验公司设立当时的验资账户及相应的银行进账单、对账单，要特别注意这些单据的真实性；如果股东是以非货币财产出资，如土地、房屋及其他实物资产包括知识产权，是否履行了相关的财产转移手续，股东用以出资的股权是否由其合法持有并依法可以转让，是否有权利瑕疵或权利负担，是否履行股权转让的法定手续，是否进行了价值评估，这些财产实际份额是否与公司章程规定的认缴出资额相符，是否有高估资产的会计报表验资等。

股东抽逃出资行为的证明，《公司法解释（三）》第12条规定："公司成立后，公司、股东或者公司债权人以相关股东的行为符合下列情形之一且损害公司权益为由，请求认定该股东抽逃出资的，人民法院应予支持：①将出资款项转入公司账户验资后又转出；②通过虚构债权债务关系将其出资转出；③制作虚假财务会计报表虚增利润进行分配；④利用关联交易将出资转出；⑤其他未经法定程序将出资抽回的行为。"负有举证责任的一方，可以尝试从上述规定的几个方面入手，找出股东可能抽逃出资的线索或初步证明文件。

二、股权转让纠纷的诉讼程序

（一）诉讼时效

股权转让纠纷由于是转让合同纠纷或侵权纠纷，因此，以股权转让协议引发的相关纠纷，都属于债的请求权，应当适用《民法通则》第135、137条关于诉讼时效的规定。

（二）诉讼主体

针对不同的类型，股权转让纠纷的诉讼主体也有所不同。

1. 针对股权转让协议效力提起的诉讼。此类诉讼主要包括确认无效和撤销之诉两个类型。

如果是公司其他股东认为股权转让协议违法或违反公司章程并且损害其股东利益而提起的诉讼，认为自己权益受到分割的公司其他股东是原告，股权的转让方和受让方是被告。

如果是股权转让协议的受让方认为转让方存在违法、违规或欺诈等情形而提起的诉讼，则受让方是原告，转让方为被告。

2. 因股权转让协议履行过程中的纠纷提起的诉讼。因为股权转让协议履行过程中产生的纠纷主要针对的是合同法律关系，因此，应当以股权转让合同的签订人，即股权转让人和受让人作为原告或被告。另外，如果在涉及办理股权工商变更登记等事项方面还涉及利害关系人公司，则可以将利害关系人公司列为第三人。总之，不管是哪种情况，只要是股权转让合同生效后，公司或公司其他股东不给提供股权工商变更登记的手续而产生的纠纷，股权转让合同的受让人可以单方作为原告或与转让方一起作为原告提起侵权之诉。被告方则是有义务办理工商变更登记的公司或提供协助义务的其他股东。如果股权转让合同的受让人单方作为原告且以公司为被告提起诉讼时，如果涉及工商变更登记外股权转让事宜的，还可以将股权转让人列为第三人。

3. 因股权转让而产生的侵权诉讼。如果是有限责任公司的股东以优先购买权为由，起诉请求购买其他股东拟对外转让的股权纠纷案件，根据最高人民法院《关于适用〈公司法〉若干问题的规定（四）（征求意见稿）》（以下简称《公司法解释（四）征求意见稿》）第 27 条的规定，应当列转让股东、受让人为被告，公司为第三人。

如果是股东的签名被他人冒用而导致其股权被转让并丧失股东身份提起的诉讼分两种情况来确定被告：①股东以其签名被他人冒用为由，主张股权转让协议无效，应当以股权转让协议中的股权受让人为被告，冒用他人名义的责任人可作为共同被告；②股东以股东大会对其股权予以转让所作决议无效为由提起诉讼，应当以公司为被告，确认股东大会决议效力，同时冒用他人名义的责任人可以作为无独立请求权的第三人参加诉讼。[1]

（三）起诉前提

由于公司股权转让纠纷是司法实践中发生最多的公司诉讼类型，公司法也专门对有限责任公司和股份有限公司的股权转让做了规定。但对于具体的股权转让诉讼，公司法并未规定相应的前置程序。因此，股权转让纠纷案件的起诉，基本上没什么条件，各方当事人只要觉得自己的权益受到侵害或者是对方违约，就可以径行向有管辖权的人民法院起诉。

（四）管辖法院

由于股权转让纠纷大多是围绕股权转让协议而产生，因此诉讼中适用合同法较多。根据《民事诉讼法》第 23 条规定：因合同纠纷提起的诉讼，由被告住所地或者合同履行地人民法院管辖。这是关于地域管辖的规定，被告住所地较好理解，但股权转让协议中的"合同履行地"应当如何确定却是个复杂的问题，因为我国法律和司法解释中尚未作出规定。实践中这类纠纷有以公司在工商部门登记的所在地作为合同履行地的先例。如果股权转让协议尚未开始即发生纠纷的，则诉讼时只能以被告住所地确定管辖法院。

除了地域管辖外，公司股权转让纠纷往往都有具体的数额，应当按照各地关于级别管辖的规定遵照执行。如果涉及外商投资企业股权转让或涉外股权转让的，还需遵循最高人民法院关于涉外管辖的相关规定。

（五）举证责任

由于股权转让纠纷类型过于繁多，当事人也因不同诉讼请求而发生很多变化，故无法对不同类型案件举证责任分配问题做出详述。但根据公司法、民事

---

[1] 2004 年《北京市高级人民法院关于审理公司纠纷案件若干问题的指导意见（试行）》第 5 条。

诉讼法以及最高人民法院《关于民事证据的若干规定》看，公司股权转让纠纷案件诉讼，不属于法定的举证责任倒置情形。因此，诉讼各方当事人还需严格遵守"谁主张，谁举证"的一般举证责任分配原则，根据己方诉讼请求及主张的不同观点，切实做好证据收集工作。

三、隐名投资纠纷的诉讼程序

（一）诉讼时效

隐名投资纠纷由于是隐名投资协议纠纷，因此，以此引发的相关纠纷，都属于债的请求权，应当适用《民法通则》第135条、第137条关于诉讼时效的规定。

（二）诉讼主体

1. 未经实际投资者同意而转让股权时的诉讼。隐名投资合同只是实际投资者与公司名义股东之间的内部约定，其效力一般只及于双方当事人。因此，隐名投资合同不仅不得对抗公司，而且也不得对抗公司以外的法律主体。基于这一理念，如果名义股东未经实际投资者同意而将股权转让，实际投资者以其为实际权利人为由主张转让行为无效，一般不会得到人民法院的支持，除非有证据证明受让人非善意。由此可以看出，实际投资者确实有很大风险。出现此类情况时，实际投资者可以作为原告提起诉讼，以名义股东为被告，请求名义股东赔偿其因股权被转让而遭受的损失。

2. 名义股东违背隐名投资协议拒不转交股份财产利益时的诉讼。由于隐名投资合同是一种内部协议，不得对抗公司，因此在多数情况下，实际投资者的股东身份得不到公司的确认，无法直接向公司行使股东权利。而在实践中，一些名义股东违背诚信，拒不履行隐名投资合同，拒不转交股份财产利益，从而引发纠纷。因此种纠纷引起的诉讼，实际投资者可以作为原告依法提起诉讼，以名义股东为被告请求名义股东依据双方的约定履行义务，主张名义股东转交股息等股份财产利益。如果由于名义股东违约导致实际投资者不能实现合同目的，实际投资者还可以请求解除合同，并由名义股东承担违约责任。

而名义股东有时也面临风险。例如，因公司股东有出资不足、抽逃出资等行为，公司债权人向名义股东主张其承担赔偿责任，名义股东以其不是实际投资者作为抗辩理由的，人民法院不予支持。名义股东只能在向公司债权人承担责任后，再向实际投资者追偿因此遭受的损失。当然，为了保护债权人的利益和节约司法资源，人民法院也允许将名义股东与实际投资者列为共同被告。

（三）起诉前提

虽然隐名投资纠纷是目前司法实践中发生比较多的公司诉讼类型，但由于是新事物，公司法并未规定相应的前置程序。因此，隐名投资纠纷案件的起诉，基本上没什么条件，各方当事人只要觉得自己的权益受到侵害或者是对方违约，就可以径行向有管辖权的人民法院起诉。

（四）管辖法院

由于隐名投资纠纷大多是围绕隐名投资协议而产生，因此诉讼中适用合同法较多。根据《民事诉讼法》第23条规定：因合同纠纷提起的诉讼，由被告住所地或者合同履行地人民法院管辖。除了地域管辖外，隐名投资纠纷往往都有具体的数额，应当按照各地关于级别管辖的规定遵照执行。如果涉及外商投资企业的，还需遵循最高人民法院关于涉外管辖的相关规定。

（五）举证责任

由于隐名投资纠纷本质上属于合同纠纷，因此适用民法及合同法的相关规定。但根据公司法、民事诉讼法以及最高人民法院《关于民事证据的若干规定》看，隐名投资纠纷案件诉讼，不属于法定的举证责任倒置情形。因此，诉讼各方当事人还需严格遵守"谁主张，谁举证"的一般举证责任分配原则，来履行己方的举证责任。

四、损害公司利益纠纷的诉讼程序

（一）诉讼时效

首先，如果是因为股东出资协议而产生的纠纷，要按照股东出资纠纷的诉讼时效来处理。详见上述第1种纠纷类型的诉讼时效解读。其次，如果是公司的其他纠纷类型，都属于债的请求权，应当适用《民法通则》第135条、第137条关于诉讼时效的规定。

（二）诉讼主体

1. 公司直接诉讼的诉讼主体。原告通常是利益受损的公司、公司的董事会、监事会或者不设董事会、监事会的公司董事、监事，后者作为公司内部机关，在收到股东相关书面请求后，可以直接以自身名义向法院提起诉讼。此类案件的被告，即为实施了侵权行为且给公司利益造成损害的公司控股股东、实际控制人、董事、监事、高级管理人员或其他第三人。

2. 股东代表诉讼的诉讼主体。第一是原告。根据《公司法》第152条之规定，有权提起股东代表诉讼的原告是有限责任公司的股东及股份有限公司连续180日以上单独或者合计持有公司1%以上股份的股东。

第二是被告。根据《公司法解释（四）征求意见稿》第50条规定："股东依据公司法第152条之规定提起的股东代表诉讼案件，主张公司董事、高级管理人员给公司造成损失应承担赔偿责任的，应列公司董事、高级管理人员为被告；主张他人侵犯公司合法权益的，应列他人为被告；主张公司董事、高级管理人员与他人共同侵犯公司合法权益的，应列公司董事、高级管理人员与他人为共同被告。"最高院这一规定并未将控股股东、实际控制人纳入被告范围，不过根据《公司法》第20条、21条的规定，因股东滥用权利造成公司损失的，应对公司承担赔偿责任。控股股东实际支配着公司的直接经营管理人员的行为，必然要将公司控股股东、实际控制人纳入股东代表诉讼的被告范围。

第三是公司的诉讼地位。《公司法解释（四）征求意见稿》第51条规定："人民法院受理股东代表诉讼案件后，应通知公司以第三人身份参加诉讼。被告反诉的，应列公司为反诉被告，但公司的诉讼权利由原告股东行使。公司以与股东代表诉讼相同的事实和理由重新起诉的，人民法院不予受理。"这里的公司作为第三人，应当是无独立请求权的第三人。

（三）起诉前提

公司控股股东、实际控制人、董事、监事、高级管理人员损害公司利益赔偿纠纷案件，作为公司纠纷中比较复杂的一类案件，法律相应地在起诉前提上有一定要求。

对于公司直接起诉，如果是公司以自己名义起诉，一般没有什么前置要求，如果是公司的内部机关起诉，则情况有所不同。《公司法解释（四）征求意见稿》第53条规定："公司董事会、监事会或者不设董事会、监事会的公司董事、监事依据公司法第152条第1款之规定提起诉讼的案件，董事会、监事会为原告的，应提交公司董事会或监事会决议以及董事会或监事会为公司现任组织机构的书面证明材料；董事、监事为原告的，也应提交证明他们身份的材料。"最高院这一规定，从形式上完备了公司内部机关起诉的要求，如起诉时不符合要求，法院一般很难予以立案受理。

对于股东代表诉讼，我国《公司法》第152条有明确的规定。即公司法规定的前置程序是：①原告股东需首先书面请求监事会或监事（有限责任公司不设监事会时）向人民法院提起诉讼；如果是监事侵害公司权益，则向董事会或执行董事（有限责任公司不设董事会时）提出上述请求。②监事会、监事、董事会、执行董事收到前述书面请求后拒绝提起诉讼，或者自收到请求之日起30日内未提起诉讼。符合上述两个条件时，股东方可提起股东代表诉讼。

但与此同时，为了避免僵化的前置程序可能带来的消极影响，法律又规定了前置程序的免除条件。根据公司法的规定，当"情况紧急、不立即提起诉讼将会使公司利益受到难以弥补的损害"时，股东可以不受前述前置条件的限制，直接提起代表诉讼。

（四）管辖法院

对于公司直接诉讼，因为本质上是一种侵权案件，故依照《民事诉讼法》第29条之规定，可由被告住所地法院或者侵权行为地法院进行管辖。如适用被告住所地法院管辖，控股股东、实际控制人、董事、监事、高级管理人员的住所地法院均有管辖权，原告可以在有管辖权的法院中择一起诉。

对于股东代表诉讼案件的管辖，司法实践中倾向于由公司住所地法院专属管辖。《公司法解释（四）征求意见稿》第49条规定："股东代表诉讼案件，由公司住所地人民法院管辖。"之所以这样规定，是因为股东代表诉讼，通常都会涉及公司的许多法律文件，如公司章程、股东之间的协议、公司规章制度、公司会议文件等，同时还有可能涉及对公司董事、监事、高级管理人员行为的审查与认定，有关证据也多在公司住所地。因此，确定由公司住所地法院管辖，对于顺利解决股东代表诉讼起着至关重要的作用。

（五）举证责任

损害公司利益纠纷案件，在性质上属于侵权责任，故举证责任分配应当比照侵权案件的有关规定来处理。

对于公司直接诉讼，原告应当提供证据证明被告实施了违反法律、法规或公司章程规定的行为或者其他不当行为；公司利益受到的损害或必然受到的损害；被告的不当行为与公司受到的损害之间存在因果关系。

对于股东代表诉讼，由于其具有特殊性，实践中一般认为，其举证责任分配，应当按照代表诉讼的范围区别对待。对于公司董事、监事、高级管理人员损害公司利益，原告股东提起代表诉讼的，可依照最高人民法院《关于民事诉讼证据的若干规定》第7条的规定："在法律没有具体规定，依本规定及其他司法解释无法确定举证责任承担时，人民法院可以根据公平原则和诚实信用原则，综合当事人的举证能力等因素确定举证责任的承担"，通过举证责任倒置制度来确定举证责任的承担，同时，这也是公司董事、监事、高级管理人员履行职责合法性在诉讼程序中的反映。对于公司以外的第三人损害公司利益的，原告股东提起代表诉讼的，按照一般侵权案件的举证责任进行分配即可。

除了上述几种常见的公司纠纷之外，公司诉讼中还有公司僵局纠纷、公司合同纠纷等多种纠纷形式，解决这些纠纷时，可以参照上述纠纷的处理方式和诉讼程序进行处理。

■教学与训练任务三：分析解决公司股东出资纠纷

【实训背景】

甲、乙、丙于2006年3月出资设立A有限责任公司。2007年4月，该公司又吸收丁入股。2008年10月，该公司因经营不善造成严重亏损，拖欠巨额债务，被依法宣告破产。人民法院在清算中查明：甲在公司设立时作为出资的机器设备，其实际价额为 120 万元，显著低于公司章程所定价额 300 万元；甲的个人财产仅为 20 万元。

【实训内容】

根据有关法律规定分析案例，分别回答以下问题：

1. 对于股东甲出资不实的行为，在公司内部应承担何种法律责任？

2. 当 A 公司被宣告破产时，对甲出资不实的问题应如何处理？

3. 对甲出资不足的问题，股东丁是否应对其承担连带责任？并说明理由。

■训练项目三：模拟庭审的方式解决公司纠纷

【考评背景】

三丰公司于 2006 年 7 月 31 日成立，取得了企业法人营业执照。该公司工商登记资料显示，公司股东为张三、李四、王小二三人，张三为公司法定代表人，公司注册资金为 300 万元，其中张三出资 150 万元，占 50%，李四出资 120 万元，占 40%，王小二出资 30 万元，占 10%。2006 年 12 月 28 日原股东王小二将所持有的公司 10% 股份转让给李四，并出具一份声明，内容为：在三丰公司注册资金中以本人的名字出现的 10% 股份只是名誉股份，决不介入实际利益分配，仅作为方便工作之用，实际股份由三丰公司董事会研究决定重新分配。2007 年 4 月 8 日，公司进行变更登记，变更后股东为李四、张三，注册资本 300 万元人民币，张三、李四各占 50% 股份。

2008 年 8 月 26 日，李四向区人民法院提起诉讼，要求行使知情权，查阅公司财务会计报告、账簿凭证等。三丰公司辩称，从公司创办登记注册到变更等所有文件均不是李四本人签名，李四也没有向公司实际投入资金，其请求不应得到支持。

【考评内容】

请同学们按照模拟法庭的需要分组进行模拟审判。可参照书后所附模拟法庭审判脚本进行。

【考评标准】

实训要求及评分将参考以下标准：

1. 学生的法学基本功，对扮演角色所涉专业知识的掌握与熟悉程度；

2. 对案件事实本身的熟悉度，梳理案件事实的清晰度与条理性，证据和法律文件等材料准备的充分度；

3. 在庭审的攻击与防御中，运用法律分析案情的思路是否清楚，推理是否严密，论证是否有说服力，结论是否得当；

4. 口齿是否清楚，表达是否准确，法律术语是否得当，及语言表达技巧；

5. 对突发性事件的应变能力，如在质证和辩论中遭遇对方反诘时的应对是否机敏、沉着；

6. 对法庭礼仪的遵守情况，举止是否得体，言行是否庄重大方，临场风度与着装情况；

7. 对法定程序的遵守程度，庭审活动中有无违反、遗漏诉讼程序和庭审规则的情况；

8. 学生在庭审过程中整体表现的好坏等。

【参考样本】

商法模拟法庭审判脚本

法官 2 人：

陪审员：

书记员：

原告：

原告代理人 2 人：

被告：

被告代理人 2 人：

画外音：案例陈述

三丰公司于 2006 年 7 月 31 日成立，取得了企业法人营业执照。该公司工商登记资料显示，公司股东为张三、李四、王小二 3 人，张三为公司法定代表人，公司注册资金为 300 万元，其中张三出资 150 万元，占 50%，李四出资 120 万元，占 40%，王小二出资 30 万元，占 10%。2006 年 12 月 28 日原股东王小二将所持有的公司 10% 股份转让给李四，并出具一份声明，内容为：在三丰公司注册资金中以本人的名字出现的 10% 股份只是名誉股份，决不介入实际利益分配，仅作为方便工作之用，实际股份由三丰公司董事会研究决定重新分配。2007 年 4 月 8 日，公司进行变更登记，变更后股东为李四、张三，注册资本 300 万元人民币，张三、李四各占 50% 股份。

2008 年 8 月 26 日，李四向 × × 区人民法院提起诉讼，要求行使知情权，查阅公司财务会计报告、账簿凭证等。三丰公司辩称，从公司创办登记注册到变更等所有文件均不是李四本人签名，李四也没有向公司实际投入资金，其请求不应得到支持。

案由：股权纠纷

一、法庭准备阶段

书记员：

（一）查点当事人及其诉讼参加人到庭情况并请入席。

（二）现在宣布法庭纪律：

1. 到庭所有人员应听从审判员统一指挥，一律关闭通讯工具，遵守法庭秩序，不准吸烟。

2. 旁听人员必须保持肃静，不得喧哗、鼓掌、插话，不得进入审判区，有意见可以在闭庭后提出。

3. 当事人及其诉讼参与人不得中途退庭，如擅自退庭，是原告的作撤诉处理；是被告的则依法缺席判决。

4. 审判人员或法警有权制止违反法庭纪律，妨碍民事诉讼活动的行为，对不听制止的，可依法予以训诫、责令退出法庭或者予以罚款、拘留；对情节严重的依法追究其刑事责任。

（三）请全体起立，（起立后）本案审判长、审判员、人民陪审员入庭。

主审法官：请坐。

书记员：报告审判员，双方当事人及委托代理人经合法传唤现均已到庭，请开庭。

主审法官：（敲法槌）现在开庭，首先核对当事人身份。原告，你的姓名、出生年月日、工作单位、职务及家庭住址。

原告：……

主审法官：原告委托代理人，请讲一下你的姓名、身份及代理权限。

原告代理人：我是北京××律师事务所的律师……委托权限为一般委托。

主审法官：被告，你的姓名、出生年月日、工作单位、职务及家庭住址。

被告：……

主审法官：被告委托代理人，请讲一下你的姓名、身份及代理权限。

被告代理人：×××，我是××律师事务所的律师，委托权限为一般委托。

主审法官：根据民事诉讼法的规定，当事人在法庭上享有申请回避的权利，有举证、质证、请求调解、进行辩论和最后陈述的权利，原告有权放弃诉讼请求。同时根据最高人民法院关于民事诉讼的证据的若干规定，当事人在庭审当中变更或者增加诉讼请求应当在举证期限届满之前提出，反诉也是这样。同时当事人提出请求或者反驳时应当提供证据。上述诉讼权利和义务在应诉通知和庭前证据交换阶段已经书面告知了当事人，当事人是否清楚？

原告：清楚。

被告：清楚。

主审法官：原告××诉被告××（股权纠纷）一案由本院法官××即我本人担任审判长，与本院审判员××（在左边）和××（在右边）组成合议庭，书记员××担任法庭记录。有关合议庭组成人员的通知已经在庭前书面通知了当事人，当事人对合议庭组成人员以及今天出庭担任记录的书记员是否申请回避？

原告：不申请。

被告：不申请。

二、法庭调查阶段

主审法官：下面进行法庭事实调查，首先由原告陈述起诉的事实理由和诉讼请求。

原告代理人：2006 年 7 月 31 日三丰公司成立之时，李四作为股东出资 120 万元，并于 2006 年 12 月 28 日接受原股东之一王小二所持的公司 10% 股份。当原告李四要求查阅公司财务报告及账簿凭证时，遭到公司拒绝。我方请求法院支持李四股东知情权。

法官：下面由被告代理人答辩。

被告代理人：李四没有在公司章程上签名及没有实际出资，我方认为李四不能行使他的知情权、查阅公司财务会计报告、账簿凭证等。

主审法官：合议庭听取了诉辩双方的意见，争议的焦点主要是在于：……

对于支持这部分事实的证据，现在进行举证、质证。首先由原告来举证。（最高人民法院《关于民事诉讼证据的若干规定》第 50 条：质证时，当事人应当围绕证据的真实性、关联性、合法性，针对证据证明力有无以及证明力大小，进行质疑、说明与辩驳。）

主审法官：现在由原、被告双方就庭前证据交换程序中提交的证据进行质证。（注：由法警从原告代理人处接过证据材料，拿给书记员记录，再从书记员处拿给审判长审判员传阅，再拿给被告方，最后交回审判长处。）

法官：由原告出示证据。

原告代理人：出示李四签字鉴定报告的证据。

法官：由被告出示证据。

被告：×××出示证据××。

被告代理人：从公司创办登记注册到变更等所有文件均不是李四本人签名，李四也没有向公司实际投入资金，其请求不应得到支持。

法官：有证人吗？（如有，请证人出庭。）

法官：双方当事人在事实方面还有没有什么补充？

原告：没有。

被告：没有。

法官：双方当事人在事实方面没有补充，法庭调查结束，现在进行法庭辩论。

法官：下面进入第一个阶段，双方当事人针对第一个争议焦点发表辩论意见。

首先由原告发表辩论意见。（如果时间紧，法官提示：基于时间的关系请大家注意简明扼要。）

三、法庭辩论阶段

法官：下面由原告作辩论发言。

原告：2006 年 7 月 31 日三丰公司成立，注册资本 300 万元，李四作为股东之一，出资 120 万元。同年 12 月 28 日原股东王小二将公司 10% 股份转让于李四。2007 年 4 月 8 日，公司进行变更登记，变更后股东为李四、张三，注册资本 300 万，两人各 50% 股份。故李四应为公司股东，享有知情权。

法官：下面由被告作辩论发言。

被告：公司的银行存款明细账及转账支票显示 2006 年 7 月 23 日公司支出 300 万元归还贷款，存款余额仅为 10 元，具有明显虚假出资嫌疑。因李四没有提供出资证明或其他出资的凭证，故李四主张其出资到位的证据不足，法院不应支持未出资的股东行使知情权。

法官：双方当事人有没有新的辩论意见？原告？

原告：没有。

法官：被告？

被告：没有。

法官：双方无新的辩论，下面进行辩论总结，原告。

原告：股东与公司之间就股东资格发生争议，应依据公司章程、股东名册的记载作出认定。公司章程、股东名册均记载原告李四为公司股东，故原告李四具有公司股东资格。……

法官：被告。

被告：……

法官：双方当事人还有没有补充？

原告：没有。

被告：没有。

法官：双方都没有辩论补充，辩论结束，下面征询双方当事人最后意见。

原告，最后还有什么意见？

　　原告：坚持诉讼请求。

　　法官：被告，最后还有什么意见？

　　被告：请求驳回原告的诉讼请求。

　　法官：根据民事诉讼法的有关规定，法庭需要征求当事人的意见，看是否同意主持调解，原告，你是否同意调解？

　　原告：不同意。

　　法官：被告，你是否同意调解？

　　被告：不同意。

　　法官：由于原告、被告不同意调解，本庭不再做调解工作，现在休庭十分钟，法庭进行合议，稍后做出判决。现在休庭。

四、评议与宣判阶段

　　法官：（敲法槌）请坐，现在继续开庭。合议庭合议认为（接下来对每一个争议的焦点说明合议意见）：

　　……

　　如不服本判决，可在判决书送达之日起 15 日内，向本院递交上诉状，并按对方当事人的人数提出副本，上诉于北京市第一中级人民法院。

　　当事人在闭庭后 5 日内至本院阅读笔录签字。

审　判　长：×××

审　判　员：×××

书　记　员：×××

2008 年 10 月 11 日

模拟庭审结束。

图书在版编目（ＣＩＰ）数据

公司法基础与实务/赵江,王雨静主编. --北京:中国政法大学出版社, 2013.9（2021.1重印）

ISBN 978-7-5620-4937-1

Ⅰ.①公… Ⅱ.①赵… ②王… Ⅲ.①公司法－中国－教材 Ⅳ.①D922.291.91

中国版本图书馆CIP数据核字(2013)第188762号

书　　名	公司法基础与实务 Gongsifa Jichu yu Shiwu
出版发行	中国政法大学出版社(北京市海淀区西土城路25号)
	北京 100088 信箱 8034 分箱　邮编 100088
	http://www.cuplpress.com（网络实名：中国政法大学出版社）
	010-58908325(发行部)　58908334(邮购部)
编辑统筹	第六编辑部　010-58908524　dh93@sina.com
承　　印	北京九州迅驰传媒文化有限公司
规　　格	720mm×960mm　16 开本　17.75 印张　330 千字
版　　本	2013 年 9 月第 1 版　2021 年 1 月第 5 次印刷
书　　号	ISBN 978-7-5620-4937-1/D·4897
定　　价	36.00 元